九州文库

人类命运共同体构建中的国家角色研究

田秀华 著

九州出版社
JIUZHOUPRESS

图书在版编目（CIP）数据

人类命运共同体构建中的国家角色研究／田秀华著
. --北京：九州出版社，2023.10
ISBN 978-7-5225-2387-3

Ⅰ.①人… Ⅱ.①田… Ⅲ.①国际关系—研究 Ⅳ.
①D82

中国国家版本馆 CIP 数据核字（2023）第 212482 号

人类命运共同体构建中的国家角色研究

作　　者	田秀华　著
责任编辑	刘　嘉
出版发行	九州出版社
地　　址	北京市西城区阜外大街甲 35 号（100037）
发行电话	（010）68992190/3/5/6
网　　址	www.jiuzhoupress.com
印　　刷	唐山才智印刷有限公司
开　　本	710 毫米×1000 毫米　16 开
印　　张	15
字　　数	203 千字
版　　次	2024 年 3 月第 1 版
印　　次	2024 年 3 月第 1 次印刷
书　　号	ISBN 978-7-5225-2387-3
定　　价	95.00 元

序　言

人类命运共同体理念是以习近平总书记为核心的党中央为构建新型国际关系和应对全球性问题而贡献的中国智慧和中国方案。在新的时代背景下践履人类命运共同体理念，不仅构成了马克思主义世界历史理论的当代叙事主题，也是世界历史不断前行的实践指南。人类命运共同体理念主张把人的存在和发展置于首要地位，但若想构建以人为直接主体的人类命运共同体，还需要首先实现以国家为主体的人类命运共同体。换言之，构建人类命运共同体的起点和焦点都指向"国家"。深入思考"国家"在人类命运共同体构建中的角色和作用机理，不仅有助于阐释构建人类命运共同体的必然性，也有助于进一步深化马克思主义国家理论的研究。

人类命运共同体理念延续了"自由人的联合体"的叙事逻辑，具有历史自觉性。然而人类命运共同体的基本组成单位——国家——不仅自身存在张力，其总是谋求自身利益的特性也意味着自为的国家与其所共存的世界之间存在着张力，换言之，国家自身难以形成人类共同体层面的历史自觉。就人类命运共同体的构建来说，国家既是人类命运共同体构建的主体，也是人类命运共同体形塑的对象；国家既可能推动人类命运共同体的构建，也可能消解人类命运共同体的构建，即国家在人类命运共同体的构建中存在相互冲突的内在张力。张力不仅包含冲突和对立，也蕴含着统一和事物变革的动力，立足于二者同向发展的空间和线索可以加速这一进程，解决冲突的过程也可以是转型和革新的进程。就目前来看，全球性组织的广泛建立、联合国体系奠定的秩序框架、国家秩序功能与人类命运共同体秩序功能的一致性等都是革新的条件和机遇。因此在很长的一段历史时期内，构建人类命运共同体的进程可以是国家和人类命运共同体同时建构的过程。在这一进程中，要遵循唯物主义的历史发展规律，有侧重地促进经济秩序和政治秩序的变革。在经济秩序的变革中，要立足国家的社会化发展趋势以及生产力向国家集中的特点，加速推动资源与劳动合理结合的进程。资源与劳动的合理结合有利于抑制生产过剩和大众贫困的矛盾，有利于抑制各国生产方式、生产水平不统一带来的生产失衡，有利于防止产品错位和生产力的萎缩，有利于克服资源与资本的热衷结合导致的资源浪费和无序竞争，从而最终促进劳动意义的回归和生产的健康扩大与平衡。在政治秩序的建构中，要促进自主、自觉国家的构建，促进"命运"联结超越"利益"联结之国家理念的生成，促进现代化理论与"共商共建共享"理念结合以及国家治理之间的良性互动。简言之，经济秩序的中心任务是抑制资本主义生产无时不在的无政府状态和周期性的动荡，政治秩序的中心任务是引导国家构建向人类命运共同体构建方向转型。

　　人类命运共同体的构建和国家的发展从来都不是静止的，国家构建与共同体的构建也是彼此适应、改变的动态过程。因此，要始终坚持用辩证分析的视角来把握其理论、考察其实践。当今世界仍然是资本主义生产方式主导的世界，国家向共同体方向的转型构建，必然存在着巨大的阻力和惰性，需要特定的、广泛的力量来推动。无产阶级与资产阶级斗争的基本逻辑仍然在延续，无产阶级依然担负着改变世界的历史使命，因此无产阶级仍然是变革的关键力量。在无产阶级变革世界的运动中，要关注、依托制度秩序被广泛肯定的合法性，发挥好制度的作用；要善于将运动和博弈成果向制度化方向推进和转变；要正视国家全面影响力的生成，继而善用"国家"的制度化、社会化来制约国家的阶级性、统治性；从而在根本上规约国家，促进其向"非政治国家"转变。总之，历史的转变和对人的改造将是一个长期的过程，人类命运共同体的构建必然具有阶段性特征，也必然要首先面对当今人类世界最重要的活动主体——国家。因此以国家为中心的研究框架依然适用，即研究人类命运共同体就要先研究国家、研究国家与人类命运共同体的复杂关系，批判地考察国家是进一步推进人类命运共同体构建的基本进路。

目 录
CONTENTS

绪 论

一、选题缘起

国家是经过世代流转的坚实的实体，是内生于人类社会的产物，国家的功能与形象与人类社会的命运息息相关。在国家分立的时代，国家的传统角色和中心地位决定了其对人类命运共同体构建影响深远，共同体构建的动力来源也必定在国家内部和国家之间。与此同时，以人的幸福、人对美好生活的向往为立场和指向的共同体也将从根本上重塑国家角色，促使其发生转变。马克思主义国家理论作为经典分析国家问题以及人类社会走向问题的基本框架，为考察国家与人类命运共同体的基本逻辑关系、做出基本判断提供了有力的研究基石和分析方法。

（一）问题的提出

2013 年 3 月，习近平在莫斯科国际关系学院发表题为《顺应时代前进潮流 促进世界和平发展》的演讲，指出"这个世界越来越成为你中有我、我中有你的命运共同体"①。2015 年 9 月，习近平在纽约联合国总部出席第 70 届联合国大会一般性辩论时指出"我们要构建以合作

---

① 习近平：《习近平关于中国特色大国外交论述摘编》，北京：中央文献出版社，2020年版，第 27 页。

共赢为核心的新型国际关系，打造人类命运共同体"①。人类命运共同体的提出与以往的叙事逻辑尤其是传统国际关系理念有着根本不同，其叙事方式不仅具有历史自觉性也兼具主体间性。人类命运共同体理念是在新的时代背景下解决世界问题尤其是国家问题的中国方案，其中塑造新型国际关系是构建人类命运共同体的基本前提和路径。

习近平指出："人类是一个整体，地球是一个家园。面对共同挑战，任何人任何国家都无法独善其身"②，"世界上的事情越来越需要各国共同商量着办"③。时至今日，集中在自然界的问题是自然临界点的问题，而集中在人类社会的问题依然主要是国家问题。国家发展的"时代差异"、国家关系的沟壑丛生、资本主义生产方式裹挟着人的生存状态向畸形发展等都成了国家构建和人类发展的关键议题。换言之，即便人类社会的发展已然演进出了现代国家，但是其在面临新时代、新情况、新变化上依然表现出角色失配、力不从心。"国家"作为充满争议的政治体系、社会组织形式……应该退出历史舞台，还是重获"新生"进而更有效地完成传统难题和新的任务？这是人类社会面临的棘手问题，也必然是人类命运共同体首要思考的问题。此外，构建人类命运共同体的物质基础（世界市场、交通和信息联结）、制度载体（联合国等国际组织）、介质平台（"一带一路"、局部共同体）、价值形式（共商共建共享、文明互鉴）等，也需要国家的参与。因此，必须考虑国家在人类命运共同体构建中的角色和地位。尤其需要思考人类命运共

---

① 习近平:《论坚持推动构建人类命运共同体》，北京：中央文献出版社，2018 年版，第 435 页。

② 习近平:《习近平谈治国理政（第四卷）》，北京：外文出版社，2022 年版，第 485 页。

③ 习近平:《论坚持推动构建人类命运共同体》，北京：中央文献出版社，2018 年版，第 259 页。

同体与国家的关系：与国家对抗还是统一，抑或在对抗中统一，或是在统一中对抗？这些分别代表了不同的思路。总之，鉴于"一个时代的迫切问题，……主要的困难不是答案，而是问题"①"在将来某个特定的时刻应该做些什么，应该马上做些什么……这个问题的唯一的答复应当是对问题本身的批判"②。因此，人类命运共同体的构建就应该首先从"国家"开始。简言之，研究人类命运共同体就要先研究清楚国家，研究国家与人类命运共同体同构的原因、同构的基点等，即批判地考察国家是进一步推进人类命运共同体构建的基本理论。

（二）研究意义

本研究试图进行整体性历史梳理，努力对新的事实关系和逻辑关系进行阐释并实现过程分析，着力厘清人类命运共同体的价值本源和学理基础，消除对人类命运共同体的误解。总之，将国家置于人类命运共同体构建的话语中进行考察，有利于进一步理解"国家"，而探究国家和人类命运共同体的内在关联、价值脉络和逻辑理路，也必然对人类命运共同体理念的深入阐发以及现实推进大有助益，也将为"国家"的转型发展和人类命运共同体的构建提供理论参考。

1. 理论意义

第一，有助于阐释人类命运共同体的合历史规律性和必然性，夯实其学理基础。人类命运与共是既成事实，但是没有对人类共同命运的总体性认识，没有视人类为整体的胸襟和休戚与共的价值观，即便自由、平等、公正、安全被国际社会承认，也将在实践领域成为空话，人类共同体的建成更是不可企及，其结果是人类难免仍处于不安全、不平等、不自由的世界中。

---

① 《马克思恩格斯全集》（第 1 卷），北京：人民出版社，1995 年版，第 203 页。
② 《马克思恩格斯文集》（第 10 卷），北京：人民出版社，2009 年版，第 458 页。

　　第二，有利于厘清国家与人类命运共同体构建的理论关系。人类命运共同体理念的生成环境和构建前提是国家的存在。国家既是人类交往的承载者、促进者，也是"别有用心者"、深度交融的破坏者。百年前，马克思、恩格斯就指出了国家的实质，其对国家的现实批判和深刻洞见至今仍未被超越，但时常被忽视：国家是和人民大众分离的公共权力，也承担着调节秩序的使命。因此，国家生来就具有巨大的张力，其张力表现为国家历经"磨难"，也解释着其历经"磨难"却长盛不衰。"国家"的张力必然成为构建人类命运共同体的现实契机和挑战，即二者既具有相互促进的动机，也面临相互消解的风险。

　　第三，聚焦国家有助于提升人类命运共同体的分析力和现实解释力。人类命运共同体作为一种解释世界和勾勒世界的范式，需要聚焦到国家。政治国家是人类社会的最基本的组织载体，是人确证自己的普遍中介，批判国家以及考察国家与人类命运共同体的关系是构建人类命运共同体的首要进路。基于对以往国家理论的借鉴和反思，依循国家发展的意义和逻辑，明确人类命运共同体建构中的国家角色、价值和方位，有利于厘清人类命运共同体的发展脉络和生成逻辑，从而提升其分析力和解释力。

　　第四，有利于进一步深化对马克思主义国家理论的研究。在人类命运共同体理念下考察国家，本身就是形成一种新的思考国家的范式，从而有利于丰富马克思主义国家理论。当今世界，新老问题依然层出不穷，如世界贫富分化的加剧、恐怖主义盛行、少数国家优越大多数国家贫苦、军备竞赛从未停止等，都反向证明了世界是多么缺乏安全、平等和自由。面对众多的国家问题，传统的马克思主义国家理论的一般结论似乎难以应对，而对理论的误解本身可能成为其继续发展的障碍。如对"国家消亡"理论程式化的解读和认定，客观上阻碍了国家理论的继续挖掘和其随着时代的革新，那么马克思主义国家理论本身可能面临着失去解释现实的能力。因此，国家理论亟待发展，其内涵和维度还需要丰富起来。而在人类命运共同体视域下考察国家，可以为丰富马克思主义的国家理论提供新的研究视角和理论补充。换言之，马克思主义国家理论也必然需要不断丰富，才能不断地解释新问题、解决新问题。因此，在人类命运共同体的构建中批判地重新挖掘国家、解读国家，不仅是构建人类命运共同体的需要，更是大力发展马克思主义国家理论的契机。

2. 现实意义

在人类社会仍然处在大变革、大转型的时代，在国家是人类社会基本和最重要的组织载体、组织形式的时代，人类自由和解放的获得必然不能离开国家。探索国家与人类命运共同体相互作用的逻辑，是时代变迁的需要，是观察现实问题和解决人类困境的重要课题。

第一，有助于推进人类命运共同体建设、拓宽实践路径。对时代阶段、特征的探究，对物质基础、制度安排等条件的明晰，以及对人类命运共同体构建与国家转型的契合可能性的分析等，既破解了对国家的误解，也破解了对人类命运共同体构建的认识误区，从而有利于将解决国家困境的现实需要与人类命运共同体构建的阶段性实践有机地结合起来，将更好地促使人类命运共同体理念的落地和实践的推进。

第二，为加强国家建设和转型提供一定的依据。人类命运共同体理念也必然会对"国家"产生内在规约与外在压力。国家是人类命运共同体的组成部分，就时间向度来讲，国家自形成以来就是共同体的最重要的形式，演进为共同体坚实的基本单位；就空间向度来看，人类命运共同体不是哪一个国家和民族自己的事业，所以，国家问题是人类命运共同体提出和构建与生俱来的基本问题，国家关系是人类命运共同体构建的基本关系，国家问题在一定阶段影响甚至决定着人类命运共同体构建的目标任务。而"好"的国家是人类命运共同体在当前阶段发展要求的集中表达，对这一问题的把握是认识人类命运共同体、构建人类命运共同体的基本前提。换言之，构建人类命运共同体也将成为国家转型的机遇。对二者内在关联的发掘，既否定了"国家过时论"的论调，也防止了犯"无政府主义"的急性病。具体来说，构建人类命运共同体为国家持续构建及其由政治机构向治理机构转型提供了思路。

第三，有利于将中国叙事转为世界性叙事。2017 年，联合国开始将构建人类命运共同体理念陆续写入部分决议。人类命运共同体理论的中国发声有着历史原因和现实机缘，但是也遭到了不少非议和误解。澄清抽象国家、现实国家与人类命运共同体的内在关联，有助于加深各个国家的主体感和参与感，有利于传播人类命运共同体理念（并不是意识形态宣扬的独有"居心"，而是各国共同建设、"各美其美"的发展道路），进而将"人类命运共同体"话语由一国叙事推广为世界叙事。

第四，有利于构建新型国际关系。明晰共同体构建中的国家角色是国家转型发展和国家关系深度转变的重要依据和基本前提。只有确立新型的国家理念、明确国家新的角色才能把握住国际关系转型的内在逻辑与基本依据。人类命运共同体构建的现实着力点在于国家转型和国家关系的深度转变。新型国家关系的建设既是对资本逻辑支配的对抗和对压迫剥削型国家的批判，也是弥补资本逻辑自身缺陷的对策。

总之，人类命运共同体生成的始因是人类对美好生活的向往和对理想社会的追求。而国家之间需求关系不断生成的过程也是实现国家转型进而不断满足人、发展人的过程，在其具体、历史的发展过程中，国家不断与时代特征、地域特色相结合，呈现出不同的特征。探讨人类命运共同体视域下的国家以及二者之间的联系和相互作用有利于深化研究层次，并为人类命运共同体的实现创设出更有利的理论基础与学术环境。

二、研究综述

如果宽泛地看待"国家"主题，其研究成果无疑汗牛充栋。国家不仅是政治学的研究对象，历史社会学的研究、经济史的研究等也都离不开"国家"。奠基性或重大影响的著作主要出自柏拉图（Plato）、亚里士多德（Aristotle）、G. W. F. 黑格尔（G. W. F. Hegel）、托马斯·霍布斯（Thomas Hobbes）、让-雅克·卢梭（Jean-Jacques Rousseau）、马克思（Marx）和恩格斯（Engels）、列宁（Lenin）、马克斯·韦伯（Max Weber）等人。20 世纪中叶以来对于国家研究较多或颇具影响力的有查尔斯·蒂利（Charles Tilly）、安东尼·吉登斯（Anthony Giddens）、迈克尔·曼（Michael Mann）、西达·斯考切波（Theda Skocpol）等人。总的来看，近代以降，西方学者在研究国家（多集中在民族国家或是欧洲国家）形成、特征等方面取得了丰硕的成果，形成了有影响力的理论、范式，其实证方法或一些具体性的研究，也包括比较研究，为认识国家之间的差别、共性提供了重要的支撑材料。沃勒斯坦的《现代世界体系》所体现的整体研究的范式也在全球范围内产生了深远的影响。概括起来，自"国家"出现以来，关于国家的研究除了具体的国别研究以外，对于"国家"本身大体上总是围绕着国家是什么、国家与人、国家与社会关系进行探讨。进入 21 世纪，关于国家的话语体系主要转向了国家治理和全球治理等领域。如果说自 20 世纪下半叶开始，"国家"理论的研究者将目光转向了"全球化"，其主要依据的是经济视角，那么 21 世纪除了继承这种视角之外，国家间的政治关系议题又有了一定程度的回归。

（一）国内研究现状

1. 国家概念以及国内关于"国家"研究的趋势、特点

关于国家的概念众说纷纭，除了理解的差别外，在不同的时代、不同的地域，国家的功能和表现不仅有所差异甚至大相径庭。"在东方国家出现得比较早，且形式少有变化，秦王朝便已经奠定了中国现代国家的基础。"① 有学者指出："中国古代诸侯的封地称为国，大夫的封地称为家，故以国家为国的通称。后来又以国家代表朝廷、公家之意，从汉代开始引申为皇帝的代称。"② 还有学者认为，"到秦汉中国统一之后，将君主统治的地域统称为'国家'或'天下'"。③ 鉴于中国历史的连续性和王朝的绵延，虽然对中国国家概念的表述有所差别，但普遍具有描述性特点。翻译词汇的细化也反映了对"国家"认知的深化。"国家"有三种含义：一是领土意义上的国（Country）；二是民族意义上的国家（Nation）；三是政权意义上的国家（State）。这种说法影响力较大，基本达成了共识。国家形态有古希腊城邦（Polis），罗马的共和国（Respublica），中世纪的帝国（Empire）、王国（Monarchy）等国家概念。④ 有的学者概括地指出，在马克斯·韦伯、查尔斯·蒂利等学者那里，国家基本都定义为在既定地域内合法持久地垄断暴力资源的组织。⑤ 而且认为这些学者研究的国家概念主要指现代国家，即相对于前资本主义国家而言。近现代以后，民族国家是现代国家的一种典型形

---

① 燕继荣：《现代化与国家治理》，载《学海》，2015年第2期，第15-28页。
② 秦进才主编：《中国帝王后妃大辞典》，石家庄：河北人民出版社，1998年版，第537页。
③ 林崇德、姜璐、王德胜主编，时龙分卷主编：《中国成人教育百科全书·政治·法律》，海口：南海出版公司，1992年版，第236页。
④ 周明圣：《西方古典共和主义的历史流变》，载《北京行政学院学报》，2006年第4期，第87-89页。
⑤ 徐勇：《"回归国家"与现代国家的建构》，载《东南学术》，2006年第4期，第18-27页。

态，或者可以说一般意义上的现代国家就是指民族国家，成为一个重要的研究领域、研究对象。"民族国家构建起源于西欧中世纪后期，在 20世纪扩展到全球，构成现代世界体系的主体要素。"① 《当代国家理论：基础与前沿》一书指出马克思、埃米尔·涂尔干（Emile Durkheim）、韦伯等人对民族国家进行了第一次系统分析，奠定了后续研究的分析路径和理论体系。②

　　已出版的研究国家的著作从另一个角度反映出国家研究视角的转换和变迁。在 20世纪末的"国家"专著有王子琳等编写的《国家学说概论》、邹永贤的《现代西方国家概说》以及钱乘旦与陈意新著的《走向现代国家之路》等。反映出这一阶段对国家的研究主要是总括性的研究，并开始关注国家的现代化建设。进入 21世纪，较大量地出现了研究马克思主义国家理论的著作，如姜正君的《马克思的国家观及其当代价值》，张国昀、巩军全撰写的《马克思主义经济学框架下的国家理论研究》，肖扬东著的《马克思主义国家理论的新进展》、罗许成撰写的《全球化与当代中国马克思主义国家理论的新发展》、曹军辉和王瑛的《马克思主义国家理论范式转换研究》等。这些著作的出版从侧面反映了马克思主义理论学科的繁荣，也说明了中国的社会主义实践亟须理论解释和支撑。这一时期也出现了研究社会主义国家观、国家形象、国家理性、自主性、国家批判理论的著作，还有针对某一国家、某一领域的具体研究或实证研究。实证研究和比较研究是这一阶段国家研究范式转换的新的尝试。至此，中国的国家研究呈现了较多面、较丰富的态势。鉴于西方在国家理论研究上的相对成熟以及其政治学科分类的先发

①　徐勇：《"回归国家"与现代国家的建构》，载《东南学术》，2006 年第 4 期，第19 页。
②　郭忠华、郭台辉：《当代国家理论：基础与前沿》，广州：广东出版社，2017 年版，编者导言第 2 页。

优势，国内也陆续翻译、引入了一些较有影响的国家理论和国家学说。在 20 世纪末重译、翻译了弗兰茨·奥本海默（Franz Oppenheimer）的《论国家》、H. 列菲费尔（H. Lefebvre）的《论国家》、霍布斯的《利维坦》。进入 21 世纪，国外有影响力或最新的研究也被陆续翻译，如约翰·戈特利布·费希特（Johann Gottlieb Fichte）的《国家学说》、罗伯特·诺奇克（Robert Nozick）的《无政府、国家和乌托邦》、帕特里克·邓利维（Patrick Dunleavy）与布伦登·奥利里（Brendan O'Leary）合著的《国家理论》、迈克尔·曼的《社会权力的来源》，以及蒂利、伊曼纽尔·莫里斯·沃勒斯坦（Immanuel Maurice Wallerstein）、斯考切波、吉登斯、罗纳德·麦金农（Ronald Mckinnon）、塞缪尔·亨廷顿（Samuel Huntington）、弗朗西斯·福山（Francis Fukuyama）等学者的著作。也出现了一些对于西方学者国家理论的专题研究，如《普兰查斯国家理论研究》《杰索普国家理论研究》，编撰了《现代西方国家学说》等著作。总的来说，有权力的研究，对革命、暴力的重新考察，对于资本主义体系形成国家深度分化的研究，对于国家起源的不同的解释，以及对于福利国家的研究等。新的时代特征、新的社会思潮以及新的国家发展特点给国家理论研究带来了更多的材料，也带来了更多的争议。这些著作有的重新定义了国家的概念，有的提供了研究国家新的视角和范式，从而给国内学者的研究带来了新的启发和新的视野，当然也在一定程度上补充或挑战了传统马克思主义国家理论。

　　2. 关于人类命运共同体的研究

　　国内关于人类命运共同体的研究主要集中在理念阐释、传播效果、构建途径等几个方面，同时研究趋势也越来越具体，主要集中于某一领域或视角。如"一带一路"、公共卫生、环境气候、网络安全、区域合作等多重领域。这些研究不仅有利于促进相关领域建设理念的革新，也为人类命运共同体的构建提供了思路和想象。其中关于构建人类命运共同体困境的研究也值得关注。比较能达成共识的是，国家利益、国家实力、意识形态差异以及治理能力不足的阻碍①，如：陈明琨认为现实问题是国家权力观、安全观、利益观、普世价值观的狭隘②；刘勇，袁琴认为，文化观念、国家实力以及国家利益的冲突会带来诸多困境，如价值困境、规则困境、主体困境以及全球治理与主权让渡的困境。③"反全球化浪潮等非传统安全问题"④也必然给构建人类命运共同体带来阻滞。概括说来主要问题是"利益共享困境、制度共建困境、价值认同困境"⑤。为此学者也提出了一些对策建议，如重建利益观、文明观、安全观以及构筑全球生态文明体系，还有"确立价值边界，促进多边合作"⑥。还有学者从科技的视角出发，指出"科技创新提供的共赢的帕累托改进式的制度基础能使共同体理念和实践更易为世界人民接受"⑦。还有构想"以包容性绿色发展"⑧来推动共同体建设的建议。除此之外，探讨较多的是打造"一带一路"现实范本，以及推动金砖国家合

① 董俊山：《构建人类命运共同体的困惑与破解》，载《时事报告（党委中心组学习）》，2017 年第 2 期，第 111-124 页。
② 陈明琨：《人类命运共同体思想的多重超越》，载《经济社会体制比较》，2018 年第 6 期，第 9 页。
③ 刘勇，袁琴：《人类命运共同体研究综述》，载《重庆社会科学》，2018 年第 12 期，第 78-79 页。
④ 刘芳：《人类命运共同体构建中存在的问题及对策研究》，硕士学位论文，武汉轻工业大学，2019 年，第 39-43 页。
⑤ 杨抗抗：《论人类命运共同体理念及其时代意蕴》，博士学位论文，中共中央党校，2019 年，第 90-99 页。
⑥ 刘芳：《人类命运共同体构建中存在的问题及对策研究》，硕士学位论文，武汉轻工大学，2019 年，第 44 页。
⑦ 倪晓宁：《面向 2035 年科技创新 促进人类命运共同体构建》，载《中国科技论坛》，2020 年第 4 期，第 1 页。
⑧ 邵娜娜，张红霞：《以包容性绿色发展推动构建人类命运共同体》，载《广西社会科学》，2019 年第 12 期，第 58-53 页。

作、打造中非命运共同体、中国—东盟命运共同体等局域共同体，从而示范和助推构建人类命运共同体。

利益差异、霸权主义、利己主义、外在解决机制不灵、文化价值冲突等困境，既是人类命运共同体构建的基本阻滞也是当前国际理念、国际体系的特点。然而，即便更多地体现为困境，人类命运共同体构建的基本主体和推动者仍然需要，也必然是国家，这样不论在理论研究上还是在实践发现上都似乎产生了冲突和悖论。换言之，构建人类命运共同体的起点、症结和矛盾的焦点都将指向"国家"，即总是关联"国家问题"。因此可以说，人类命运共同体面临的问题虽然不限于但仍是集中于国家自身的问题，而二者之间具体有怎样的边界、关系和新的交互后果却又不是传统国家问题所能囊括和解决的，而是一个新问题。现有的研究虽然尚未对后一问题进行系统研究、提供分析的框架，但仍不乏一些宝贵的思考。如李秀敏认为构建人类命运共同体的主体是国家，要力求分析世界各国因何而紧密联系在一起，为何不能一意孤行。[1] 蔡拓指出人类命运共同体的构建主体分为两类，以人类为主体和以国家为主体，而目前"共同体的真正主体还是国家，人类还只是一个符号、一种抽象"[2]。颜晓峰、常培育指出要首先普遍构建国家命运共同体。[3] 人类命运共同体的独特性在于其"是以国家利益（本质上也是人类利益）关系为纽带而形成的社会状态（或社会关系实体）"。[4] 丛占修在对世

---

[1] 李秀敏：《"真正的共同体"与"人类命运共同体"关系之辨》，载《马克思主义研究》，2018 年第 11 期，第 137—140 页。

[2] 蔡拓：《世界主义与人类命运共同体的比较分析》，载《国际政治研究》，2018 年第 6 期，第 22 页。

[3] 颜晓峰、常培育：《人类命运共同体建设的逻辑建构与实践要求》，载《南京社会科学》，2018 年第 8 期，第 2 页。

[4] 石云霞：《习近平人类命运共同体思想科学体系研究》，载《中国特色社会主义研究》，2018 年第 2 期，第 22 页。

界主义与人类命运共同体的比较分析中指出："前者坚持个体主义的理论前提，否认民族国家的道德地位，后者与民族主义、爱国主义相辅相成，主要关注的是国家之间的正义。"① 即"突显的是国与国之间的交往规范、价值取向以及对'善'的追求。"② 周龙辉、宋朝龙认为人类命运共同体还不是共产主义社会的自由人的联合体。虽然其中很多观点还未展开论述和深入分析，但仍为后续研究者提供了观点启发和理论支撑。

　　除了理念阐释和构建路径的研究外，国外政要、学者和民众对于"人类命运共同体"的认知也成为国内学者关注的一个重要方面。通过研究发现，国内外对人类命运共同体理念的认知存在很大的差异。这在《国外学者对"人类命运共同体"的研究综述》《人类命运共同体：近期国内外研究综述及进一步探讨》《国外精英对人类命运共同体理念的认知评析》等综述类研究中已有诸多证明，其中原因众多，大体上可以表述为"'中国威胁论''中国担忧论'"③ 等论调，而且"国外学者普遍偏重可行性、实务性的研究，大多用西方结盟式思维与零和博弈规则等来解读"④。换言之，国外群体往往认为人类命运共同体的提出是中国的战略或策略，即认为该理念是"国家和制度方面的理念"⑤，中国正在挑战西方主导的自由秩序和全球治理体制，是"中国崛起后

---

① 丛占修：《论世界主义及其对人类命运共同体的资鉴意义》，载《烟台大学学报（哲学社会科学版）》，2019 年第 5 期，第 20 页。

② 李孝天：《国家集体认同与人类命运共同体的发展阶段》，载《社会主义研究》，2020 年第 3 期，第 137 页。

③ 刘传春：《人类命运共同体内涵的质疑、争鸣与科学认识》，载《毛泽东邓小平理论研究》，2015 年第 11 期，第 85 页。

④ 邓玉琼：《人类命运共同体的文化哲学研究》，博士学位论文，中共中央党校，2019 年，第 13 页。

⑤ 秦伟：《人类命运共同体的经济基础与中国实践》，博士学位论文，上海社会科学院，2019 年，第 18 页。

的战略表达"①，试图形成中国新的天下观，将国际秩序中国化。"人类命运共同体"在国外的认知，被蒙上了浓重政治阴影，国外对人类命运共同体的认知主要是通过媒体介质，而非专业的著作和论文，即没有上升到学理性水平和学术研究层面。国外学者将"人类命运共同体"定位于中国的战略或策略本身，必然影响该理念学术定位的获得，而国内学者对人类命运共同体的研究很多基于中国立场、中国责任、中国视角，多关注中国方案，也影响了其开放性。因此"人类命运共同体"的学术阐释还具有极大的挖掘空间，换言之，"人类命运共同体"要形成世界公认的新的学理范式还需要继续探寻。

3. 有关中国在人类命运共同体构建中的角色研究

就现有的文献来看，虽然尚缺乏对"国家"与人类命运共同体关系的系统性专题研究，但是学者还是就相关问题和领域进行了深入的思考。中国之于世界的历史方位以及角色定位问题既是制定国家发展战略、政策的基本依据也是学界关注的焦点。自人类命运共同体理念提出以来，中国在人类命运共同体中的角色定位、作用发挥等问题也成为学者们思考的重要问题。王义桅认为要在"世界的中国"与"中国的世界"间找准角色。② 余潇枫提出构建人类命运共同体背景下的"和合主义"③ 与中国道路的思路。刘建飞认为要把握好中国的国际角色定位："发展中国家、新兴大国、社会主义国家等，可以引领但不当领导。"④ 江时学认为中国的外交理念经历了从"解放全人类"到和谐世界进而

---

① 罗云、胡尉尉、严双伍：《西方学者对人类命运共同体的认知和评介》，载《社会主义研究》，2020 年第 1 期，第 154 页。

② 王义桅：《大变局下的中国角色》，北京：人民出版社，2021 年版，第 144 页。

③ 丁文阁主编：《构建人类命运共同体》，北京：时事出版社，2018 年版，第 95 页。

④ 刘建飞：《引领：推动构建人类命运共同体》，北京：中共中央党校出版社，2018 年版，第 213-214 页。

再到人类命运共同体理念的转变过程。① 《坚持推动构建人类命运共同体》一书提出了世界环境治理和核安全问题的中国方案。②

4. 国内研究述评

第一，就"国家"研究来看，总体上国内学者对国家的研究主要分为两个方向。一个是马克思主义国家理论研究，一个是西方国家思想和学说。马克思主义国家理论的研究相对集中，而对国外各种国家研究范式的引介也逐渐增多。这些文献为后续的理论研究提供了材料和参考。从实践中来看，尽管西方的国家学说被大量地引介到国内，但国内教科书对"国家"的阐释仍主要基于马克思主义国家理论。中国政体的运作，其中包括对国家职能的定位、政府的总体功能规划等也主要依据马克思主义尤其是列宁主义的国家主张。近几十年随着社会主义实践的推进，又形成了具有中国特色的社会主义国家理念和实践，国内关于"国家"的研究也逐渐转移到中国特色社会主义研究的主题上来。

在肯定国内学者研究成果的基础上，也应当对当前的研究趋势和特点有所把握。首先，关于国际关系的研究主要集中在地缘政治和国家策略制定等方面，关于"国家"本身的哲学研究或是因时代变化而产生的"国家"变化的历史研究还尚不充分。其次，虽然马克思主义国家理念是中国国家建设的基本指导，然而，国内的政治学、社会学和经济学等学科的研究多是借鉴和学习国外的一些比较成熟的或是影响力较大的理论，而这些理论所隐含的国家理念和国家角色的潜在假设与马克思主义和中国特色社会主义的国家理念、实践又有着很大的不同。因此，既要处理和建立好马克思主义国家理论与现实实践的内在逻辑关系，也

① 江时学：《人类命运共同体研究》，北京：世界知识出版社，2018 年版，第 1 页。
② 严华、朱建纲主编：《坚持推动构建人类命运共同体》，长沙：湖南教育出版社，2017 年版，第 80-85 页。

要及时将马克思主义国家理论指导下好的国家建设经验提炼出来，这对构建人类命运共同体愿景下的新型国家形态非常重要。

第二，就人类命运共同体的研究来看，研究成果颇多，相对于国外对人类命运共同体的研究，还停留在一般层面上的理解（包括误解），国内学者已经深入"做"的层面。即从对人类命运共同体理念的研究拓展到推动构建人类命运共同体对策、路径的研究，而且呈交叉研究的趋势。不足之处在于，在解决人类命运共同体构建困境的方案和路径上，成果仍显同质化。此外，研究也呈现出"全面开花"有余、系统研究不够的特点；深入国家的本质或者基于马克思主义国家理论框架对人类命运共同体构建的研究仍显缺乏。

总之，尚缺乏有关人类命运共同体构建中的国家角色的系统和专项研究。有关人类命运共同体构建的中国角色研究的文献，对于中国在人类命运共同体构建中正在扮演什么样的角色、应该扮演什么样的角色已有不少探讨，然而，多是"就事论事"，较具体地指出了中国提出构建人类命运共同体的战略诉求、基本态度和政策取向，而关联总的"国家"角色的视角进行的研究还有待补充、深化和完善。事实上，关于中国角色的深入探讨必然离不开对"国家"在人类命运共同体中的角色、方位、前景问题的考察。因为，关于"国家"的研究和对于各个民族国家发展的研究处于同一个范畴，中国角色的研究也有利于为其他国家对自身角色的定位和探索提供分析模式和比较样本。

忽略国家本质、张力或者模糊、跳过国家变迁、转型的历史必然性研究人类命运共同体的构建难免会在一定程度上影响其学术价值的挖掘和理念向现实的转变，也难以有效地回应国外将该理念定位为中国国家战略企图的认知和质疑。而对国家研究自身来讲，缺失关于共同体进程或是发展前景的考察即缺失共同体视角的国家研究，不仅会影响国家理论的完整性，还会影响实践指导的有效性。换言之，需要在现有思想成果的基础上有所突破，拓宽对国家本身特质的挖掘和对国家本身的发展趋势和特点的掌握：一方面，补充共同体视角下国家的研究，一方面，明确国家在人类命运共同体构建中可能扮演的基本角色，并挖掘推动国家与人类命运共同体同向构建的空间和可能性，从而在一定程度上丰富人类命运共同体理念的学理性和国家研究的多维视角。

（二）国外研究现状

1. 以关系视角（国家与公民、国家与社会）思考国家

正如前文所言，国外对于国家的研究较为深入和广泛，如在民族国家研究、现代国家研究和国家的比较研究上都比较成熟。然而对于国家起源、形成、国家特征、功能等方面的理解仍存在着很大争议，这种争议也集中表现在对国家与人/公民、国家与社会、国家与经济、国家与国家等传统关系的理解上。

古希腊的苏格拉底（Socrates）、柏拉图和亚里士多德就已经在思考城邦与公民的关系。国家与公民的关系是国家发展和国家研究中的重要关系，甚至可以说国家与公民的关系体现着国家的形成和流变，是解读国家、批判国家的首要关系问题。亚里士多德指出："城邦在本性上先于家庭和个人。"① 霍布斯认为："臣民如果不得到君主的允许就不能抛弃君主政体"②。约翰·洛克（John Locke）认为："每个人在参加社会时交给社会的权力，只要社会还存在，那么每个人加入社会时交给社会

---

① 亚里士多德：《政治学》，姚仁权译，北京：北京出版社，2007 年版，第4 页。
② ［英］霍布斯：《利维坦》，黎思复、黎廷弼译，杨昌裕校，北京：商务印书馆，2017 年版，第 133 页。

的权力就不能重新归还于个人，而要始终留在社会中。"① 卢梭提出的著名的"主权在民"论断，意在指出国家只能是自由人的自由协议的产物，如果自由被剥夺，人们仍可以将其夺回。② 对于对"监视理论"有深入研究的米歇尔·福柯（Michel Foucault）而言，"统治也可以通过个人的自我管理来实现，但这确是一个极其复杂的过程"③。不论城邦与公民的关系思考还是国家与个人的关系思考其核心都在于对国家角色的期许与认知，即始终关乎国家理念。从国家理念的发展脉络来看，天赋人权、社会契约思想的普及推动了"公民"身份的确立，而与"公民"身份一起完善起来的还有国家的权力体系，即国家集社会权力于一身的合法性也被革新地、同步地建立了起来。

随着资本主义生产方式的兴起，对国家的探讨也发生了变化。近代以来，"对国家问题提出强有力和有影响的观念的当然是卡尔·马克思。"④ 马克思对于黑格尔国家观的批判以及恩格斯《家庭、私有制和国家的起源》等著作削弱了国家理性化身的权威，直至后来的新国家——美国，其三权分立的权力架构肯定了"市民社会决定国家"，以实际政体释义着国家虽然居于社会之上，但是其权力支撑始终是社会。社会学奠基人马克斯·韦伯对"国家"的定义对后来的政治学和社会学领域的学术发展影响深远，他使用一些"标志性的"基本元素界定了国家，如"强制性政治组织""合法性垄断""暴力"。韦伯还提出，"国家不仅包括上层以军事、行政与财富管理体制为重点的国家机构，

---

① ［英］洛克：《洛克谈人权与自由》，石磊编译，天津：天津社会科学院出版社，2011 年版，第 359 页。
② ［法］卢梭：《社会契约论》，何兆武译，北京：商务印书馆，1996 年版。
③ ［英］克里斯多夫·皮尔逊：《论现代国家》，刘国兵译，北京：中国社会科学出版社，2017 年版，第 101 页。
④ ［美］贾恩弗兰科·波齐：《近代国家的发展——社会学导论》，沈汉译，北京：商务印书馆，1997 年版，第 2 页。

还包括渗透底层并集结社会资源的国家基础结构（state infrastructure）。"[1] 迈克尔·曼在《国家战争与资本主义》中也区分了两个层面的国家权力，一是专制权力，二是基础性权力。曼更强调的是国家控制和协调社会功能的基础权力。[2] 而托马斯·埃特曼（Thomas Ertman）在《利维坦的诞生：中世纪及现代早期欧洲的国家与政权建设》中指出要同时注重国家上层机构的组织形式与地方政府的组织体系。[3] 总之，不论专制权力和基础性权力的划分，还是对国家上层机构和国家基础机构的统观，都说明了国家确实处于不断"生长"之中，国家体系的触手不断扩张。

随着国家权力在近现代的"生长"，关于"国家与社会"或"国家与经济"关系的思索和争论蔓延开来。到 20 世纪晚期，国家与社会的研究成为热点。为此，有学者曾指出"国家与社会之间的关系是目前学界最受关注并且极富争议的话题之一"[4]，现代自由主义的核心也包括国家与社会[5]。从本质上说，"国家与社会""国家与经济"在提出的动机或目的上往往相同。因为探讨"国家与社会"关系的重点仍主要围绕国家与经济的关系展开，如国家应该给予社会经济自由，还是干预社会。而历史地来看，二者都可以溯至国家与市民社会关系的探讨。马克思对黑格尔的"国家决定市民社会"观念的批判给予了后来学者极大的灵感：封建制的国家，深深依附于土地关系、血缘关系的封建共

---

① Max Weber, *Economy and Society*, *vol*, New York：Bebmininster Press, 1968, p. 64.

② Michael. Mann, *States*, *War and Capitalism*：*Studies in Political Sociology*, Oxford：Blackwell Pubilishers, 1992, p. 1-33.

③ ［美］托马斯·埃特曼：《利维坦的诞生：中世纪及现代早期欧洲的国家与政权建设》，郭台辉译，上海：上海人民出版社，2016 年版，第 15 页。

④ ［英］克里斯多夫·皮尔逊：《论现代国家》，刘国兵译，北京：中国社会科学出版社，2017 年版，第 74 页。

⑤ ［英］克里斯多夫·皮尔逊：《论现代国家》，刘国兵译，北京：中国社会科学出版社，2017 年版，第 100 页。

同体，逐渐地，除了农业生产关系之外出现了都市共同体，在都市共同体中商业要素发展了起来，这种形式并不依附于农业体系，并逐渐形成了市民社会。而此时的"封建国家，凭借权力干预市民社会，进而市民社会开展了取代封建社会、建立自己的国家的运动"①。由此新的市民国家诞生，该国家承认市民社会取代之前的以农业生产为基础的封建共同体而成为正式的经济社会关系。国家的形式和社会根基就此发生了根本的改变。而"国家与市民社会"关系的探究也就被承继了下来，形成了西方国家围绕"国家与社会"来进行探讨的思路。如"资产阶级社会中的国家"还是"资产阶级的国家"以及"社会中心论"还是"国家中心论"的研究都在这个框架之内。贾恩弗朗哥·波齐（Gian-franco Poggi）指出，"如果正确地运用以国家为中心的立场，较之于社会中心论的立场将能够更好地理解我们所关注的对象。"② 也正是在这种主流的思考方式影响下，出现了"国家回归"学派。该学派的代表人物之一西达·斯考切波（Theda Skocpol）认为，对于国家的关注还是很缺乏，在与其他学者合著的《找回国家》的导言中指出，"不能过度以社会为中心，要从根本上重新思考国家在经济和社会中的角色"③。总之，西方学者普遍认为国家和社会是现代秩序的重要特征形式，有必要区别看待④，因此以国家与社会为分析框架一度成为主流研究范式。

如果说之前探讨国家与社会的关系主要指的是国家是否应该干预

---

① ［日］田口富久治等：《当代政治体制》，耿小曼译，北京：光明日报出版社，1988年版，第183页。

② ［美］贾恩弗朗哥·波齐：《国家：本质、发展与前景》，陈尧译，上海：上海人民出版社，2019年版，第99页。

③ P. Evans, D. Rueschemeyer, T. Skocpol, eds, *Bringing the State Back In*, New York: Cambridge University Press, 1985.

④ ［英］克里斯多夫·皮尔逊：《论现代国家》，刘国兵译，北京：中国社会科学出版社，2017年版，第105页。

"市民社会"的自由经济从业者的自由，那么随着国家向巨大组织者、服务功能定位的转变，这种传统命题探讨的空间已经大大受限。所以有学者指出"把国家与社会割裂开来是难以想象的"①。即国家不仅承担了政治角色也承担了更多经济角色和社会协调的角色，对整个社会的全面的渗透、影响已经成为事实，国家无所不在。因此，福柯认为"国家的统治也逐渐演变成了国家的职责。"② 鲍勃·杰索普（Bob Jessop）也指出，在理解社会与国家关系的过程中其界限日益模糊。③ 不管如何，对于"国家与社会"关系思考的出现，体现出国家职能和社会任务的变更，即国家（以前是掌权者）从自身为共同体的统治者转化为社会的"组织者"。总之，随着全球化的深入和矛盾的凸显，在国家内部探讨国家和社会关系的命题已然被更为紧迫的全球问题和国际关系问题覆盖了。即便在资本主义国家内部，其发展困境也不是这个问题的讨论能够解决的。总体看来，西方学者研究国家大体呈现了这样一个脉络：在思想启蒙和宗教解放等思潮影响下，国家统治者的神秘权威被逐渐摧毁，在战争和内部势力的斗争和博弈下，国家逐渐击败了其他的政治形式、权力日益集中、"统一"的能力形成。尤其在自由主义发展阶段，国家不断获得增长、规范，机构急剧增加。④ 国家这个庞大的上层建筑体系有着极大的复杂性、惰性，随着国家研究的深入，国家的"神秘"被揭示出来，"国家图景"似乎正被日益认知。然而悖谬的是，

---

① 卡伦·巴基，苏尼塔·帕里克：《比较视野下的国家》，吴方彦译，郭忠华、郭台辉编：《当代国家理论：基础与前沿》，广州：广东出版社，2017年版，第207页。

② ［英］克里斯多夫·皮尔逊：《论现代国家》，刘国兵译，北京：中国社会科学出版社，2017年版，第102页。

③ Jessop, *State Theory: Puting Capitalist States in Their Place*, Cambrige: Polity, 1990: 4-6.

④ ［美］贾恩弗朗哥·波齐：《国家：本质、发展与前景》，陈尧译，上海：上海人民出版社，2019年版，第67页。

面对时代的急速变迁即使是再精通历史的人似乎也无法对当下的"国家"做出准确的概括和自信的预判。

2. 全球视野下的国家

第一，全球化与国家。全球化是近代以来人类社会发生的最重要的剧变之一。国家作为全球化的重要载体，受到了巨大冲击，所以有学者认为"国家活动的本质不仅发生着量变也发生着质变"①，其功能的边界和结构也处于不断调整之中，当然也必然在国家之间引发重重矛盾。伴随着新的关系给传统国家带来的挑战和机遇，围绕"国家与全球化关系的探究"接踵而至。马丁·阿尔布劳（Martin Albrow）曾指出："全球性的变迁必然导致国家理论的重建。"② 托尼·麦克格鲁（Tony McGraw）也指出："全球化消解了现代国家地位的基本结构。"③ 苏珊·斯特兰奇（Susan Strange）在《全球化与国家的销蚀》一文中曾列举和分析了受全球化力量影响的十种国家权力，其中国家权威也衰落了，国家也难以对社会提出要求了。④ 尽管全球化和相互依存理论是新自由主义学派中较有代表性的理论，然而，即便在流派内部也未能达成一致。肯尼思·沃尔兹（Kenneth N. Waltz）却认为，现实的国家间相互依存度和经济因素的作用并没有人们认为的那么高；政治仍优先于经济

---

① ［英］克里斯多夫·皮尔逊：《论现代国家》，刘国兵译，北京：中国社会科学出版社，2017年版，第243页。

② ［英］马丁·阿尔布劳：《全球时代：超越现代性之外的国家与社会》，北京：商务印书馆，2001年版，第272页。

③ A. McGrew, Globalization, in S. Hall, eds, *Modernity and its Futures*, Cambridge：Polity, 1992.

④ ［英］苏珊·斯特兰奇：《全球化与国家的销蚀》，载《马克思主义与现实》，1998年第3期，第70-73页（王列译自美国《当代史》杂志1997年第11期）。

成为理解国际政治的关键。① "全球化并没有改变国家权力的属性。"②
波齐认为国家确实发生了全球化，但是其仍然是政治权力制度化的主要
形式。③ 也有学者认为，或许这是在抛弃传统的职能从而为承担新的职
能做准备。④ 不管是全球化销蚀了国家，还是国家权力依旧，在全球化
逻辑的背景下，重塑国家与世界即与其他国家的关系既是客观事实也是
今后必然的回应。所以，不论存在多大争议，世界市场化的"全球秩
序已经是一种全新的统治逻辑和结构，即新的统治方式"⑤。学者做得
较多的是对于全球化带来的问题和矛盾现象的阐释，然而更重要的是，
指出背后国家对其影响的深层逻辑，而不是仅就现象做丰富的、引人入
胜的描述。

　　第二，全球治理与国家。人类不缺乏对于人类整体命运的思考，戈
特弗里德·威廉·莱布尼茨（Gottfried William Leibniz）曾经讨论过
"最好的可能世界"（the best of possible worlds），康德设想了"世界公
民""和平联盟"与"永久和平"，马克思、恩格斯创立了共产主义学
说，罗素（Russell）认为"可以最终医治战争的办法是创立一个世界
国家或者超级国家……"⑥ 还有对建立人类共同体以及其与个人关系的
思考："共同体的主权优先于其他任何组织、部落和民族国家的主权，

---

① ［美］肯尼思·沃尔兹：《国际政治理论》，胡少华等译，北京：中国人民公安大学
　　出版社，1992 年版，第 113 页。
② ［日］星野昭吉、刘小林：《全球治理的结构与向度》，载《南开学报（哲学社会科
　　学版）》，2011 年第 3 期。
③ ［美］贾恩弗朗哥·波齐：《国家：本质、发展与前景》，陈尧译，上海：上海人民
　　出版社，2019 年版，第 194 页。
④ ［英］克里斯多夫·皮尔逊：《论现代国家》，刘国兵译，北京：中国社会科学出版
　　社，2017 年版，第 243 页。
⑤ ［英］克里斯多夫·皮尔逊：《论现代国家》，刘国兵译，北京：中国社会科学出版
　　社，2017 年版，第 236 页。
⑥ ［西］费尔南多·萨瓦特尔：《政治学的邀请》，魏然译，北京：北京大学出版社，
　　2009 年版，第 128 页。

在人类共同体中，个人享有天赋的人权。"① 从 20 世纪末开始，这种对
人类整体命运的思考形成了专门的学术研究——全球治理。詹姆斯 N.
罗西瑙（James N. Rosenau）撰写了《21 世纪的治理》、罗伯特·莱瑟
姆（Robert Lethem）著有《漂浮世界中的政治：走向全球治理的精
髓》、约翰·N. 克拉克（John N. Clarke）和杰弗里·R. 爱德华兹
（Geoffrey Pearson R. Edwards）编辑《21 世纪的全球政府》、吉姆·惠特
曼（Jim Whitman）著有《全球治理与局限》、巴里·布赞（Barry
Bouzan）和乔治·劳森（George Lawson）著有的《全球转型：历史、
现代性与国际关系的形成》、戴维·赫尔德凯文·扬（David Herd kevin
Young）撰写了《有效全球治理的原则》等。全球治理始终离不开国
家，因此，谈论全球治理必然要关涉国家。雅克·舍瓦利埃（Par
Jacques chevallier）认为治理主题的背后体现了对国家框架的超越，会
推动国家地位的重新定义，但也会加强国家的合法性。② 星野昭吉认
为，之前的治理是以权力为中心的强者治理，事实上现在一国治理无法
解决全球问题，自然也不能单纯地实现国家自我的利益。③ 肯尼斯·N.
沃尔兹认为，除非其他行为主体发展到与大国匹敌或者超过大国时，国
家中心治理的地位才会发生根本改变。④ 克劳斯·丁沃斯（Klaus Ding-
werth）与菲利普·帕特伯格（Philipp Pattberg）在《如何"全球"与
为何"治理"？全球治理概念的盲点与矛盾》中指出全球治理的视角对

---

① ［美］入江昭：《全球共同体》，北京：社会科学文献出版社，2009 年版，第 76 页。
② ［法］雅克·舍瓦利埃：《治理：一个新的国家范式》，张春颖、马京鹏摘译，载
　《国家行政学院学报》，2010 年第 1 期，第 121-122 页。
③ ［日］星野昭吉：《全球治理的结构与向度》，载《南开学报（哲学社会科学版）》，
　2011 年第 3 期，第 4 页。
④ ［美］肯尼思·N. 沃尔兹：《国际政治理论》，胡少华等译，北京：中国人民公安大
　学出版社，1992 年版，第 113 页。

于拓宽对世界政治的理解有益处。① 总之，自 20 世纪末以来，就不间断地探讨全球治理议题：一是治理中心，二是治理模式，而治理中心必然影响治理模式。国家中心治理、超国家中心治理或者非国家中心的治理在治理模式、权限和权力主体上都将不同。事实上在国家强力存在的现实面前，全球治理的中心只能是国家，而国家既会推动全球治理也会阻碍全球治理。在全球治理和国家的互动中，国家的功能和角色也会发生变化，但这个过程往往是渐进的。

就全球治理概念和实践的生成动力来看，全球治理与全球化密切相关。经济增长会受全球化的制约，这一现象的深刻认识也体现出全球范围内进行集体决策和自我控制的必要性。现代国家在适应和应对全球经济、全球问题的过程中其能力和结构也得到了体现、锻炼、塑造，即"全球化不仅影响到国家'效力'，也影响到国家的治理模式"②。换言之，全球性问题增多，民族国家能力的边界日益暴露出来，人们认识到传统国际治理的局限。同时全球治理并不是全球化能够覆盖的，全球治理概念以及内涵本身还存在着诸多矛盾认知与盲点，如全球治理的主体、界限、方式以及传统国家形态在全球治理中的角色等问题仍然模糊不清，老问题未解、新问题增多究竟是国家能力走到了尽头，还是国家观念没有及时更新？然而，从"全球化"上升到"全球治理"还是反映了人类协作认知的拓宽、人类责任意识的增强，至于质疑国家能力走到了尽头还是国家需要根本转型，代表了两种不同的道路和前途。

---

① ［德］克劳斯·丁沃斯、［荷］菲利普·帕特伯格：《如何"全球"与为何"治理"？全球治理概念的盲点与矛盾》，晓谢译，载《国外理论动态》，2013 年第 1 期，第 27-33 页。

② ［英］克里斯多夫·皮尔逊：《论现代国家》，刘国兵译，北京：中国社会科学出版社，2017 年版，第 203 页。

3. 国外学者、政要对人类命运共同体理念的认识和评价

虽然人类命运共同体理念已经成为中国外交平台或是国际关系理念的主流话语，但如前文所述，国外的认知和反馈仍凸显出差异、分化、多层次的特点。一方面，从政治学视角来看，国外学者、政要仍主要沿袭了"中国威胁论""修昔底德陷阱"的论调和思路，相比之下，经济学的视角相对温和，但也对推动构建人类命运共同体的项目和实践，如对"一带一路"能否真正落地、改善参与国家和地区的经济状况持有怀疑，在项目落地过程中，由基础设施建设等引发的环境威胁论也不容忽视。另一方面，联合国等国际组织对人类命运共同体理念的高度肯定，对人类命运共同体理念的正向传播和话语形象起到了积极作用，成为人类命运共同体理念传播和实践的重要平台。2018 年中国举办了以"携手构建人类命运共同体"为主题的中国共产党与世界政党高层对话会，该次大会邀请国外政要参与讨论推动构建人类命运共同体。巴西劳工党主席格莱斯·霍夫曼（Grace Hoffman）认为世界各国应该聚集在一起共同建设公平正义的社会。立陶宛社会民主党主席津塔·帕卢茨卡斯（Zinta Palutzkas）认为传统的政党正在消退，政党需要重新获得公众的信任。泰国民主党主席、前总理阿披实·维乍集瓦（Abhisit Vejja-jiva）认为政党应该适应新情况等。① 总的来说，主要围绕政党在政策沟通、民心相通、凝聚社会共识以及促进合作上的作用展开讨论。2019 年 11 月 5 日至 6 日，中国国务院新闻办主办了"70 年中国发展与人类命运共同体"论坛，国外学者、政要以不同的视角参与了讨论。泰国前副总理颇钦·蓬拉军（Paqin Pengla）认为中国共产党提出人类命运共同体是对中国和世界的内在和外在的承诺。阿富汗 SMN 基金会主席

① 宋涛主编：《携手构建人类命运共同体——中国共产党与世界政党高层对话会文集》，北京：当代世界出版社，2019 年版，第 289，290，292 页。

认为，人类命运共同体理念对大家提出了挑战，让大家跳出陈旧的思维，为全球和区域发展寻求新的思路。上海合作组织秘书处顾问弗拉基米尔·扎哈罗夫（Vladimir Zakharov）认为建立人类命运共同体是应对世界文明面临的挑战的方式之一。巴哈伊国际社团驻联合国办公室首席代表巴尼·杜加尔（Barni Dugal）指出，中国可以有意识地协助其他国家和其他文明，从而也实现自身的伟大；他指出人类命运共同体是承认世界上越来越多的生活都切实地联系在一起。尼日利亚中国问题研究中心执行主任查尔斯·奥克丘库·奥努耐居（Charles Okchuku Onuneju）认为，人类结成利益共同体是客观的历史趋势，但也带来了挑战。柬埔寨合作与和平研究所研究员朗·潘哈里斯（Long Panharith）认为人类命运共同体是利益共同体与责任共同体。[①] 近年来，中国影响力的提升以及国际组织能力的加强，拓宽了国内外学者、媒体、政治领导人交流的渠道，同时也促进了国外学者、媒体对人类命运共同体等理念的理解和认知。英国学者马丁·阿尔布劳（Martin Albuu）的著作《中国在人类命运共同体中的角色》值得关注，这是少有的国外学者探讨人类命运共同体的专著，虽然该专著侧重于分析中国特点并以大量笔墨介绍了西方对中国的认识，而非探讨人类命运共同体本身的逻辑和发展，但仍可视为国外学者研究人类命运共同体的尝试和开端。他在著作中提出中国和美国一起扮演领导的角色，引领治理全球；他认为共同价值观既可以创造团结也在强调差异，为了人类福祉应该致力于以共享技术和项目为基础的全球治理，而不是依赖文化方面的理解。[②]

---

① 王灵桂主编：《70 年中国发展与人类命运共同体建设：中外联合研究报告》，北京：社会科学文献出版社，2021 年版，第 24、30、44、47、77、87 页。

② ［英］马丁·阿尔布劳：《中国在人类命运共同体中的角色——走向全球领导力理论》，严忠志译，北京：商务印书馆，2020 年版，第 52-53、131-135 页。

4. 国外研究述评

第一，就"国家"的研究来讲，国外学者做出了很大的贡献。从对国家内涵、伦理的发掘到比较国家研究范式的开创都做出了很大的努力。尤其学者对欧洲国家的深入研究为理解国家的形成提供了丰富的材料和分析思路。此外，不论对国家是什么、国家与社会关系的思索，还是对更为具体的政体模式、国家关系、全球治理的探讨，也反映出实践的变迁和不同时代的学者对"国家"的不同期待，从而折射出"国家"本身的变革历程。即"理论上的任何一种重新解读、重新研究乃至重新建构都是由现实的实践所激发的。"① 进入全球化以后，在全球化初始阶段，西方学者主要探究国家与市场/经济的关系，即围绕国家应该为市场提供守护、充当守夜人，还是国家应该退出重要经济领域等议题进行探讨。而随着全球化的深入和各个国家交往和交流的加深，不同国家之间的价值、伦理差异也凸显出来，集中表现为国家理念的差异。近年来西方国家发展动力不足、困境重重也反映出自由主义、现实主义国家学说的"失灵"。

既要承认国外学者研究国家历史久远、材料丰富翔实以及提出了诸多有影响力的洞见，也要警惕其中的问题与不足。如国外学者研究视角多元以及在比较国家研究上做了大量的奠基性工作，但是仍存在较明显的欧洲中心观和西方中心观。事实上，国家自形成开始就是多元的，如东方的国家形态"成熟"而且韧性较强，忽略了东方国家形态或者其他地区的类国家的组织形式而研究国家必然难以形成全面的认知。基于片面材料形成的国家研究必定会影响世界视野的形成和对世界体系的洞见。

---

① 欧阳康：《社会认识论导论：探索人类社会的自我认知之谜》，北京：北京师范大学出版社，2017 年版，总序第 3 页。

第二，就人类命运共同体的研究来看，国外有关人类命运共同体的评价、认知，总体趋势向好，但是存在分流。政界学者探讨较多、学者研究较少；与中国来往密切的国家政要评价中立或者较好，其他国家领导关注不多或者多存质疑；传播主要停留在媒体、政要、学者等受众面，民间关注很少。这种现状对中国学者提出了更高的要求和挑战：引导人类命运共同体的研究转向国际性学术探讨，引导对人类命运共同体的认知基于科学研究，深入学术研究领域，改变过多关注中国角色而非"国家角色"的现状。总之，要避免将人类命运共同体理念过度政治化，"祛政治化"有利于人类命运共同体理念落地和发展。

总的来说，对国家理念和世界理念理解的不同形成了不同的国家政策甚至是国际局势。即对"国家"认知的不同，国家的形象角色和行为角色必然会产生差异。如在中国政府的实践中，其默认的前提是通过无产阶级专政或者人民民主，国家是可以比较全面地实现政治、经济、社会功能的，或者说国家是"全能"的，这也就意味着对国家权力全面覆盖可能给予支持。而在西方，国家权力必须被制衡的思想是很多理论的基本假设。现代化运动在全球铺开以后，"现代性"观念似乎起到"齐一化"国家的作用，然而国家理念、国家构建还是存在着根深蒂固的差异，而国家理念的差异也必然意味着"全球理念"的差异。如国外学者对国家的现实主义理解，使其基于欧洲历史上强权、战争、对抗的传统国家视野来考察人类命运共同体，其结果必然是误解。"尽管国家研究至今已有两千余年，但对于国家研究并非已经清楚，由于世界国家的多样性和变化性"①，面对社会的急速变迁，到了该探索"国家"如何自处和共处的时候了。

---

① 郭忠华、郭台辉：《当代国家理论：基础与前沿》，广州：广东出版社，2017年版，编者导言第2页。

三、思路、方法、难点、创新点

（一）思路

本书基于马克思主义理论框架，以国家的价值和历史性变革为导向，以人类命运共同体的实现具有阶段性、条件性特点为基本前提，探索国家在人类命运共同体中的角色、转型和前景。首先分析了共同体的提出和演进的基本进程，进而展开国家与共同体以及人类命运共同体的关联分析，为推动人类命运共同体构建和国家的转型提供分析进路，最后展望了国家完成历史使命之后人类社会发展的特点和前景。

遵循马克思主义的分析要素：经济基础、阶级问题、世界历史等。对现有的经济的格局、发展态势、问题等有一个全貌的、把握住性质的理解。在国家与世界体系关系的探讨上，首先，揭示出现象的国家与抽象的国家构建"人类命运共同体"的关系，即人类命运共同体的构建有利于解决国家问题，以及现实国家对构建人类命运共同体具有正向和负面的双重影响。其次，立足马克思的"世界市场理论"，重视生产方式的根源性影响以及社会经济因素，兼从阶级论的观点确定经济斗争、政治斗争、考察政权的性质，进而给出秩序转型的基本进路。由于人类命运共同体本身属于构建范畴，而制度是构建的一种强有力的理念（理想）和现实结合的方式，因此进路研究要囊括制度。最后，基于国家历史性变化脉络和特点展望了国家使命的完结和社会发展的前景。一言以蔽之，本书的目的和基本思路是以马克思主义理论框架和研究方法来丰富当代的国家学说以及人类命运共同体理念。

（二）研究方法

1. 比较研究方法。比较是快速把握事物特质的一种方法，对于各个国家现实发展情况的考察、对比是思考人类命运共同体构建的重要工作。所以研究要从一国的历史背景以及国家体系，也就是对内和对外两个方面展开，在进行比较和个别分析中，要注意到经济背景、文化和宗教的社会基础、政治体制本身的旧有特征、政治权力的社会性和阶级性、政府的目标及其实现能力等。

2. 逻辑与历史相统一的方法。"历史是人类社会自身的客观进程，逻辑则是对这一进程和历史顺序的认识和把握。"① 逻辑与历史相统一的方式是分析社会基本矛盾的基础方法。世界体系给一国的发展带来了新的要求、特点，只立足于本国的"发展阶段论"已然被打破，因此，既要兼顾各国自身的发展特点进行分析也要从整体视角进行分析。因此，在本书的研究中，马克思主义的世界历史理论、自由人的联合体的思想是论述的重要支点。

3. 辩证分析法。辩证分析是促使研究趋于全面的重要分析方法，同时辩证分析又尤为适用于对动态过程的把握。人类命运共同体的构建和国家的发展从来都不是静止的，而且国家构建与共同体的构建也是彼此适应、改变的动态过程。因此，要始终坚持用辩证分析的视角来把握其理论、考察其实践。国家与人类命运共同体的张力关系以及国家本身的内在张力就是辩证法的实践演绎。

（三）难点

如上文所述，对于"何为国家和国家该如何"始终充满争议，如国家的起源、形成、功能等在学界一直存有争鸣。这种差别不仅表现在理论流派上也表现在实际秩序的建构上，即各个国家的发展理念和整体建构路径是不同的。比较国家研究虽然对于国家的类型化和某些具体要素的总结和分析做出了贡献，但是更倾向于国别的研究。沃勒斯坦

---

① 马克思主义与社会科学方法论编写组：《马克思主义与社会科学方法论》，北京：高等教育出版社，2018 年版，第 61 页。

（Wallerstein）的世界体系理论是整体研究的范例，但其探讨的重点是资本主义生产逻辑。因此，一方面，理论资源虽然丰富，但是形成系统化的认识以及甄别、分析和使用还存在着很大的困难。另一方面，从实践来讲，概括性考察新的时代背景下国家的特点及发展趋势也尤为艰难，即面临从何处入手、遵循何种考察方式的抉择。

（四）主要创新点

1. 研究视角创新

不同于侧重对人类命运共同体解读、策略性的研究，差异于新兴的女性主义、生态主义、多元文化主义等其他流派对于国家的诸种解释，本书基于马克思主义理论框架，围绕国家的价值和历史性变革，以人类命运共同体的实现具有阶段性、条件性特点为基本前提，探索国家在人类命运共同体中的角色、转型和前景。分析既基于结构性视角，侧重于对客观关系与冲突的把握，也兼而探讨特定主体的基本立场和世界观。从历史层面梳理共同体的基本演进和国家批判性变迁的特点；从理论层面探讨国家的张力特点，人类命运共同体的内涵、特征以及二者之间的关联性影响；从实践层面对新的秩序建构提供建议；从发展层面展望了国家历史使命的完成和人类命运共同体的基本走向。

2. 研究内容创新

第一，书中尝试提出自发共同体和自觉共同体，以自发和自觉为关键要素分析了共同体演变的进程，进而厘清人类命运共同体生发的历史逻辑和脉络。在共同体的演变进程中，"自由人的联合体"的提出是自觉地以历史唯物主义视角思考人类共同命运、设想人类发展道路的开端。"人类命运共同体"理念继承和延续了"自由人的联合体"的自觉性和批判性，其具有的自觉性和批判性品质意味着其理念提出和历史建构的过程也将是对国家理念、国家构建以及国际关系伦理形塑与规约的过程。

如果说"自由人的联合体"是在资本主义发展的时代从生产方式的视角对人类共同体的前景做出的设计和想象，那么"人类命运共同体"则是在全球变局、世界市场深入发展的时代对现实做出的回应、批判和展望。

第二，分析了国家的自主性和内在张力，国家的自主性和张力也蕴含着国家构建的动力。而存在张力的国家也决定了国家与人类命运共同体的张力。即在现实中表现为国家与人类命运共同体的矛盾冲突。一方面，国家作为人类命运共同体构建的行为主体充当了构建的主体，另一方面，自利的国家、分离的国家关系也对人类命运共同体的构建产生了消解，即表现为"成也国家，败也国家"。反之，人类命运共同体追求的是重塑国家，即建设"好"的国家和国家关系（本书尝试对"好"的国家和好的国家关系进行了界定），但国家向"好"转型的同时也必然在进行着消亡自身（压迫职能的消失）的运动。

第三，基于国家与人类命运共同体矛盾关系的判断，提出了秩序同构的路径，在经济秩序的构建中重点关注了资源与劳动关系的核心地位，分析了国家促进资源与劳动合理结合的空间和可能性。在政治秩序的建构中提出了促进国家自主、自觉构建以及构建与治理结合的建议，对于无产阶级如何立足"国家"推动国家转型以及推动国家关系的转变进行了探析。在本书的最后，依据国家与人类命运共同体关系的逻辑分析，展望了国家在人类命运共同体构建进程中的方位和前景。

第一章

人类命运共同体及其历史演进

　　随着人类社会的进步和共同体形式的演进，人们愈发意识到"世界各国人民都生活在同一片蓝天下、拥有同一个家园，应该是一家人"①。共同体曾以各种客观形式存在。受制于地理分割和眼界局限，最初的共同体呈现出散落的形态，即"是自发地进行的，就是说它不是按照自由联合起来的个人制定的共同计划进行的，所以它是以各个不同的地域、部落、民族和劳动部门等等为出发点的"②。物质联系的建立和社会交往范围的扩大，使城邦共同体、国家共同体等不再是原初意义上的共同体逐步建立。虽然其仍以共同体为名，但形式和功能已经发生了变化。这种共同体的发展非常缓慢，"各种不同阶段和利益从来没有被完全克服，而只是屈从于获得胜利的利益"③。直至马克思、恩格斯提出"自由人的联合体"的设想，即"社会已被组成为一个自觉的、有计划的联合体"④，这种带有自发、自利性质的共同体才被具有自觉性质的共同体理念所批判。人类命运共同体作为对人类整体命运的自觉

---

① 习近平：《携手建设更加美好的世界——在中国共产党与世界政党高层对话会上的主旨讲话》，北京：人民出版社，2017年版，第3页。
② 《马克思恩格斯选集》（第1卷），北京：人民出版社，2012年版，第204页。
③ 《马克思恩格斯选集》（第1卷），北京：人民出版社，2012年版，第204页。
④ 《马克思恩格斯选集》（第2卷），北京：人民出版社，2012年版，第627页。

认知以及自觉构建，不仅是对"自由人的联合体"设想的思想继承，也将成为其实现的重要阶段。

第一节 自发共同体的历程

马克思、恩格斯以生产方式为依据将历史上的共同体划分为自然形成的共同体、古典古代的共同体、封建的共同体，并且提出了"虚假的共同体"。他们认为部落所有制、公社所有制和国家都采用了共同体的形式，即共同体由部落共同体这种自然形成的共同体逐渐演进成国家形式的共同体。他们还认为共同体形式应该与生产力发展水平相适应："定居下来的征服者所采纳的共同体形式，应当适应于他们面临的生产力发展水平，如果起初情况不是这样，那么共同体形式就应当按照生产力来改变。"① 换言之，在马克思、恩格斯那里"共同体"更多的是关乎社会的整体的形态，而且有什么生产力就应该有什么样的共同体。因此，立足于生产力的发展特点及其时代性的社会结构特征，可以将人类社会共同体的发展形式大体上划归为：散落的自然共同体、政治利益共同体以及全球经济共生体。

一、散落的自然共同体

人类作为自然界的产物最初就以群居的形式存在，从而奠定了自然共同体的基础。恩格斯在写给彼·拉·拉甫罗夫的信中就指出："我不能同意您认为'一切人反对一切人的斗争'是人类发展的第一阶段的那种说法。在我看来，社会本能是从猿进化到人的最重要的杠杆之一。

---

① 《马克思恩格斯选集》（第 1 卷），北京：人民出版社，2012 年版，第 207 页。

最初的人想必是群居的……"①

第一，自然共同体阶段。这里说的自然形成的共同体，主要表现为以血缘为纽带和交往关系的氏族社会。氏族社会是人类早期在地球上经历的最主要的社会形态。"可以追溯到几百万年以前诸如南方古猿这样的人类远古祖先"②。氏族社会是奴隶社会的前一时期，在氏族社会早期，成员之间的关系是较为平等的，生活的对象和主题也主要是自然界食物的获得，因此经济权力和政治权力等统治形式并未形成。基于自然条件的特色和分割，形成了一个个局部的共同体。

第二，自然共同体的特征。一是血缘纽带关系。这是人类之间最原始的也是最自然的关系，这种关系也是迄今为止人类所有关系中最坚实的、最普遍的基础。二是崇尚合作。"这种崇尚合作的特征，确保了人类这一物种的生存和发展。"③ 早期人类与自然界进行着频繁的甚至是殊死的斗争。在这种情况下，合作就成了生存的关键。生存的需要促使合作经常代替冲突，从而确保了人类物种存续和持续进化的前景。三是共同劳作和分配。氏族社会生活方式与自然界天然的紧密联系主导了共同体内的共同劳作和生活。氏族中采集、狩猎以及简单的加工和生产都是共同完成的，"消费也是在较大或较小的共产制共同体内部直接分配产品"④ 的。这一共同体虽然狭小，却实现了人对自己生产过程和产品的普遍性支配。因此，自然共同体的最基本、最核心的特征是以共同生产和共同分配为基础的平等关系。反之，也正是因为人人平等，才有了

① 《马克思恩格斯文集》（第 10 卷），北京：人民出版社，2009 年版，第 413 页。

② ［美］斯塔夫里阿诺斯：《全球史纲——人类历史的谱系》，张善鹏译，北京：北京大学出版社，2017 年版，第 19 页。

③ ［美］斯塔夫里阿诺斯：《全球史纲——人类历史的谱系》，张善鹏译，北京：北京大学出版社，2017 年版，第 21 页。

④ 《马克思恩格斯全集》（第 28 卷），北京：人民出版社，2018 年版，第 202 页。

崇尚合作的意识和共同生产和分配的模式。当然，血缘关系是划定这个平等群体的基本边界。

第三，自然共同体解体的决定性因素。马克思指出："私法是与私有制同时从自然形成的共同体的解体过程中发展起来的。"① 随着私有制的确立、分工的强化以及法的关系的出现，统治者和被统治者阶层形成并发展起来。自然的共同体逐渐解体，虽然共同体的一些自然的特征如血缘纽带、协作等保留了下来，但也被等级化了。一旦形成了私有和等级，自然共同体就失去了核心特征，不可挽回地进入了解体过程。

二、政治利益共同体

第一，政治利益体阶段。该阶段主要包括古典古代的共同体、封建的共同体以及古代帝国主义阶段。城邦共同体阶段是西方古典古代共同体的较早期阶段。在亚里士多德看来，男人和女人以及主人和奴隶的关系都是共同体，而家庭正是从这两种共同体中生成的。② 这一视角下的共同体具有矛盾依存性，其主要的目的在于自足或满足。因为在亚里士多德看来，男人和女人的相互需要、主人和奴隶的相互依存构成了最初的共同体，之后因为对"善"的追求、村落对美好的生活的追求而结合成了一个更大的共同体，当共同体"足以自足或近于自足时，就产生了城邦"③，因为早期的共同体是自然性的，所以城邦也就是自然性的了。

基于社会发展程度以及人的认知水平，不论典型的城邦共同体还是一般的古典古代的共同体，其形成都与时代发展的特点相符合，即通过

---

① 《马克思恩格斯文集》（第1卷），北京：人民出版社，2009年版，第584页。
② 亚里士多德：《政治学》，姚仁权译，北京：北京出版社，2007年版，第3页。
③ 亚里士多德：《政治学》，姚仁权译，北京：北京出版社，2007年版，第3页。

统治的形式"一次性地解决人类社会中的所有政治问题"①，其教化相对简单、容易执行的特点也在某种程度上整合了当时的社会秩序，降低了战乱频仍的原初暴力状态，对历史的发展起到了推动作用。从亚里士多德"自足"的视角出发，城邦的出现确实更符合人的社会性，但是他低估了阶级对立及其带来的历史影响，其"过上美好生活"的初衷和厚望被后来的无休止的权力战争、资源掠夺所磨灭。随着共同体政治性和有组织的暴力的发展，共同体从所有人的共同体变成了与绝大多数人对立的压迫的权力共同体和追逐私利的政治利益体。另一方面，共同体的整合也在艰难形成。即便到了15世纪，欧洲主要的政治机构也只能控制几千人或者管辖狭小的地域，其他的统治形式主要通过宗教和世袭的形式进行。② 之后，古代帝国形式出现，并在前所未有的范围内上演着破碎与重建的交替。在巨大的帝国内部，政治权力也得到了史无前例的延伸。

第二，政治利益共同体特征。一是以暴力为后盾，以政治统治的方式榨取人民的劳动产品。二是统治者不参与生产过程，运用权力直接攫取劳动产品。"大多数时候奴隶与农民控制着生产过程。"③ 然而基本的收成终究要变成赋税，因而自己实际上也无从掌握。三是统治者与被统治区域靠政治维系。虽然政治维系大多数情况下是直接和有效的，但也可能被政治事件或新的暴力势力所轻易斩断。四是阶级的出现。阶级的出现既深刻地体现了社会现状的改变，也意味着这种改变必然总是以

---

① ［西］费尔南多·萨瓦特尔：《政治学的邀请》，魏然译，北京：北京大学出版社，2009年版，第45页。

② ［美］理查德·拉克曼：《国家与权力》，郦菁、张昕译，上海：上海人民出版社，2021年版，第19页。

③ ［美］理查德·拉克曼：《国家与权力》，郦菁、张昕译，上海：上海人民出版社，2021年版，第79页。

"阶级斗争"的形式进行，即"单个人所以组成阶级只是因为他们必须为反对另一个阶级进行共同的斗争"①。五是国家形成并成为继部落共同体之后最重要的共同体形式。在20世纪上半期又出现了较大规模的国家之间的联盟形式，如1920—1939年形成了国际联盟，这种联盟仍属于政治联盟的范畴。

第三，解体的直接因素。以该时期达到统治范围顶峰的帝国为例，即便其覆盖了巨大的地域和不同的种族，但是暴力和政治的触角终有极限。换言之，政治上的联系并不足以克服经济上的隔绝和松散，加上帝国也时刻面临着统治阶级内部的斗争和外部的忧患，所以这一时期无论多么庞大的政权总是逃不过塌陷。历史证明，这种松散的政治统治形式有着诸多局限。一是统治者内部以及与被统治者之间斗争激烈。各种战争不仅成为这一时期的主题，也出现了周期性的特点，体现了那段时期特有的"历史的周期律"。二是在政治共同体的发展中，私有制形式以及阶级样态发生了一次巨大的转变。以马克思所定义的社会形态来看，即经历了从奴隶社会向封建社会的转变，他说"作为直接进行生产的阶级而与这种共同体对立的，已经不是与古典古代的共同体相对立的奴隶，而是小农奴"②。即由奴隶与古典古代的共同体的对立转变成小农奴同封建的共同体的对立。阶级斗争已经成为社会变革的主要动力。后来的现代革命就以终结世袭贵族、领土的特权为使命。此外，统治阶级之间也经常陷入战争，特别是涉及国家、特权之争时往往体现为种族之争、国家之争。三是经济因素。如果说暴力争夺现有产品还有意义，那么随着人口的增长，生产更多比争夺"眼前的有限"有了更加长远的意义。一句话，随着经济因素及其带来的社会交往形式的变迁，"工业

---

① 《马克思恩格斯选集》（第1卷），北京：人民出版社，2012年版，第198页。
② 《马克思恩格斯选集》（第1卷），北京：人民出版社，2012年版，第149页。

和商业瓦解了封建的共同体"①。因此，以政治统治秩序为核心的最后的封建的共同体也迎来了历史的批判。

三、全球经济共生体

随着封建共同体的瓦解，基于现代民族之上的现代国家同时产生。现代国家的出现意味着生产已经不再局限于生产者的个人生活，同时成为一个国家的事业。也正是在这个阶段，国家经济的各种管理、参与、控制形式开始系统发展并且成熟起来，即国家从对生产成果的直接攫取转变成国家对生产过程的全面干预。

第一，经济共同体阶段。该阶段由现代国家开始，并进入了民族国家的全面建立阶段。这一时期出现了新形式的帝国主义国家，不过与政治利益体阶段的帝国主义国家相比，其规模和统治的强度都有所提升，可以称为帝国主义的"现代"形式。其一，现代帝国主义以暴力和资本为支撑，必要时以现代军事开路。其二，与古代帝国主义主要谋求统治权力相比，现代帝国主义的体系更为开放，"与古代帝国主义相比是名同实异的政治控制体系"②。其三，"由民族国家建立，处于资本主义体系"。③ 也正是因为现代帝国主义的出现和扩张，基本所有的传统国家最终被形塑成"民族国家"。如果说军事制度曾经是古代帝国的核心制度，那么现代帝国则很大程度上因为经济发展而联系起来。现代帝国经济联系的方式克服了传统帝国政治力和军事力有限性的束缚，仿佛具有无限边界般不断延展。而经济联系的驱动力是资本主义，所以说现代

---

① 《马克思恩格斯选集》（第 1 卷），北京：人民出版社，2012 年版，第 213 页。
② ［美］理查德·拉克曼：《国家与权力》，郦菁、张昕译，上海：上海人民出版社，2021 年版，第 5 页。
③ ［美］理查德·拉克曼：《国家与权力》，郦菁、张昕译，上海：上海人民出版社，2021 年版，第 5 页。

国家、帝国主义是同资本主义一同壮大起来的，在斗争中资本主义与国家政权逐步结合。资本与权力的结合带来新的改变，强化了掠夺、征服、殖民以及各种害人的或者直接以人为商品的贸易。资本主义将地理上的世界和经济上的世界联系了起来，日益创造了经济的全球共生体。不变的是"现代国家"仍然承担着血缘共同体、利益共同体的传统功能和合法外壳。

第二，经济共同体的特征。其一，市民社会的形成。马克思指出现代国家的主要特征是市民社会①的形成。"'市民社会'这一用语是在18世纪产生的……真正的市民社会只是随同资产阶级发展起来的"②，而市民社会在一定意义上超出了传统国家和民族的范围。尽管如此，市民社会仍然继承了国家的形式，即充当了"虚假的共同体"。其二，全球性共同体的轮廓初步形成，这种全球共同体以市场作为联系的基本纽带。其中，殖民地的瓜分完毕和殖民体系的建立对全球体系产生了重大影响，尤其对于被殖民国家的后续发展产生了不可估量的作用，重塑了当地的劳动形式和生产关系，中断甚至改变了该地区、该国的自我发展进程。其三，国家陷入经济和政治方面矛盾的处境。马克思曾在哥达纲领批判中指出，"德意志帝国，本身又在经济上处在'世界市场的范围内'，在政治上却'处在国家体系的范围内'。"③ 这种经济与政治的割裂和双重处境至今在许多国家仍然存在，即经济的无边界和政治的有国界。其四，其他阶级的衰落和无产阶级的形成。虽然"封建主义也有过自己的无产阶级"④，但随着资产阶级的发展其余的阶级形态都走向

---

① 在《马克思恩格斯选集》（第1卷），北京：人民出版社，1995年版，第130页的注释中指出，"市民社会"的术语也有"资产阶级社会"的意思。
② 《马克思恩格斯选集》（第1卷），北京：人民出版社，2012年版，第211页。
③ 《马克思恩格斯全集》（第25卷），北京：人民出版社，2001年版，第22页。
④ 《马克思恩格斯选集》（第1卷），北京：人民出版社，2012年版，第232页。

了衰落，唯有无产阶级成为生产方式变革——大工业本身的产物。① 其五，现代私有制与共同体的分离。私有制的形式超出了共同体，现代国家和现代私有制在"传统意义上的共同体"之外结合起来。

第三，解体的因素。其一，如果说之前的国家主要追求的是政治统治和对事后劳动产品的攫取，那么这一阶段国家对社会生活尤其是经济生活有了全面的介入，如国家掌控、参与企业运营或者支持跨国公司拓展贸易等。其中，重商主义是早期资本主义国家经济干预的典型。愈演愈烈的"经济民族主义，把民族国家政府推到前台，成为殖民和贸易竞争的主体"②。其二，经济的全球共生体阶段虽然通过经济密切了世界的联系，但这种联系绝不是均衡的，即劳动的参与、利益的获得以及权力的分配都表现出了极大的不均衡。垄断和分配不均的问题不仅体现在国内，在国际体系体现得尤为明显，这与财富的巨大增长本应更好地满足社会性需求形成了根本的矛盾。其三，资本逻辑主导的自发的全球共同体已不能适应全球生产力的发展。首先，金融资本蜕变成高利贷资本，加快了世界经济陷入无序的步伐，在无序环境下资本带来的总的破坏大于受益；其次，国家内部收入发展和国家外部收入发展严重失衡，看似只表现出了顺差和逆差的问题，实则往往导致了本国发展的畸形；最后，很多后发国家在很大程度上丧失了经济自主的能力，不少国家的人民生活处于持续性贫困中，贫困问题在自发的环境下更加难以解决。从经济的视角看，该阶段的核心特征是资本主导的全球化共同体阶段。随着经济全球化的发展，工业资本、商业资本被金融资本取代和排挤，金融资本与物质生产的极大偏离越发成为社会发展的沉重负担，同时资

---

① 马克思：《哥达纲领批判》，北京：人民出版社，2018 年版，第 17 页。
② ［美］理查德·拉克曼：《国家与权力》，郦菁、张昕译，上海：上海人民出版社，2021 年版，第 25 页。

本主义也逐渐丧失了初生时期的创造力和发展力。从根本上讲，"资产阶级社会的症结正是在于，对生产自始就不存在有意识的社会调节"①。总之，过去的历史进程总是自发地进行的，自发共同体的主题形式和重心在不同阶段发生了演变。

第二节　"自由人的联合体"是自觉共同体

自觉的共同体必然是人类基于真正的统一性、整体性而自觉认知和实践的共同体，其主体和目的在于共同体本身。对于整个人类社会来讲，共同体形式的确占据了漫长的进程，但是即便发展到了全球经济共同体阶段，共同体仍未形成自觉的特征，如尽管经济全球化和世界市场确实将人类社会勾连了起来，但这种全球联系在马克思那里仅用了世界历史来表述。世界历史的形成主要是由资本主导，兼从私利和局部利益出发而产生的全球性的结果，并不是立足于全人类利益而自觉构想和自觉推进的结果，即并不是人类自觉行为的作品。所以，资本形塑的全球共同体还具有强烈的自发特质，尚不能视为自觉的共同体。马克思、恩格斯根据人类社会发展规律，设想了共同体的自觉形式——"自由人的联合体"，在这样的共同体中，社会已被组成一个自觉的和有计划的联合体，消除已经形成的历史前提的自发性，使它们自觉地受到个人的支配。

一、"自由人的联合体"设想

如前文所述，"共同体"思想可以追溯到古希腊时期，这一时期共

---

① 《马克思恩格斯文集》（第10卷），北京：人民出版社，2009年版，第290页。

同体思想的形成主要与城邦的建设和治理相关，而对城邦这一共同体形式进行深入思考并成文始于柏拉图，丰富于亚里士多德。在他们的著作《柏拉图》和《政治学》中就已经存有对共同体的深刻思考。中世纪的但丁提出了建立世界性政体的设想，在其著作《论世界帝国》中提出了他的世界政体的理念。在契约学说的影响下，国家被视作"契约共同体"①，康德亦称国家为"共同体"，他说从国家的形式来看可以叫作共同体或共和国，他还从探索世界和平的视角提出由法和公民社会支撑的世界主义秩序②。

马克思、恩格斯继承了"共同体"的基本理念并以唯物主义的历史观思考"共同体"。恩格斯曾说"'共同体'（Gemeinwesen），这是一个很好的古德文词"③，他和马克思使用了共同体、古典古代的共同体、中世纪的共同体、封建的共同体、虚假的共同体、真正的共同体、自然形成的共同体、自由人的联合体等，其中"虚假的共同体"和"真实的共同体"对于理解"共同体"具有重要的意义。尤为重要的理论发展包括：共同体形式应该与生产力发展水平相适应，以及设想了"自由人的联合体"。马克思、恩格斯在《德意志意识形态》中指出，"定居下来的征服者所采纳的共同体形式，应当适应于他们面临的生产力发展水平，如果起初情况不是这样，那么共同体形式就应当按照生产力来改变。"④

第一，"自由人的联合体"提出的现实契机。"以前的一切社会形式都太薄弱了，资本主义的生产才第一次创造出为达到这一点所必需的

---

① 张战：《构建人类命运共同体思想研究》，北京：时事出版社，2018 年版，第 16 页。
② ［德］康德：《永久和评论》，何兆武译，上海：上海人民出版社，2005 年版，第 66-83 页。
③ 《马克思恩格斯选集》（第 3 卷）北京：人民出版社，2012 年版，第 349 页。
④ 《马克思恩格斯选集》（第 1 卷），北京：人民出版社，2012 年版，第 207 页。

财富和生产力"①，也就是说马克思、恩格斯设想"自由人的联合体"的关键历史背景在于资本主义的兴起和发展。换言之，实现"自由人的联合体"所需要的现实条件已经开始展现：财富的巨大积累和生产力的极大提高。也只有具备了这个前提性的基础条件，才能"把现存的条件变成联合的条件"②。此外，针对人还不能对现存的条件予以支配，以及人的平等的联合也还远没有实现等诸多条件的缺失，马克思也进行了充分的考量。他说："'资本和地产的自然规律的自发作用'只有经过新条件的漫长发展过程才能被'自由的、联合的劳动的社会经济规律的自发作用'所代替。"③ 总之，即便物质的发展已经包含了走向未来共同体形态的线索，然而自觉取代自发、联合生产取代自然的进程仍将遵循基本的历史规律，将是一个漫长的过程。

第二，"自由人的联合体"的特征。首先，联合体具有自觉性和计划性。马克思指出到那时"社会已被组成一个自觉的和有计划的联合体"④。而且这个联合体是按社会主义原则组织起来的，用公共的生产资料进行生产劳动，每个人自觉地、团结地参与劳动，即"自觉地把他们许多个人劳动力当作一个社会劳动力来使用"⑤。其次，在联合体中，生产资料具有公共性质，劳动也是社会化的。再次，随着阶级的消失，"公共权力就失去政治性质"⑥。最后，生产主体的平等性和自由的获得。马克思指出只有"在这个水平上，社会全体成员的平等的、合

---

① 《马克思恩格斯选集》（第2卷），北京：人民出版社，2012年版，第77页。
② 《马克思恩格斯文集》（第1卷），北京：人民出版社，2009年版，第574页。
③ 《马克思恩格斯选集》（第3卷），北京：人民出版社，2012年版，第144页。
④ 《马克思恩格斯选集》（第2卷），北京：人民出版社，2012年版，第627页。
⑤ 《马克思恩格斯全集》（第44卷），北京：人民出版社，2001年版，第96页。
⑥ 《马克思恩格斯文集》（第2卷），北京：人民出版社，2009年版，第53页。马克思和恩格斯在《共产党宣言》中指出，当阶级差别在发展进程中已经消失而全部生产集中在联合起来的个人的手里的时候，公共权力就失去政治性质。

乎人的尊严的发展，才有可能"①，自由也才有可能。概言之，人类社会将形成一种自由人的联合体，而不是压迫的、异己的，人不得不生活在其中的共同体形式。在"自由人的联合体"中，生产的组织方式是社会主义的，生产的主体是自由平等的联合体，生产的目标是全体成员的全面发展。

二、"自由人的联合体"的历史自觉性

在以往的一切时代，人不是受制于自然就是受制于人；到了资本主义时代，人又受到货币的驱使。总之，人总是受制于异己的力量。所以，回顾历史难免随处可见战争、争夺和竞争的主题。"自由人的联合体"诉说的是人类的整体命运，跳出了种族、地域的局限，真正的共同体就是人的共同体，而不培育异己的力量，"在那里，每个人的自由发展是一切人的自由发展的条件"②。虽然资本主义在客观上加速了世界历史的形成，然而这种历史还具有极大的自发性。"自由人的联合体"设想"第一次自觉地把一切自发形成的前提看作是前人的创造"③，而要做的是消除其自发性，使它们自觉地受到个人的支配。"自由人的联合体"是"一个更高级的、以每一个人的全面而自由的发展为基本原则的社会形式"④，不仅表现为从主观上形成了人类整体自觉的意识，并且在现实中发掘了人类自觉前行的道路，即消除已经形成的历史前提的自发性，使其受联合起来的集体的有计划的支配，从而在新的实践关系中实现人与真正共同体关系的回归。

---

① 《马克思恩格斯选集》（第2卷），北京：人民出版社，2012年版，第77页。
② 《共产党宣言》，北京：人民出版社，2018年版，第51页。
③ 马克思、恩格斯：《德意志意识形态：节选本》，北京：人民出版社，2003年版，第66页。
④ 《马克思恩格斯全集》（第44卷），北京：人民出版社，2001年版，第683页。

马克思、恩格斯提出的"自由人的联合体"设想基于历史自觉，包含了对人类命运的深切关怀和期待。现实条件发生的显著变化蕴藏的可能实现这一理想的物质财富——巨大的生产力，以及物质条件——社会化大生产以及日益扩大的无产阶级，奠定了展望和推动新的社会形式的基础。因此，无产阶级可以自觉利用"这种财富和生产力来为全社会服务，以代替现在为一个垄断者阶级服务的状况"①。换言之，资本主义表现出强大的外展性和勾连性能力的同时，也创造出了自己的"掘墓人"，以及随着生产力水平的不断提升而不断释放的社会化的要求和趋势。总之，人类历史的自发性特征以及贯穿其中的压迫和奴役使人类解放变得漫长而又困难，然而自从人类具有了"解放自己"的科学设想——自由人的联合体，也就意味着有将散落在各个地域的、具有不同发展史的人群统合进整体自觉实践的可能，即为人走上自觉历史进程、构建人类自觉共同体提供了思想的启迪和实现道路。自觉共同体的进程，有利于人类从混乱的、偶然的，时时分离、时时斗争的状态转变过来，有利于将散落的群体和分散的力量集中起来，使人类向着自由、平等的生产主体迈进，从而在自然界中、在人类自己创造的社会中，实现自由和解放。总之，如果说城邦共同体思想已经反映了其时代思想发展的较高的水平，那么随着共同体思想的演绎，共同体思想本身对人类社会的分析、指导作用也将得到提升。尤其具有历史唯物主义的以及具有高度思辨性的真假"共同体"思想提出以后，"共同体"术语被增添了实践内涵和指向作用，马克思、恩格斯的共同体思想成为观察人类社会整体发展的一种新的科学方式。

---

① 《马克思恩格斯文集》（第3卷），北京：人民出版社，2009年版，第87页。

第三节　人类命运共同体是自觉共同体的时代表达

习近平指出"各国相互联系、相互依存的程度空前加深……越来越成为你中有我、我中有你的命运共同体"①。在世界百年未有之大变局、全球性问题丛生而民族国家应对乏力的时代背景下提出的"人类命运共同体",不仅继承了"自由人联合体"的自觉性,也在强烈地回应现实问题。"每个时代的谜语是容易找到的"②,这些谜语都是该时代的迫切问题,这个时代的迫切问题已经显现:全球生态的恶化、资源的匮乏、国家之间冲突不断。"人类命运共同体"的使命是建立自觉性联系、化解人类危机、寻找生存空间,也只有解决了这一系列问题才能实现人的自由而全面的发展。

一、人类命运共同体的提出

2013 年 3 月,中国国家主席习近平在莫斯科国际关系学院的演讲中提出了"命运共同体",他指出"这个世界……越来越成为你中有我、我中有你的命运共同体"。③ 2015 年,在第 70 届联合国大会一般性辩论中,习近平指出"要打造人类命运共同体"④。2017 年,在中国共产党与世界政党高层对话会上,习近平在主旨演讲中说道:"人类命运

① 习近平:《习近平谈治国理政(第一卷)》,北京:外文出版社,2018 年版,第272 页。
② 《马克思恩格斯全集》(第 1 卷),北京:人民出版社,1995 年版,第 203 页。
③ 习近平:《论坚持推动构建人类命运共同体》,北京:中央文献出版社,2018 年版,第 5 页。
④ 习近平:《论坚持推动构建人类命运共同体》,北京:中央文献出版社,2018 年版,第 254 页。

共同体，顾名思义，就是每个民族、每个国家的前途命运都紧紧联系在一起……把世界各国人民对美好生活的向往变成现实。"① 至此，"人类命运共同体"话语成为共同体的最新表述之一。人类命运共同体理念自觉继承了"自由人的联合体"的发展逻辑，成为"自由人的联合体"的时代表达。

人类命运共同体理念的提出有着特定的时代背景。更确切地说，特定的时代背景有着特定的困境和危机。从地理上看，人类世界以"国家"形式被划分完毕。现代世界的国家国土接壤，几乎不存在无人认领的飞地，即便各自统一管理，也容易产生领土摩擦。这种土地有主的特点，也产生了地缘政治思维。地缘政治思维又促使了新的问题的产生，使国家之间的政治怀疑、安全防范横生枝节，如：虽然经历过 20世纪两次世界大战的惨痛"洗礼"，但是战争和对抗仍然作为旧世界的尾巴而顽强存在；从科技、人文的发展上看，当今世界交通路线四通八达，交通方式立体化、数字化的发展更是使空间距离不断缩小。然而，即便生产力齿轮高速运转、世界性交往伴随着科技的进步日益加深，但结果仍然是产品的相对过剩和穷人的贫困。如果将眼光投放到整个世界，这幅巨大的人类生活图景昭示着巨大的反差，即无论自然灾难、疾病的威胁，还是人类社会内部自身的矛盾风险都不曾消减。从自然资源角度来看，"我们跨越自然临界点所导致的威胁已不再是假设"②，而且这种威胁日益迫近、有增无减，身处各地的人们都应该而且必须马上予以关注。从世界秩序角度看，金融的无序冲撞、全球化在各个领域的拓展以及全球问题的加速出现，已经改变了传统世界的焦点和议题。在全

---

① 习近平：《习近平谈治国理政（第一卷）》，北京：外文出版社，2020 年版，第433 页。

② ［美］斯塔夫里阿诺斯：《全球史纲——人类历史的谱系》，张善鹏译，北京：北京大学出版社，2017 年版，第 164 页。

球化条件下，传统秩序已经面临失效，即传统的秩序理论在解决全球性问题上即将陷入失能，更为棘手的是"未来不再是现有秩序的重复延续"①。从人类智慧和意识形态的矛盾发展来看，人类智慧高度继承和集成，但是人类建立起的组织体系和社会规范还保留着旧世界的思维和传统。即便智慧高度发展，意识形态仍可能较长久地停留在传统世界。总之，人类命运共同体力求回应世界怎么了、该向何处去以及人类命运与共的迫切问题，体现出对历史的深刻认识以及对现实的历史责任。

二、人类命运共同体的特质

人类命运共同体是平等的共同体，不追求以政治利益、经济利益等传统的利益形式为纽带，而是以责任、共识、人类历史自觉为纽带，其所内含的思想和制度理念都体现着一种强烈的现实变革要求。人类命运共同体意图为人类社会有序发展及合力的形成，提供理论支撑和实践引领，其内在包含若干前提假设：共同体形态是生存和发展的客观要求；人是可以自由而全面地发展的；人是有集体倾向的，并愿意或能够做出维护集体或公益的行为。总的来说，人类命运共同体延续了"自由人的联合体"的发展逻辑，是对自然共同体的跃升式回归。

其一，坚持了唯物主义的社会发展动力论，即生产力的发展"是植根于人的现实生活生产过程本身的，因而它是人及其社会存在与发展的最后的动力或动因"②。社会化大生产的持续扩大和不可逆转是人类命运共同体形成的物质动力，社会化的结果必然是人类日益结合成生产的统一体。其二，坚持了人的社会性特质。人类命运共同体必然是共在

---

① 赵汀阳：《天下体系的未来可能性——对当前一些质疑的回应》，载《探索与争鸣》，2016 年第 5 期，第 52-54 页。

② 梁树发：《历史进步论的新认识与新发展——从历史进步的客观性、实质和动力问题谈起》，载《湖北社会科学》，2016 年第 5 期，第 5-11 页。

的，其提倡的"共商共建共享"和"文明互鉴"都是确认共在关系的世界。关系的存在和高度复杂性，继而带来的动态性，使得单向的意愿和行为以及强迫干涉难以奏效，这种关系性终将带来共同性。所以，人类命运共同体的精神纽带在于人类的共同价值和社会性本质。其三，包含了强烈的反思与批判。反思与批判是共同体理念形成的基本逻辑。反思的起点在于全球性问题尤其是全球性自然问题，也包括国际交往模式和伦理问题；批判的视域包括共商共建共享理念对逐利、利己、人性本恶的现实主义国家观念和国际体系理念的批判，文明互鉴理念对封闭的观念和逻辑、主体与主体间的分裂和对立、单主体的普世文明的批判。总之，以往不论是政治逻辑还是资本逻辑，追求的都是单一性的压倒性的理念，即追求单个主体对一切对象的支配与利用，从而在面对关系世界时丧失了秩序能力。"国家间的合作应该以服务全人类为宗旨，而不应以小集团政治谋求世界霸权。"① 人类命运共同体是平等的、多元的共同体，是对人与人之间利益导向性关系的否定，是向以情感为纽带的熟人社会以及人与自然关系的批判性回归。构建人类命运共同体也将成为衡量人的解放程度的重要标志。

一种新的社会理念的提出体现了对现有世界关系的自觉认知和批判。人类命运共同体的提出意味着一场对现实世界的变革，其立足点不仅在于塑造未来的世界秩序也在于关注当下，是基于辩证唯物主义和历史唯物主义的一种新的全球伦理、秩序理念。既是对已经造成的负面影响、伤害的一种弥补性的调节，也包含了主体建构性和改革性的理念。换言之，"人类命运共同体"的价值不限于对未来的指引和理想的规划，关键是要将其转化为实践，改造世界。21 世纪的多边主义"既要

---

① 习近平：《习近平谈治国理政（第四卷）》，北京：外文出版社，2022 年版，第 428 页。

坚持多边主义的核心价值和基本原则，也要立足世界格局变化，着眼应对全球性挑战需要"①。总之，人类命运共同体理念本身具有自觉的现实指向的重大意义。

三、构建人类命运共同体的时代条件

习近平指出，"当今世界正经历百年未有之大变局，这样的大变局不是一时一事、一域一国之变，是世界之变、时代之变、历史之变。"② 对于共同体的反思一直伴随着共同体的嬗变，提出人类命运共同体的时代契机、使命是建立自觉性联系，化解人类危机，寻找生存空间。"我们无法预知未来，不知道未来会在哪个节点分叉，但都需要'以共在确保存在'"③，因此，亟须推进人类命运共同体的构建。也只有向构建人类命运共同体的方向努力，才能实现人的自由而全面的发展。"不同的建构意味着不同的适应能力，进而决定了一个体系的韧性"④，共同体只有在能够较充分地体现其意志、充分占据人们的生产生活的时候才能够为自觉的构建提供前提条件。反之，没有任何萌芽或是事实性的可能，必然难以引发现实反思及共鸣。人类命运共同体提出之时，现实世界与马克思、恩格斯的时代相比具有了更为丰富的准备条件，这些新的发展大多印证了马克思、恩格斯的洞见。

第一，市场和劳动的全球化。马克思、恩格斯在提出"自由人的

---

① 习近平：《习近平谈治国理政（第四卷）》，北京：外文出版社，2022 年版，第463 页。

② 习近平：《论把握新发展阶段、贯彻新发展理念、构建新发展格局》，北京：中央文献出版社，2021 年版，第 17 页。

③ 赵汀阳：《天下体系的未来可能性——对当前一些质疑的回应》，载《探索与争鸣》，2016 年第 5 期，第 52-54 页。

④ [美] 希尔顿·L. 鲁特：《国家发展动力》，刘宝成译，北京：中信出版社，2018 年版，第 126 页。

联合体"的设想之时，就已经看到了世界市场的巨大牵引力。在"世界历史理论"提出一个多世纪之后，世界市场有了进一步的发展。生产力的进一步发展和经济依存度的提高，进一步改变了世界的面貌。其一，财富和生产获得了空前范围的集中，资本积累带来了全球辐射效应。如果说在列宁论述帝国主义的时候，生产和财富已经在大的帝国主义国家出现了垄断式集中，那么现在这种集中模式和运作已经遍布全球，在1980年，就已经有一半的贸易是在跨国公司之间完成的。①《世界投资报道（2017年）》指出，全世界大约有10万家跨国企业，它们拥有约86万家外国企业。② 商业的运作和生产、国际分包的全球化使得人类的相互依赖比以往任何时代更加密切。其二，分工的规模化、国家化。在资本主义生产方式主导的背景下，分工依然是主要的形态。纵观全球分工史，偶然的、杂乱的、分散的分工逐渐发展成以地域为单位的分工。殖民地建立和后发展国家追赶现代化，强化了以国家为基本单位的分工——国家占据分工链条的某一个环节。这种分工规模化和社会化（国家化）的趋势与社会化大生产的方向是一致的。其三，个人劳动角色发生了变化。在世界市场形成之后，个人的劳动不再限于一地、一国，而是具有了世界意义。科技革命、信息普及改变了劳动场所、劳动样态以及淡化了国界。这样，市场、劳动和技术的国际化分布态势为人类命运共同体的建立提供了基础性条件。

第二，物质载体的丰富和扩大。一方面，交通和信息设备的发达为人类的交流奠定了广泛的联结，对于贸易、对于人类社会的变迁影响巨大，可以促进贸易的活跃并提升其水平，并有可能带来革新性的影响。

---

① ［美］斯塔夫里阿诺斯：《全球史纲——人类历史的谱系》，张善鹏译，北京：北京大学出版社，2017年版，第141页。

② ［加］T. V. 保罗：《软制衡从帝国到全球化时代》，刘丰译，上海：上海人民出版社，2020年版，第12页。

马克思曾指出，15世纪末海上航路的发现开辟了更加广大的活动场所，促使封建社会内部的交换发展到了较高的水平，从而使部分世界性的交易就重要性来说超过了欧洲各国之间和国家内部的交易。① 这是马克思根据当时交通形式的新变化对工商业带来的和即将带来的影响所做出的分析和判断，该判断下的进程在当下仍在延伸，如随着全球性基础设施的普及，出现了集中"外包生产"的国家、实体生产外部转移的国家，即有的国家成了世界工厂、有的国家成了金融中心等。同时在科技的助力下，交通、交流变得更为立体多样，内涵和外延变得更为广泛。总之，交通的发展深刻地影响了国家经济形式和世界市场的样态。另一方面，科技和发明具有了全球性影响。一国的科技成果也会成为一个世界性、历史性的事实。马克思曾以英国机器的发明影响了印度和中国的传统生计为例，指出如果"一个发明引起了其他国家的整个生存方式的改变，该发明便成为一个世界历史性的事实"②。如今，这种世界历史性事实的现象正在发生几何级的增长变化，这种科技、发明成为世界历史性的事实愈来愈快地发生，其交互影响的结果更是难以追踪和把握。唯一能把握的是，科技的改变不限于对现有生产关系的某个环节的改变，更在于这种改变背后实则带来了普遍的同化的结果。全球化以来，科技、发明越来越具有了全球性影响，深入生活的方方面面，以前所未有的速度催化或整合了全球人类的基本生活事实。一句话，交通、信息和科技越来越成为改变世界的重要因素，支持了世界无限相连的发展态势。

总的来说，四海相通为人类命运共同体理念提供了传播的可能，而人类日益紧密联系的客观进程也将利于激发人类作为整体前行的想象。

① 《马克思恩格斯全集》（第26卷），北京：人民出版社，2014年版，第110页。
② 《德意志意识形态》（节选本），北京：人民出版社，2018年版，第33页。

即虽然世界历史有限，但交通联系的紧密、信息的勾连以及贸易的密不可分，还是带来了客观的向心力量，虽然有各种偏离，但总体的指向仍是聚合的。因此，人类命运共同体的提出及构建不仅是对人类整体命运的自觉认知，对"自由人的联合体"的思想继承，还将成为其实现的重要阶段。

本 章 小 结

从自然界的广阔视角来看，人类是具有共同命运的物种，是在种的范畴或类的向度下的共同体，从人类内部来说，形成共同体是每个人自由发展的基本条件。类的共同体意识启蒙很晚，既因为人类群体的散落，也因为竞争、对抗总是比合作、团结来得更急切。然而随着地理的联通和交往的密切，更大范围的共同体还是发展起来了，共同体的外延和形式也变得更为丰富，出现了民族共同体、地域共同体、经济共同体、文化共同体、生态共同体、安全共同体等各种概念和表述，"共同体"似乎总是能够囊括或代替很多具有统一性、黏连性或者具有同一性特征的群体。不论诸种共同体的表述是否恰切，不管共同体的发展多么缓慢，世界还是由分散的点状被整合成块状，地球各个角落的种族群体还是被纳入人类社会的整体中来了，即终究还是要由自发的松散的共同体向自觉的联系的共同体进行过渡。

"自由人的联合体"是一种设想，但这并不是天国的幻想，而是基于现实条件、紧紧地围绕现实生活、以生产方式的发展趋势为基础的科学设想，这一切在后来的发展中以地理联结、经济交流、文化谅解的形式越来越鲜明地演绎了出来。人类命运共同体是对"自由人的联合体"的理论继承和逻辑延续，给予了"自由人的联合体"一种时代性的解读。作为一种思想和运动，人类命运共同体是对人类社会发展困境的自觉回应，并要求自觉地看待自发的前提并且在实践中加以克服和运用，人类命运共同体将在社会革新和建构方面自觉发挥批判与建构的功能。

第二章

政治共同体的发展
——国家的当代特征与表现

国家自形成以来就是共同体最重要的形式，逐渐演进为共同体坚实的基本单位。相较于自然发生的共同体和以血缘为纽带的共同体，国家的出现标志着政治共同体的产生。马克思在《论犹太人问题》一文中指出，在"政治共同体中的生活，在这个共同体中，人把自己看作社会存在物"①，换言之，"国家是一种政治组织，是从人群共同体中分化出来的政治共同体"②。当然，因为"国家共同体……这种共同体当然带有鲜明的阶级和政治性质，完全是政治共同体"③。所以国家本身必然是革命和斗争最为激烈的场所。正是在这种动荡的历程中，国家实现了变革和发展。"国家"形成之后似乎获得了一种永生，即政权可以更替，国家却可以被反复重建。正是在不断地重建中，国家的形象和理念全面嵌入人类社会，全面影响到经济生活、政治生活、文化生活、社会生活。所以，"在现代世界中，国家的崩溃是极少见的"④。而随着行政体系的完善、科技的发展，国家的干预能力和统治手段也得到了前所未

① 《马克思恩格斯全集》（第3卷），北京：人民出版社，2002年版，第172页。
② 杜利英：《马克思主义哲学原理与方法：以实践为基础》，北京：人民出版社，2013年版，第175页。
③ 张奎良：《马克思的十大理论创新》，北京：人民出版社，2018年版，第261页。
④ ［美］理查德·拉克曼：《国家与权力》，郦菁、张昕译，上海：上海人民出版社，2021年版，第137页。

有的提升，即国家不仅支撑了社会的骨骼，也融入社会的肌体中，从而获得了全面的影响力。必须等量齐观的是，即便到了现代国家阶段，国家的发展也极不平衡，国家构建本身也困难重重。然而无论如何，曾经散落的各个国家还是被联结起来，而置于它们眼前的是越发相同的处境。"面对共同挑战，任何人任何国家都无法独善其身，人类只有和衷共济、和合共生这一条出路。"①

第一节 获得全面影响力的"国家"

列宁曾指出"国家问题，现在无论在理论方面或在政治实践方面，都具有特别重大的意义"②。国家在其民主平等、秩序保证、公共服务等普惠作用的外表下，逐渐成为人们心中的基本信仰和善的依托。可以说，现代国家这一共同体形式即使到了 21 世纪（甚至其后更长的历史时期内），在没有新的更优越的人类社会组织方式出现以前依然重要。而且现代社会似乎已经发展出这样一个基本特征———旦国家毁灭，社会本身也很难不被破坏。国家在其构建和演绎的过程中不断生成其自主性，而社会发展的成果不仅具有了"国家"的印记，也日益向国家集中，现代国家比历史上任何时候都获得了更加全面的影响力。

一、"国家"自主性的形成

获得全面影响力的国家，其自主性也在提升。虽然国家起源于调节

---

① 习近平：《习近平谈治国理政（第四卷）》，北京：外文出版社，2022 年版，第 424 页。
② 《列宁选集》（第 3 卷），北京：人民出版社，2012 年版，第 109 页。

阶级矛盾、维持社会秩序，但是国家能长盛不衰不仅是因为"文明时代"① ——阶级社会的客观需要，也在于国家拥有的且还在不断强化、扩充的自主性。统治阶级的利益与国家利益并不能完全重合正是这样一种证明，即国家这种公权力总是以社会的名义实现的，其存在和活动并不完全按照统治者、统治阶级的目的展开，而是逐渐地发展出了自己的一套逻辑②。换言之，在工具性和压迫性之外，国家又必然始终坚守或者发展出一些保持自身存在的功能，国家在很大程度上使自己从属于自己。这也就意味着，"要尊重每个国家的国情差异和自主选择，坚持平等相待、求同存异"③，"必须尊重各国人民自主选择本国发展道路的权利"④。

第一，国家自主性内涵和表现。国家的自主性，主要是指因受制于国家矛盾调解和维持秩序的总的历史功能，国家为确保自身的存在而逐渐形成的较稳定的特质和一些基本的功能，也意味着国家履行应有的职能和伦理。国家秩序功能是自主性的内核。基于国家的核心功能，逐渐形成一定的自主空间、相对稳定的体系和社会化功能，国家的秩序内核以及同社会日益相分离的公权力促进了国家自主性的形成。自主性是国家经历变迁但生命犹在的一个重要原因。从工具性视角看，即便国家充当阶级统治的工具，工具本身也必然要有自己的独立性和功能性。所以社会一旦出现了国家或政治权力，其自发调节能力似乎就逐渐消失，秩

---

① 《马克思恩格斯选集》（第4卷），北京：人民出版社，2012年版，第194页。恩格斯在《家庭、私有制和国家的起源》中指出："由于文明时代的基础是一个阶级对另一个阶级的剥削，所以它的全部发展都是在经常的矛盾中进行的。"

② ［美］贾恩弗朗哥·波齐：《国家：本质、发展与前景》，陈尧译，上海：上海人民出版社，2019年版，第54页。

③ 习近平：《携手推进新时代中阿战略伙伴关系：在中阿合作论坛第八届部长级会议开幕式上的讲话》，北京：人民出版社，2018年版，第10页。

④ 习近平：《习近平关于社会主义政治建设论述摘编》，北京：中央文献出版社，2017年版，第19页。

序职能也让渡和集中到国家，国家逐渐形成以秩序内核为基础的一些体系和较独立的特征。

自主性可以表现在既有的国家形式、国家结构对社会、对统治阶级的抑制和反作用力，也表现在"国家"本身的社会影响。国家自主性区别于精英、统治阶级掌握国家权力的自主性，也区别于"国家在世界体系中的自主性"①。即区别于统治阶级掌控国家能力的自主程度，以及某个国家在世界体系中的地位、活动空间。国家的自主性是指国家保持本身的初心和核心功能的余地，形成有利于自己稳定和抗风险的能力。国家的自主性也集中地表现在政权自主性上。行政体系作为操作系统，其组织能力、影响能力以及社会管理职能的独立性、程序性，也都体现了一定的自主性。而政权的自主性也会催生更多的公共职能和社会功能。随着官僚体系的扩充和完善，公共权力被以各种形式延伸、贯彻到这个体系中，这种渗透和分散在一定程度上将这种政治权力转化为职能权力、管理权力，表现出了权力的社会化。同时，越是对结果难以预见、难以掌控也就越强化国家的管理。因此，有了国家权力内向加强的逆全球化。这也再一次确证了只要社会生产的无政府状态不消失，那么公共权力仍然具有权威。"所有的革命都是使国家机器更加完善"②，在国家批判式重建的历史进程中，权力、资源、权威、精英都流向国家，进入国家管辖，排除一切强大到可以挑战其权威统治的障碍，集中化、统一化、组织化、体系化是国家形成和不断建构的缩写。"近代社会重要的整合机制——国家活动的持续存在和活动范围的扩张"③，意味着

---

① [美]理查德·拉克曼：《国家与权力》，郦菁、张昕译，上海：上海人民出版社，2021年版，第156页。
② 《马克思恩格斯全集》（第17卷），北京：人民出版社，1963年版，第584页。
③ [美]贾恩弗朗哥·波齐：《国家：本质、发展与前景》，陈尧译，上海：上海人民出版社，2019年版，第91页。

国家的功能强大到似乎可以对现存的社会与经济秩序进行再生产。各个党派也好、团体也好，都想扩张或扩大对国家活动的影响。总之，随着国家机器的完善，国家的力量得到空前的加强，获得了更大空间和效力，其自主性也在不断增强，在总体上表现出了对统治者和被统治者的相对独立性。

第二，国家自主性形成的基础条件。"国家效应是在多个层面、多个场所以及多种社会因素交互重叠的情形下形成的。"① 国家自主性的形成也是多种因素作用的结果。其一，稳定是"自主"形成的条件。社会具有一定的惰性、惯性，有利于国家自主性的形成。国家不可能经常处于变革中，国家内部传统交往方式和制度的惯性的力量也会使原有的力量不断强化，这样就获得了稳定性。对于已经成型的国家政权，其稳定性和惰性更为明显。这都是自主性发挥的条件，继而国家获得了延续发展的机会。其二，人生命的有限和国家的"无限"有利于获得独立性。即某个时代的国家对当代人来讲或许是共在的，但是对下一代人来讲具有了先在性，会成为后续每代人生而存在的环境。即由前一代人创立的社会形式获得了下一代人的（权利）自主性和先在的优越性。这种生命周期的差异为国家自主性的产生提供了时间和空间的可能。而且，公民身份的确立使公民与国家之间的关系越来越直接，社会中私人关系尤其是局部关系的失效，局部的依存网络和生产关系被打破，公民直面国家，这样人由小团体的成员变成国家中的原子，即个人利益的获得也只能通过国家的调整来不断实现。其三，阶级对立也给予了国家自主性产生的空间。国家自身的公共权力膨胀，即"国家"自主性的提升也源于阶级斗争或国家内部阶级关系的紧张，或者说越是对立就越是

---

① ［英］克里斯多夫·皮尔逊：《论现代国家》，刘国兵译，北京：中国社会科学出版社，2017 年版，第 244 页。

需要某种力量来调和。所以，分裂在某阶段是有利于国家的自主性的，因为分裂和矛盾才有了国家的"不偏不倚"① 的需要。从这个意义上讲，国家从诞生之初，就具备一定的自主性。其四，意识形态集中于国家为国家自主性的产生提供了舆论优势。"国家作为第一个支配人的意识形态力量出现在我们面前。"② 统治阶级为了获得对社会的统治力，不仅利用暴力机器，更需要有思想机器。思想统治总是假借公义、假借共同体，从而必然维持、宣扬国家意志的公义和权威秩序。国家意志被一代代强化，"国家"从思想上获得了超越的自主性。其五，随着国家的变革发展，庞大的官僚行政体系也随之建立。这种行政体系逐渐打碎地方势力，将政权和影响力聚于国家，官僚体系或是行政体系也就成为国家自主性的组织形式支撑。换言之，一旦行政体系制度化、社会化，那么即便政权本身发生波动，体系的功能仍然存在并且具有一定的反制作用，越是庞大的体系这种反制效力越明显。所以，包括体系和惯性在内的自主性对于国家统治阶级的意图以及其利用国家达成目的的行为产生了自主性。

总之，国家权力已经渗透到国民的具体生活，并从政治、经济、文化等各个方面对国民施加影响，最终呈现出国家与国民的捆绑状态。然而，其捆绑并不具有对称性。单个的人对国家的驾驭和反抗能力在下降，而国家对于人获得了超越性的发展。一般来讲，国家的状态决定了国民的境遇，加上地域、家族、行业等传统固化力量的稀释，个体的影响力变得更为分散和被动。总的结果是不论政权如何变更，"国家"本身却获得了很大的稳定性，很多时候能自主地甚至是能够决定性地影响

---

① 《马克思恩格斯文集》（第3卷），北京：人民出版社，2009年版，第219页。马克思在《法兰西内战》中指出，"只要这种秩序还被人当作不容异议、无可争辩的必然现象，国家政权就能够摆出一副不偏不倚的样子。"
② 《马克思恩格斯全集》（第28卷），北京：人民出版社，2018年版，第362页。

自己的意志安排、战略决策。国家的自主性随着社会的变迁和国家自身的演绎而不断得以形成和确立。简言之，即便资本逻辑全面展开，也没有充分的历史证据能够完全证明国家的发展仅仅是依从资本的社会权力地位而得以运行。因此，从国家具有自主性的角度出发，意味着"推动构建人类命运共同体，不是以一种制度代替另一种制度，不是以一种文明代替另一种文明，而是不同社会制度、不同意识形态、不同历史文化、不同发展水平的国家在国际事务中利益共生、权利共享、责任共担，形成共建美好世界的最大公约数"①。

二、生产力和生产关系向国家集中

马克思、恩格斯在《德意志意识形态》中指出，"一定的生产方式始终是与一定的共同活动方式或一定的社会阶段联系着的。"② 随着国家获得了全面的影响力、工业和交换发展到了新的阶段，人类的共同活动也越来越集中于国家，具有了"国家"特征，如由国家制定各行各业的标准和法律、兴办国有企业、修建基础设施以及以"国家"身份进行国际贸易等。总体表现出来的是生产力和生产关系向国家所有日益集中。这种趋势与国家政权体系的日益完善不无相关，然而最大的动力还是源于生产力"已经发展到私有制和资产者远远不能驾驭的程度"③，因此"国家终究不得不承担起对生产的领导"④。

（一）生产力向国家集中

资本主义生产方式的出现，促使了"日甚一日地消灭生产资料、

---

① 习近平：《习近平谈治国理政（第四卷）》，北京：外文出版社，2022 年版，第 475 页。
② 《马克思恩格斯文集》（第 1 卷），北京：人民出版社，2009 年版，第 532 页。
③ 《马克思恩格斯选集》（第 1 卷），北京：人民出版社，2012 年版，第 303 页。
④ 《马克思恩格斯全集》（第 25 卷），北京：人民出版社，2001 年版，第 406 页。

财产和人口的分散状态。它使人口密集起来，使生产资料集中起来，使财产聚集在少数人的手里。由此必然产生的结果就是政治的集中"。①这种集中是资本逻辑的必然结果。政治集中的结果是国家的扩大或巩固，经济集中的结果是包括生产资料在内的经济关系向国家聚合，换言之，必然产生生产力和生产关系的集中。如果说国家自主性的拓增是政治集中的表现，那么国有企业和跨国公司的不断形成、重要部门向国家的转移就是经济集中的当下表征。同时，国内生产总值和总的生产能力、基础设施的建设能力也已经成为衡量国家综合实力、政府威望以及发展道路合理性的首要标准。总之，历经工场手工业、大工业直至全球化的生产方式的变更，国家已成为分工、生产的重要环节，而经济已经成为国家最重要的柱石。

第一，生产力向国家集中的表现。生产成果向国家的集中是与"国家"的出现同步进行的。不论是统治阶级生活消费、维持统治的需要，还是"国家"管理社会成本的需要，都需要征收和消耗大量生产成果。有关 GDP、国家税收以及国家经济的总体规划、重大战略也都体现了国家与经济的密切结合、生产力向国家的集中。如航天工程、探海工程、重大科技项目以及大型的军事设备制造基本上都归于国家，或者国家是分工、生产的重要环节。现代国家不仅能"将个人所依赖的资源和能力集中起来"②，也与社会生活获得前所未有的紧密结合，其职能体系成为国家权力延伸的触手，似乎既可以将社会分割，也能够对其进行整合。

第二，生产力向国家集中的原因。其一，资本与政权的结合可以带来巨大的红利。资本与政权的结合既是资本主义发展的结果也是资本主

---

① 《共产党宣言》，北京：人民出版社，2018 年版，第 32 页。
② ［美］贾恩弗朗哥·波齐：《国家：本质、发展与前景》，陈尧译，上海：上海人民出版社，2019 年版，第 119 页。

义发展的原因。资本主义从兴起，就寻求与国家政权的结合。在过去，典型表现为重商主义、殖民主义和垄断资本主义，当前主要表现为介入规则制定，为资本输出以及跨国公司谋求优势，必要时配合军事威胁、实施贸易保护主义政策。其二，集中是社会生产的强大要素。规模效应和集中效应已经成为竞争力的关键要素。恩格斯在《论权威》中批判了力图保持所谓的个人自由，而排斥集中管理的大生产的做法，称其是无政府主义，排斥集中管理的思想是同社会生产力的发展趋势相矛盾的。其三，生产力具有无限扩大的需求，生产力集中于国家遵循了生产力扩大的逻辑。恩格斯曾指出快速增长的生产力"已经发展到私有制和资产者远远不能驾驭的程度"①，因此具有强大协调能力和巨大组织体系的"国家终究不得不承担起对生产的领导"②。其四，资本的发展需要公共性条件。资本的实现要以"相应的社会组织的充分发展为前提"③。公共基础设施和政策保障发展得越好，交换价值就越容易实现。而国家作为这一切的最具权力者，无疑是保证其充分发展的关键。其五，国家需要生产力。国家作为社会生产关系和社会关系的集中代表，其生命始终在于对社会秩序的维系，在于能够适应并且利用生产力。对于生产力的掌握以及对于生产力能得到利用的条件的掌握也是一定的阶级实现统治的基础和条件。其六，科技发展的需要。从科学技术层面看，科学技术的背后，尤其具有巨大联结、统合和监测能力的信息化和数据化技术的背后是多重科技和人力巨量积累的结果和对接。而随着环节的增多，分工的复杂、精细以及知识的密集注入，人的关系也被细化了，真正地被千丝万缕联系起来，换言之，任何重大科技或是公共系统后面都附着大量的参与者和社会力量。这一切的结果只有国家才能应

---

① 《马克思恩格斯选集》（第1卷），北京：人民出版社，2012年版，第303页。
② 《马克思恩格斯全集》（第25卷），北京：人民出版社，2001年版，第406页。
③ 《马克思恩格斯全集》（第30卷），北京：人民出版社，1995年版，第175页。

对，只有国家有资金、人力以及组织力来统筹和驾驭。即一种新的科技的诞生总是建立在巨大的历史遗产和积累之上的，这种力量不再是几个资本家或是私营公司能够担负和承载的。

第三，生产力归国家所有包含着解决冲突的线索。虽然生产力有集中于国家的趋势，但并不意味着只要生产力归于国家就能解决其无限发展的矛盾。生产力归国家所有仍然蕴含着"解决冲突的形式上的手段，解决冲突的线索"①。也就是说，生产资料的扩张力必然会撑破资本主义生产方式加在它身上的桎梏，从而把它自己从这种桎梏的束缚中解放出来，这是生产力得到快速发展的先决条件。② 所以有了部分生产力不得不归于国家。但是，现代国家本质上仍然是资本家的国家，即这种解决方式也只是按照集中的逻辑将问题在一定程度上予以解决，但并未根本解决。只要国家具有资本的属性——总的资本家，那么资本的困境就仍然存在，资本主义的矛盾并未根本解决。马克思也曾指出，"当全部资本、生产和交换都集中在国家手里的时候"③，旧社会的交往形态就能够获得改变甚至消失。虽然，马克思在这里指的国家是无产阶级专政的国家，但生产力、资本向国家转移和聚集的趋势，还是遵循了解决的道路，即"迫使资本家阶级本身在资本关系内部可能的限度内，越来越把生产力当作社会生产力看待"④。生产力社会本性与国家政权的"有组织的社会力量"⑤ 性质开始结合，生产力的发展需要组织化的社会力量，社会管理是生产力持续发展带来的必然结果。总之，生产力归国家所有促使产品去向和生产过程由掌握在资本家、企业主手中逐渐转

---

① 《马克思恩格斯全集》（第25卷），北京：人民出版社，2001年版，第408页。
② 《马克思恩格斯全集》（第25卷），北京：人民出版社，2001年版，第411页。
③ 《马克思恩格斯选集》（第1卷），北京：人民出版社，2012年版，第306页。
④ 《马克思恩格斯全集》（第25卷），北京：人民出版社，2001年版，第405页。
⑤ 《马克思恩格斯文集》（第3卷），北京：人民出版社，2009年版，第219页。

向掌握在国家手中，显示了"现代生产力的社会本性"①，也体现了资本主义突破自发盲目生产困境的途径和生产力社会化总的趋势。反之，一个国家的生产力水平以及大规模生产资料集中的程度也是衡量"国家"本身成功、失败的一种标志。

（二）生产关系向国家集中

国家作为一种不断发展但又相对稳定的组织形式赋予了生产关系不同的民族特色，使其具有了国家的特征。产生生产关系的历史运动也会制约生产关系的变化发展。如世界市场的形成使所有民族和其生产关系都发生了历史的变化，即便许多"与世隔绝"的国家也被拉进了现代生产关系。

第一，生产力归国家所有的趋势决定了生产关系向国家靠拢。即"人们生产力的一切变化必然引起他们的生产关系的变化"②，生产力的社会化特点也促使了生产关系的社会化。生产力的社会化需要生产关系的有组织性、有序性，促使生产关系的调整呈现出越来越依赖国家的特征。国家政权自身未必直接作用于生产力，但能够较直接地作用于社会关系、生产关系。国家的"雄心壮志"、政治目标总是通过规范生产关系、资源安排以及规定社会关系的细节来实现的。换言之，介入、调节和规划社会关系是国家常用的统治、治理手段。

第二，资本主义生产关系性质的两重性需要国家的介入。"产生财富的那些关系中也产生贫困；在发展生产力的那些关系中也发展一种产生压迫的力量。"③无产阶级的贫困与大资产阶级巨额财富的两极存在是资本主义社会的典型的特点。这种矛盾既是资本继续存在的前提也包

---

① 《马克思恩格斯选集》（第3卷），北京：人民出版社，2012年版，第666页。
② 《马克思恩格斯选集》（第1卷），北京：人民出版社，2012年版，第233页。
③ 《马克思恩格斯选集》（第1卷），北京：人民出版社，2012年版，第234页。

含着摧毁它的因素。为了维持相对稳定的社会秩序，需要国家进行干预。因此，资本主义国家为了摆脱这种矛盾引起的动荡，使矛盾可控，会采取福利等安抚措施，并使用国家强力措施予以支持。但随着矛盾的扩大化、普遍化，要求国家对社会关系包括资本主义生产关系进行较全面的介入，其中包括生产环节、分配环节等前期、中期或后期的政策干预。此外，全球市场的激烈竞争更加促使国家介入各种规模化的、专业化的分工模式，从而倒逼国家从"守夜人"向"参与者"转变。

第三，生产资料性质的变化引起的向国家集中的趋势。生产资料性质的不同，也会引起生产关系的调整和变化，使生产关系产生新的特点，马克思在《雇佣劳动与资本》中指出，"生产者相互发生的这些社会关系……当然依照生产资料的性质而有所不同"①。他以武器的变化对于军队的影响为例，指出新作战工具的发明必然会引起军队的内部组织发生改变，如军队的组成模式、行动的方式以及各个军队之间的关系也必然跟着发生相应的调整和改变。生产资料变化所引发的生产关系变革在当下越来越明显，除了引起了人们生活方式的广泛变革，也带来了产业形态的变更、劳动关系的改变，从而整个社会内部的组织形式发生了广泛的变革。最为显著的是数据信息形态所带来的生产关系的改变。数据在生产、生活中成了引导新的社会关系的要素。然而，因数据来源的庞大和对国民生产生活的重大影响，其只能向象征公权力的国家集中。此外，"科技资料"和运用这种资料的难度在增加，需要大量的受教育的专业人士的阶梯式努力。随着这种生产资料规模的不断膨胀，最终也只有国家能够接替。这样，生产关系就被生产资料新的形态形塑了，并向国家不断集中。

第四，"生产关系形成的统一的整体"仍集中在国家地域。"每一

---

① 《马克思恩格斯选集》（第1卷），北京：人民出版社，2012年版，第340页。

个社会中的生产关系都形成一个统一的整体"①，这个统一的整体因为
世界市场的形成和国际分工，尽可能地更广泛地将本地域的生产关系同
化和系统化地整合，并以国家为单位形成了具有国别特色的统一整体。
具体来说，世界市场的联通是与规模化一同发展的，规模化又受血缘纽
带、文化纽带、地域纽带以及法的纽带等各种要素的制约，一旦形成就
相对稳固。所以，"国家"往往成为生产关系统一体的坚固的堡垒，即
生产领域中所处的不同环节也主要以各个国家为基本界限和载体，而分
工和对外贸易也在巩固"国界"。从这个意义上讲，一切国际关系都是
某种分工的表现。

第五，劳动关系向国家的集中。国家机构和国有企业雇用了大量的
劳动力，其用人标准、福利待遇、工作环境等成为社会用工的重要参照
标准，并且加剧了人力资源的竞争性。除此之外，国家对公共部门的掌
握和对公共秩序的主导也影响了劳动关系的定位。在劳动力流动、分工
碎片化以及劳动环节分割的背景下，个人越来越远离整个生产过程，丧
失了完整的自我把握。而国家给予的资格认证、准入标准等，在很大程
度上影响、塑造了劳动关系的建立和生产角色的形成。

在外在压力和内在竞争的要求下，以生产资料、行业规范权等为代
表的生产力、生产关系向国家不断集中。国家已然成为物质生产的重要
基础，或者其本身就是生产的物质条件。需要注意的是，生产力、生产
关系向国家的集中固然蕴含着解决诸多矛盾尤其是资本主义矛盾的线
索，但是并不意味着国家就是社会主义。马克思曾指出："把国家对自
由竞争的每一种干涉……都叫作'社会主义'，纯粹是曼彻斯特的资产
阶级为了自己的利益而在胡说。"② 对于这种"胡说"要批判，否则就

---

① 《马克思恩格斯选集》（第 1 卷），北京：人民出版社，2012 年版，第 222 页。
② 《马克思恩格斯选集》（第 4 卷），北京：人民出版社，2012 年版，第 543 页。

得出"国家等于社会主义"①。

第二节 差异化发展的民族国家

进入 21 世纪,"百年变局与世纪疫情交织叠加,世界进入动荡变革期,不稳定性不确定性显著上升"②,经济复苏步履维艰,安全挑战更加突出,全球发展事业遭遇逆风逆流。总体来说,世界仍呈现出战争与和平、饥饿与享受的巨大反差图景:经济上"生产过剩"下分配不平衡、压榨式生产与资源告罄,世界市场发展依旧畸形;政治上百国各貌,有的国家在试图转型,有的国家却尚在构建。因此,与"国家"获得长足发展相对应的是当代国家发展的极不均衡,而且,国家构建和转型也困难重重,不仅影响了本国人民生活水平的提升,也加剧了国际关系的失衡。反之,"在治理赤字、信任赤字、发展赤字、和平赤字有增无减"③ 的世界背景下,这种失衡更加凸显。

一、民族国家发展的时代差异

民族国家是国家在当代的基本形态。在 20 世纪中后期民族国家就步入了发展的典型时代,此时,"民族-国家的产生则更多地体现为既有国家的'分裂或分离'"④,因此世界尚处于调整中。直至 21 世纪,

---

① 《马克思恩格斯选集》(第 4 卷),北京:人民出版社,2012 年版,第 543 页。
② 习近平:《习近平重要讲话单行本(2021 年合订本)》,北京:人民出版社,2022 年版,第 56 页。
③ 习近平:《习近平谈治国理政(第四卷)》,北京:外文出版社,2022 年版,第 455 页。
④ 郭忠华、郭台辉:《当代国家理论:基础与前沿》,广州:广东出版社,2017 年版,编者导言第 2 页。

各国仍然处于国家建构、重建或是转型的不同进程。即便处于全球化的深度进程中，国家也仍然未摆脱地域局限和国家之间的严重失衡，这种极度的分离和不平衡就像木桶效应，起点不同、生存和发展的主题不同，因此不仅难以形成合力，也无法形成平衡和有效的良性竞争。进入21世纪，"逆全球化思潮正在发酵，保护主义的负面效应日益显现，收入分配不平等、发展空间不平衡已成为全球经济治理面临的最突出问题。"①

第一，国家发展的时代差异性。比较研究是考察国家不同现状和发展的有效思路，利于整体上对总的国家图景进行把握。即为了弄清国家的现实问题，各个国家的发展现状、特征，可以对传统的和新近构建的国家进行归类、划分，从而进一步发掘共性的表象和内部差异的原因。传统的比较国家研究，"试图主要从宏观上（即体制本身的结构和功能）进行比较"②，在这里延续了传统的思路并在此基础上进一步丰富。

基于发展程度和国家性质进行的比较。这是一种传统的划分方法。依据经济发展和现代化程度将国家分为发展中国家和发达国家。这种划分对于快速抓住二战后国家发展的基本格局来说有一定意义。然而随着国家发展战略和政治形态不断产生差异，不论发展国家还是发达国家其内部都出现了分化。发展中国家多数指战后独立的或新成立的一些国家，这些国家普遍经历过殖民统治和战争蹂躏，自身的传统形态遭到了程度不一的破坏。因为现代化起步较晚，所以称为后发展国家。经历了半个世纪的发展后，有的国家面貌改观，有的仍处困境，甚至走向了倒退。对于发达国家来讲，也呈现出了成熟或是衰败的问题。根据国家性

---

① 习近平：《习近平谈治国理政（第三卷）》，北京：外文出版社，2020 年版，第 461 页。

② ［日］田口富久治等：《当代政治体制》，耿小曼译，北京：光明日报出版社，1988 年版，第 6 页。

质不同，分为资本主义国家与社会主义国家。资本主义和共产主义的划分是马克思主义理论框架的重要内容。列宁的国家思想成为社会主义国家主要的建国理念。虽然事实上对什么是社会主义还颇有争议，但是这一范畴也一度普及开来，成为一种划分国家的方式。这种划分的基本立足点在于国家的角色和统治阶级的不同，核心的界限在于公有制和私有制，这里的公有主要体现为国家所有。

基于"现代国家制度"的视角。马克思在《哥达纲领批判》中指出，不论资本主义发展的程度有何不同，形式如何纷繁，对于这些建立在现代资产阶级社会上的国家可以谈"现代国家制度"，现代国家制度的根基是资产阶级社会。[①] 就目前来讲，世界整体处于资本主义生产方式和生产关系的范畴，这是现代世界的总的特征。即资本主义国家仍属于现代国家，只是发展程度不同。而现代国家面临的主要问题也从过去承继了下来，仍未解决，"不仅苦于资本主义生产的发展，而且苦于资本主义生产的不发展"[②]，除了眼前的问题，还有许多遗留下来的灾难。如今很多国家陷入了资本主义生产方式与传统生产方式竞争、不兼容的困境，进而表现出在政治、文化和社会领域中的不协调、不统一，这种问题在战后独立的国家中尤为明显。鉴于还有不少国家处于前现代国家的生产方式向现代国家生产方式过渡转型的门槛上，此时的国家仍然可以划分为前现代国家、以混合形态存在的现代国家、完全资本主义形态的现代国家。

不论基于发展程度、国家性质，还是基于"现代国家制度"视角，国家的时代差异仍然是当代国家发展的总的基本状貌和特征。时代差异表现在经济生活、政治生活、社会生活等各个方面，突出地表现为一些

---

① 马克思：《哥达纲领批判》，北京：人民出版社，2018年版，第27页。
② 《马克思恩格斯全集》（第43卷），北京：人民出版社，2016年版，第18页。

国家为生存而焦灼,一些国家为持续发展而忧虑。如果说前者为生存资料而斗争,那么后者"不再是单纯为生存资料斗争,而是为发展资料"①,总之,民族国家发展整体特征在于不平衡。

第二,国家差异发展的原因。首先,历史的原因。对于国家总体发展水平的差异,一般的解释是因为殖民主义政策和帝国主义行径形成了富国对穷国的极致盘剥和压迫,而且穷国的政治结构本身也在阻碍经济社会的运作。② 即一方面,数百年的殖民活动形成了原料产地和生产基地,为发展奠定了不同的根基。另一方面,资本主义国家对后殖民国家政体和经济模式的持续干预影响了殖民国政体和经济自主发展的进程。其次,分工的原因。处于不同生产链的国际分工形塑了各国的经济结构。分工同化和凝聚了一国的生产关系、社会关系,强化了国家所处的不同发展进程。即资本和劳动的关系延伸到国外,影响了国家与国家的关系。再次,全球市场的自发运行。在并未自觉形成公共性、统一的发展目标时,即便有全球性市场,也必然呈现出整体自发的状态。全球市场的形成并不是基于共同体的自觉引导,而是被资本逻辑牵引被动展开,即全球市场的主体是"资本"而不是"人本"。"市场自我调节就是'乌托邦'"③,以自发性、逐利性为特征的全球市场处于自发发育的状态,必然使生产、交往经常处于偶然或对立的环节。各国旨在全球市场中获利,并不倾向培育全球市场。因此当各国采取措施保护国内经济时,所有建立起来的联结和关系也都断裂破灭了。最后,由资本主义生产关系主导的全球交往体系必然产生差异。资本的产生和活力都离不

---

① 《马克思恩格斯选集》(第4卷),北京:人民出版社,2012年版,第518页。

② [西] 费尔南多·萨瓦特尔:《政治学的邀请》,魏然译,北京:北京大学出版社,2009年版,第106页。

③ [加] T. V. 保罗:《软制衡从帝国到全球化时代》,刘丰译,上海:上海人民出版社,2020年版,第176页。

开差异——价值的生成需要差异、市场需要差异、利润也需要差异，同时差异也可以遗传。所以，即便资本主义普遍地形塑了世界生产和消费的模式，也必然存在差异。这种差异不仅体现于穷国与富国、富国与富国之间，也体现在都走资本主义道路的国家之间。马克思曾指出，"'现代国家'却随国境而异"①，除了历史原因、经济原因，无序的离散的国家政治关系和竞争性逻辑也加剧了这种差异。而从长期性形成的结构视角来看，全球市场的资本导向、自发运行与国家差异发展的结果之间又将相互影响，强化分离和不均。

二、国家构建的困境与反思

国家发展的时代差异，其实也是国家构建的差异。政治国家是历史的产物，是社会矛盾的集中体现。各个国家不单要解决过去的遗留，面对层出不穷的自然问题，还要承担新的时代使命，因此国家构建举步维艰。

第一，国家建构的艰难历程与困境。在不同时代、在国家发展的不同阶段，国家构建经历着不同挑战，演绎着不同的主题。"在哈贝马斯看来，国家构建是指由公民组成的民族……尼尔·罗宾逊认为，是完成市场经济与民主制度建设等议题。"② 福山认为"国家构建是指建立新的政府制度以及加强现有政府"③，即国家构建是政府制度的新建。而对于社会主义者来讲，国家构建就是构建无产阶级专政的国家。从历史的视角来看，君主国家、宪政国家、契约国家、民族国家等也无不体现

---

① 《马克思恩格斯选集》（第3卷），北京：人民出版社，2012年版，第373页。
② 韩志斌：《地缘政治、民族主义与利比亚国家构建》，载《历史研究》，2014年第4期，第131页。
③ ［美］弗朗西斯·福山：《国家构建：21世纪的国家治理与世界秩序》，郭华译，上海：上海三联书店，2020年版，第18页。

着国家的建构。所以国家理念不同，国家的构建过程和任务也就不同。如果说，民族国家初现的任务是实现民族独立、构建本民族的国家，那么当前世界仍然处于这个过程。战争作为解决人类社会矛盾的惯用手段，就像融入人类社会的基因，是一个非定时炸弹。因此，即便与以往时代相比，世界已经相对和平，国家之间的制度制约与行政制约在不断加强，但这种对战争力的笃定和痴迷仍起主导作用。二战以后，似乎世界进入了和平年代，所有的国家都试图进入发展的轨道，然而小规模的军事冲突并没有得到遏制或大规模减少，甚至新生了恐怖形态的战争，从而延缓了各国构建或重建的进程。

发展中国家构建面临的困境。既"要关注发展中国家紧迫需求，围绕减贫、粮食安全、发展筹资、工业化等重点领域推进务实合作，着力解决发展不平衡不充分问题"①，也要关注后发展国家面临外部干涉和内部构建基础薄弱的问题。首先，过去的战争不仅使国民饱受蹂躏也使国家饱受折磨。殖民的遗毒往往表现为政治的持续分裂、行政力量的单薄软弱，战争摧毁了积累的财富和植根于本土的生产、生活方式，制度和信念也受到冲击和重塑②，并在客观上剥夺了这些国家技术进步的成本、机会和时间。其次，很多后发展国家遭遇了复制"现代国家"的困境，苦于盲目嫁接资本主义，结果资本主义既没有获得充分发展，又丧失了国家发展的自主性。一方面，独立后面临外国势力、被操控的国际组织的持续干预。"1982—1987 年间，第三世界整体接受的援助和贷款等共计 5520 亿美元，而偿还的债务却达 8390 亿美元。这意味着世界上最贫困的国家仅在 6 年的时间为最富裕的国家提供了总数相当于 4

---

① 习近平：《携手迎接挑战　合作开创未来——在博鳌亚洲论坛 2022 年年会开幕式上的主旨演讲》，北京：人民出版社，2022 年版，第 4 页。

② ［美］理查德·拉克曼：《国家与权力》，郦菁、张昕译，上海：上海人民出版社，2021 年版，第 141 页。

个'马歇尔计划'所需要的资金。"[1]　而且，很多后发展国家被禁止实施保护政策。然而，几乎所有资本主义强国的发家史都包含了贸易保护、高关税和政府补贴等发展战略和倾斜政策。另一方面，由于缺乏经济支撑和统治权威，统治阶层往往完全依赖军事武装或者高压政治来维持权力，其中包括依赖或求助国外的政治势力。结果是本国的统治阶层并没有动力来发展本国的经济以及社会福利体系。该国政权变为国外的执行机构，或者成为统治集团谋取私利的工具，即发展成"榨取式政权"[2]。再次，国内四分五裂，力量整合和国家权威严重受损。"非洲、中亚的大部分地区以及菲律宾都面临这样的状态：精英结构分散，中央政府羸弱，官员世袭，掠夺社会。"[3]　整个国家因派系、腐败、斗争、民族隔阂而陷入了分裂。结果与发达国家差距进一步扩大，"如 1980—1987 年，拉丁美洲国家的人均收入下降了 30%，撒哈拉以南非洲的情况更加恶劣"[4]。最后，在劳工冲突以及债务等外部压力下，政府更多地实施强硬、非弹性的措施，把本国更多地推向专制统治。而在高压和生活条件持续得不到改善的情况下，国民可能转而向过去或宗教寻求解救，即促使政权向传统或宗教国家模式回归。不论哪一种情况，真正的国家建制都难以发展，而羸弱国家的有效建制更加艰难。因此，对殖民地独立和一些新建的国家来讲，问题很大程度上"在于许多国家并没

---

① ［美］斯塔夫里阿诺斯：《全球史纲——人类历史的谱系》，张善鹏译，北京：北京大学出版社，2017 年版，第 228 页。

② 阿西莫格鲁和詹姆斯·罗宾逊提出了"榨取式政权"，在这种政权的统治之下，政治失败和经济衰退已成为它们毫无悬念的宿命。参见［美］德隆·阿西莫格鲁、詹姆斯·罗宾逊：《国家为什么会失败》，李增刚译，湖南科学技术出版社，2015 年版，第 499 页。

③ ［美］理查德·拉克曼：《国家与权力》，郦菁、张昕译，上海：上海人民出版社，2021 年版，第 92 页。

④ ［美］斯塔夫里阿诺斯：《全球史纲——人类历史的谱系》，张善鹏译，北京：北京大学出版社，2017 年版，第 228 页。

有真正的国家建制"①。总之，如何能获得发展、增强国民的获得感是困扰大多数发展中国家的主要问题。

遭遇困境的资本主义国家，这些国家往往是资本主义发展较早并且取得先发优势的国家。首先，它们正在苦于资本主义生产如何再发展。其中包括对政府功能产生的困惑，即国家政权在经济生活中该何去何从，是小政府还是国家应该予以干预。对政府功能和作用权力边界的争议难免会影响国家建设的连续性和稳定性，使国家政策更容易受到利益阶层、权力阶层的左右和操控，并在面对社会危机时准备不足、无力管控。其次，苦于高利贷资本的形成。高利贷资本不同于金融资本和产业资本，其"瓦解生产的本性就会使生产发生萎缩"②。高利贷资本还不排斥混乱和危机，甚至有欢迎危机的本性，尤其对新建政府和政治角力集团的借贷，更易形成暴利。然而高利贷资本最终会发展成双向剥削，即便母国曾经是"战友"，但由于高利贷"已带有世界的性质，这种爱国主义现在已只剩下一个骗人的幌子"③。简言之，国家不能擅用、管控资本，导致资本异化、背离本国人民。最后，大资本家遭遇困境后往往利用国家力量摆脱危机。国内产业资本和高利贷资本也会形成合作，对本国的政策施压、改变国家决策。保护主义或是对外干涉都可能在其压力下产生。反之，这也恰是国家受掣肘之处。因此，国家决策自主性的形成、本国经济秩序的规划、政治权威的重塑是这样的国家面临的关键问题，而世界市场的无序为高利贷资本和国家的干预提供了活动的空间。

---

① ［西］费尔南多·萨瓦特尔：《政治学的邀请》，魏然译，北京：北京大学出版社，2009 年版，第 169 页。

② 张文木：《美国帝国主义是资本主义的没落阶段（二）——兼谈新冠肺炎全球流行对国际战略格局的影响》，载《世界社会主义研究》，2021 年第 5 期，第 76 页。

③ 《马克思恩格斯选集》（第 3 卷），北京：人民出版社，2012 年版，第 156 页。

第二，有关国家建构的反思。就发展是现代国家的核心任务、人民是国家权力的主体，以及面对自然环境恶化、恐怖主义、宗教极端主义、民粹主义泛起等尚未解决的问题来看，国家还面临着诸多困境，其有效构建还远没有完成。

首先，国家构建的必要性。在自觉的整体世界尚未形成之前，社会的整合还需要国家。社会发展的任务也主要落在国家，国家要随着生产力的发展而不断发展，调节、管理新的社会关系。各个国家面临的困境也是国家构建本身遭遇的困境，"因为软弱或失败的国家是世界上很多严重问题的根源"[①]，所以，国家构建必然是关乎世界秩序的最重要问题之一。"国家和，则世界安；国家斗，则世界乱。"[②] 从世界秩序的视角来看，零和竞争逻辑以及国家之间的防范和相互责难也加剧了世界的动荡。因此，"中国倡导人类命运共同体意识，反对冷战思维和零和博弈。"[③] 总之，面对复杂的社会问题、自然问题，国家对于自身的建设仍需要"反躬自省"和谨慎前行。

其次，国家构建的具体性。国家的内生性意味着国家构建只能是自己的事，需要依据其主要情势和主要矛盾进行调整。即国家的建设是一个复杂的人民参与的过程，必须与社会历史契合。反之，国家效力会严重下降，如利比亚是在"大国博弈和联合国推动下"[④] 构建的，结果是利比亚在形式上似乎成了具有现代政治形象的国家，而事实上许多实质

① ［美］弗朗西斯·福山：《国家构建：21 世纪的国家治理与世界秩序》，郭华译，上海：上海三联书店，2020 年版，第 18 页。
② 习近平：《习近平谈治国理政（第二卷）》，北京：外文出版社，2017 年版，第541 页。
③ 习近平：《习近平关于中国特色大国外交论述摘编》，北京：中央文献出版社，2020年版，第 41 页。
④ 韩志斌：《地缘政治、民族主义与利比亚国家构建》，载《历史研究》，2014 年第 4期，第 132 页。

性问题、历史的困境和灾难并没有因为建国而得到根本解决。而且现代的伦理规范"不接受自治以外的任何合法性"①。民族自治和自主已经成为基本伦理，所以"塔利班可以被遏制，但不能被消灭"②。国家构建的具体性意味着政体选择的具体性。成功的政体是社会的果实——是以生产力、生产关系为基础关系的社会关系发展的果实，所以政体尤为不能嫁接。阿富汗"不熟悉的政府形式的引入削弱了政治承诺并加剧了已经盛行的腐败"③。总之，即便是国际组织也无法深入任何一个国家内部进行有效治理，任何国家的形成和构建都要有自己的具体性和自主性。

最后，国家的弱化应该是建构式弱化。"小政府"是削减、弱化国家职能的主要理论支撑，即削减政府对经济的干预、缩小政府主导的领域。这种理论往往是一个单向的弱化过程。事实上应该缩小政府的政治性，提升国家的调节功能，而不是全面退却。塔克斯勒（Tuxler）"记录了东欧国家企业被私有化之后，社会福利仍然存在，但死亡率却有显著上升"④。一旦国家缺少合理的体制框架，自由化会让它们陷入比先前还要糟糕的境地。因此，弱化论调对于抑制强权政治有一定意义，但是如果不去构建而仅是削减，往往会使社会失序。所以，"国家构建至少是与国家削减同样重要"⑤，弱化是调整而不是全面削减。总之，不

① ［美］弗朗西斯·福山：《国家构建：21世纪的国家治理与世界秩序》，郭华译，上海：上海三联书店，2020年版，第112页。
② 基辛格：《美国为何败走阿富汗》，http：//comment.cfisnet.com/2021/0831/1323789.html（访问时间：2021年8月31日）。
③ 基辛格：《美国为何败走阿富汗》，http：//comment.cfisnet.com/2021/0831/1323789.html（访问时间：2021年8月31日）。
④ ［美］理查德·拉克曼：《国家与权力》，郦菁、张昕译，上海：上海人民出版社，2021年版，第134页。
⑤ ［美］弗朗西斯·福山：《国家构建：21世纪的国家治理与世界秩序》，郭华译，上海：上海三联书店，2020年版，第17页。

论是外部原因还是自身国家理念的偏离，国家不仅多元存在而且处于"非同时代"，国家的困境使得国家获得全面影响力之后，又呈现了一定的离散性。"差异并不可怕，可怕的是傲慢、偏见、仇视，可怕的是想把人类文明分为三六九等，可怕的是把自己的历史文化和社会制度强加给他人。"① 因此，问题的关键在于世界历史需要由自发走向自觉，国家的构建需要由被动、盲目、自利转向自觉、具体、和谐。

第三节 "命运与共"的国家

共同体的基本特征就是其内部命运和遭际的共同性，如果说在世界历史形成以前各个国家共同体还尚在追求自给自足中探索与挣扎，那么随着世界历史的形成和世界市场的拉动，国家已然走向了命运与共。国家不仅在产品上相互补充、在交通上全面贯通，而且国家的构建也与世界体系联动。即国家作为人类社会漫长进程中的主要载体，是人类社会发展出来的人与人、人与群体之间的重要媒介。国家之间的彼此互动和联动已然在客观上建立起来了，这种联动不仅受外部原因的影响也与国家自身的张力特点密不可分。随着国家的发展和演进，国家张力中的秩序性和公共性也逐渐凸显，并且成为新近国家形态的基本特征。总之，"人类命运休戚与共，各国利益紧密相连，世界是不可分割的命运共同体"②。人类的前途取决于是团结还是分裂、是致力于共同体秩序建设还是"自扫门前雪"。

---

① 习近平：《习近平谈治国理政（第四卷）》，北京：外文出版社，2022 年版，第460 页。

② 习近平：《习近平重要讲话单行本（2020 年合订本）》，北京：人民出版社，2021年版，第 231 页。

一、客观建立联结的国家

自从人类出现，就形成了各种共同体形式，如家庭、氏族、部落、王国、国家等，密切了人类的交流、承载了人类的发展。时至今日，又出现了各种以共同目标、主题和任务为中心的世界组织和地域性的联合体，这些组织和一些局部联合体也在一定意义上充当了这样的角色。

第一，全球性组织的广泛建立。首先，全球性组织组建加快。随着社会的高速发展，社会事务更为繁多、体量更大，劳动程度更为复杂以及分工更加全球化，很多问题必然要在集体范围内、借助集体力量解决。已形成的国际组织网络，呈现出覆盖面广、专业性强、向纵深发展的特点。尤其非政府组织在数量上成为国际组织的主体，如 2005 年各类国际组织共有近 58859 个，其中，政府间国际组织数目为 7350 个，非政府间国际组织有 51509 个。① 非政府间组织的增多表明了全球社会内部交往趋于密切。国际组织已冲破初创时期的地域局限，深入社会生活的各个层面，如救济、运输、医药服务、邮政、电讯、海事、卫生等各个方面，参与或主导相关全球性或区域性管理规则的制订、管理机构运作，即具有了主题共同体的特征，其中欧盟和金砖国家等属于局部共同体。其次，全球组织对于共同体建设的作用。不论局部共同体还是主题共同体都可以为自觉共同体的构建提供组织基础和组建经验。组织本身具有协调的作用，而随着联结范围的扩大、容量的增大，也会形成新的特点进而产生新的功能。如组织越大，具有的包容性和弹性空间也会越强和越大，处理问题的机制也会有所变化，随着组织遍布和交叉，共同体之间的捆绑作用也会增强。最后，不同领域、不同层次、不同大小的组织中心，为成员国展开各种层次、各领域的对话与合作提供场所，

---

① 马荣久：《变化世界中的国际组织》，北京：人民出版社，2019 版，第 25 页。

是连接、沟通各成员国的纽带和渠道，也成为舆论宣传、协调成员国政策、行动的平台，因此，也是解决全球性公共问题的关键场域。总之，全球性组织的增多、专业化以及向社会领域的广泛延伸，能够带来约束力、包容性、捆绑性等巨大的联动效应，反之，在组织网络的环境下，经济、政治等对抗、冲突的成本会大大提高、风险性增强。所以，组织网络的增多和覆盖有利于社会总体趋于稳定，社会领域的复杂问题终究需要社会自身来解决。

第二，以联合国为核心的国际体系奠定了国际秩序基础。"现在谈'世界内政'并不完全是乌托邦"①，因为迄今为止国际社会已经建立了一些基本的规则，发展出了各种机制。全球秩序的建立几经探索，联合国前身"国际联盟"以及冷战秩序都具有鲜明的政治性，暴力与政治绑定在一起，在国家之间进行博弈、制衡以及压迫。随着世界市场的建立以及国际关系的生成，全球性的秩序也随之建立起来，虽然其仍然内含有自发性和单向性甚至是不平等性，但是对于全球事务的协调仍然具有重大的意义。也就是说，真正有深度的全球性秩序是随着全球化发展起来的，具有经济导向的特征。随着联合国的成立，全球秩序的运行确定为制度化的秩序，这背后当然离不开各种传统力量、因素的干预，但明显地表现为制度支撑的特征。此后，组织的构建与制度的嵌入如影随形。因此当前国际秩序主要体现为制度秩序。与人类社会最初以血缘关系来统摄秩序，之后又以暴力支撑秩序相比，制度秩序成为基本的秩序形态这一趋势是人类社会组织形式发生变迁的重要表现。制度秩序形态有利于"减少不稳定因素、提供信息以及促成谈判"②，联合国的价值

---

① 刘擎：《从天下理想转向新世界主义》，载《探索与争鸣》，2016 年第 5 期，第 67-69 页。

② ［英］克里斯多夫·皮尔逊：《论现代国家》，刘国兵译，北京：中国社会科学出版社，2017 年版，第 199 页。

理念以及以制度为中心的特征为构建人类命运共同体提供了基本的价值框架与秩序基础。联合国虽然只能发挥有限作用甚至存在运作空场，"但过去没能做成的事情，将来未必做不成"①，联合国大会强调的多边主义和国际合作价值观，以及和平与安全、发展与人权的根本主张，本身就具有长久的规范意义。

第三，国家构建的内外联动态势。国家之间战争、贸易等动态的互动进程决定了国家本身在其中不断经历着角色适应和反馈，从而塑造了各个国家的构建过程。二战后"涌现了一波去殖民化与国家构建的浪潮"②，而"在阿拉伯国家构建中大国的外在影响更为明显"③，即国内政治具有国际根源。进入世界历史以后，更需要从单个主权国家分析变成关系分析。由外部力量主导还是由内部力量决定，抑或由内外部力量共同推动的力量分布形塑着国家的构建过程和政权类型。如，一方面，世界体系会影响国家的政治形式和内部阶级关系。另一方面，"国家的存在方式并非单方面地被制约和改变，国家将同样制约和改变着全球体系和国际事务"④。即便区域共同体的发展有着自己的脉络，也要适应整体世界的改变，既要立足于自我逻辑也要顺应世界整体的发展逻辑，国家构建已经不完全是内政，而是世界性事务。这就要求以批判的精神突破传统概念，否则被局部的谋求和琐碎的诉求而拖拽反而忽视了紧迫的眼前问题。总之，虽然国家的本质没有发生太大变化，但随着全球化

---

① 刘擎：《从天下理想转向新世界主义》，载《探索与争鸣》，2016 年第 5 期，第 67-69 页。

② 基辛格：《美国为何败走阿富汗》，http://comment.cfisnet.com/2021/0831/1323789.html（访问时间：2021 年 8 月 31 日）。

③ 韩志斌：《地缘政治、民族主义与利比亚国家构建》，载《历史研究》，2014 年第 4 期，第 132 页。

④ 陈创生：《全球市民社会对国家职能的影响及其限度》，载《岭南学刊》，2009 年第 6 期，第 29 页。

的波澜起伏，国家职能的调整也确实是正在发生和已经发生的事实。

二、延续张力特点的国家

国家从诞生之日起就内含着张力，如其既承担着维持秩序的功能，又成为压迫的工具，既充当了共同体意志的代表，又在谋求着自己的私利，既有自主性又在各种力量的左右下不断转型。直至发展到现代国家，基于对国家角色和功能认知的不同，也出现了国家弱化还是强化的论争。这些论争之所以出现，仍在于国家本身发展具有各种矛盾可能，内在张力蕴含着不断发展的动力。总之，这种张力特质随着国家的发展不断延续并且在不同的时期各有侧重。

第一，国家生成之时就蕴含张力。国家生成本身就包含着张力——"这种从社会中产生但又自居于社会之上并且日益同社会相异化的力量，就是国家"①；"国家的本质特征，是和人民大众分离的公共权力"②。这种独立性与工具性不仅在于"它刚一产生，对社会来说就是独立的，而且它越是成为某个阶级的机关，越是直接地实现这一阶级的统治，它就越独立"③。正因为国家本身的张力特质，马克思才说"从政治国家同它自身的这个冲突中到处都可以展示出社会的真理"④。国家一方面是阶级统治的工具，具有压迫性和分离性，另一方面具有强大的公权力，从而调节秩序，充当社会力量的代表；一方面具有独立性，另一方面其独立性与工具的宿命又结合在一起。结合国家发展的历史进程，国家始终表现出自主性与被动性、秩序性与压迫性的双重特点。既维系社会秩序又与社会分离，既代表公益又实施专制，既具有独立性又

① 《马克思恩格斯文集》（第4卷），北京：人民出版社，2009年版，第189页。
② 《马克思恩格斯全集》（第28卷），北京：人民出版社，2018年版，第140页。
③ 《马克思恩格斯全集》（第28卷），北京：人民出版社，2018年版，第362页。
④ 《马克思恩格斯文集》（第10卷），北京：人民出版社，2009年版，第8页。

兼具工具性等。而作用在共同体上就表现为：一方面，国家的阶级性及民族国家的自利本性对共同体产生了极大的消解；另一方面，国家的秩序内核及有组织的社会力量对共同体的形成起到积极作用。

第二，国家张力的内在结构。其一，阶级压迫性与秩序调节性。国家既延续着自身的统治功能，又以不断扩大的社会性功能和趋势批判着狭隘的专断统治。其二，公共性与分离性。"国家是以一种与全体固定成员相脱离的特殊的公共权力为前提的"①，所以，作为公权力的代表凌驾于社会之上。其三，公益性与统治性。国家出现是为了保护共同秩序和利益，但是，"随着社会本身进入一个新阶段……经济统治的政治机器的性质也越来越发展起来"②。其四，守成与革新。守成包括对自我的肯定与维护，然而面对内外因素的变化，国家为了自身合法性的存续需要做出革新的反应，当然也会面临既得利益集团的阻碍，革新与守成之间会不断地发生拉扯。如果说守成与革新是诸多事物的变化逻辑，那么国家就是其中最为典型的、最为激烈的代表。其五，理想的使命与现实的矛盾。马克思曾指出，国家"它到处假定理性已经实现。但它同样又处陷入它的理想使命同它的现实前提的矛盾中"③。这里涉及国家理想的使命与现实的前提的矛盾。理想的使命作为国家存在的根本意义——维持秩序，调节阶级矛盾使社会不致在阶级矛盾中毁灭。伴随着国家秩序调节功能的完善，国家日渐被视为最为理性的公权力共同体。然而在现实生活中，这种公权力却日益成为私权力的"公权力"，它的独立性异化为工具性、公权力异化为私权力。国家到处陷入应然与实然、理想与现实的矛盾之中。

第三，国家张力的时代表现。就国家发展的最新的形式——民族国

① 《马克思恩格斯全集》（第28卷），北京：人民出版社，2018年版，第115页。
② 《马克思恩格斯文集》（第3卷），北京：人民出版社，2009年版，第219页。
③ 《马克思恩格斯全集》（第47卷），北京：人民出版社，2004年版，第65页。

家来看，其本身发展面临了诸多的问题和局限。其传统结构在很多领域已然失效，传统观念与现实实践也发生了诸多的冲突。如随着经济全球化的发展和世界组织的广泛建立，尤其现代互联网技术的蓬勃发展，关于民族国家消亡或是寻求替代民族国家的想象一度被激发。然而，近几年随着保守主义、保护主义以及民族主义的回归，国家主义论调复兴，总的来说探讨的仍是民族国家是弱化还是强化的问题。除此之外，关于政府应当充当守夜人还是建立全能型国家或者福利国家的定位也组成了围绕现代国家职能的基本争论。产生这种矛盾现象、相反认知的原因是一个需要解答的现实问题。可以肯定的是，民族国家弱化与国家弱化并不是一个概念，国家形态并不固定在民族国家也未必要终结于民族国家。

宗教在私人领域的延续也是国家张力的一种体现。宗教与国家的主要矛盾在历史上主要以宗教变成私人领域的事情得以解决，这也反向说明政治国家在宗教的领域有着自身的限度，即作为分离于社会的公权力的国家在宗教上的"无能"①。所以，如果在政治解放以后又出现了宗教大范围的回归甚至政教合一，则说明了国家功能的秩序性一面失灵。此外，在以政治秩序为统治秩序的现代国家世界中，以宗教为主要联结方式的国家难免会与世界上的政治国家产生诸多摩擦，甚至是战争。因此宗教回归不仅可能打乱本国的现代化进程，也容易导致恐怖主义的滋生。然而，"宗教的定在是一个缺陷的定在，那么这种缺陷的根源就只能到国家自身的本质中去寻找"②。即宗教复苏和极端化说明了人的现实处境的艰难，说明了现实的国家世界并没有解决施于人的桎梏。

---

① 《马克思恩格斯全集》（第3卷），北京：人民出版社，2002年版，第170页。马克思指出，"我们撇开政治国家在宗教上的软弱无能，批判政治国家的世俗结构，这样也就批判了它在宗教上的软弱无能。"

② 《马克思恩格斯文集》（第1卷），北京：人民出版社，2009年版，第27页。

总的来说，"世界的问题总是以国家的样貌加以呈现的"①，"政治国家在自己的形式范围内从共和制国家的角度反映了一切社会斗争、社会需求、社会真理"②。全球危机集中在自然界表现为自然临界点的问题，而集中在人类社会则表现为"国家问题"。国家问题异常复杂，如国家发展的非同时代、国家关系的沟壑丛生、资本主义生产方式裹挟着人的生存状态向畸形发展等。即便是现代国家、现代社会在面临新情况、新变化时也依然表现出角色失能、力不从心的一面。可以说在很长一段历史时期内人类社会发展的困境和机遇也都系于国家。因此，作为人类社会最新理念的人类命运共同体理念必然需要聚焦于国家，国家成为建构人类命运共同体的起点。而人类命运共同体理念包含的对国家的潜在批判也是促使各个国家进行反思和重构的契机。即对于国家自身来讲，只有经历共同体的批判才有利于促使国家的阶级压迫性转向社会性、分离性转向公共性、统治性转向公益性、工具性转向自主性。

本 章 小 结

不论经历了怎样的变迁，当代国家的本质与马克思、恩格斯以及列宁时代的国家的本质并没有根本的不同，这一变迁也并未从根本上改变国家是国际社会的基本单元，国家担负的管理、保障社会生活的基本功能以及国家作为国际关系的基本行为体等基本特征。然而，这并不妨碍国家在错综复杂的世界里扮演不同的角色并形成新的时代特征。从纵向

---

① 朱雪微：《人类命运共同体：当代世界的政治哲学》，载《东南学术》，2021年第5期，第9页。
② 《马克思恩格斯文集》（第10卷），北京：人民出版社，2009年版，第9页。

来讲，"国家"获得了前所未有的影响力，其通过法律、法规、伦理道德以及对意识形态的塑造对经济、政治、文化和社会等形成极大的干预和"监控"，从而强化了每个民族国家自己的合法性和独特性。从横向来讲，不同国家的差异发展也起到了确证自我标识、催化激烈竞争以及确认不同民族国家存在的作用。

国家的竞争与融合从来都并行不悖，随着现代国家的建立以及应对不确定的世界市场的需要，一方面，国家之间的交流似乎冲淡了国家之间的隔阂和边界，另一方面，国家内部的整合能力和组织能力得到了前所未有的加强。国家利益的优先性必然形成国家的本位性并难免造成竞争的困境，但是既然国家的出现是为了维持社会秩序不至于坍塌，那么国家除了继承自己的狭隘性，也要尽量维持国家内部的秩序和外部的世界秩序（适度的外部秩序是国内秩序稳定的基本环境和条件保障）。其中，生产力和生产关系向国家集中是推动国家秩序功能扩大的尤为重要的动力。随着生产力和生产关系向国家的集中，生产力的社会化本性渗透到国家，促使国家的生产职能和社会职能不断扩大，集中表现为国家职能全面社会化和转向服务型国家，这样国家就日益从形式上摆脱了某个群体的专属工具性、专制性和私利性，而不得不向"为社会"的国家转变了。此外，随着客观联系的普遍建立，以及全球危机的不断出现，处于不同发展进程的国家不得不正视团结与合作的需要，不得不深入思考如何真正地践行"命运与共"。总之，如果说人类结成社会是为了更好地繁衍与生存，那么国家为了生存和延续也需要正视广泛的、根本的共同利益，结成人类共同体，由"虚假的共同体"转向"真实的共同体"。

第三章

国家在人类命运共同体构建中的角色冲突

自从国家出现，人与世界的关系也就变成人与国家的关系。以国家观世界，任何世界问题似乎最终都可以划归为国家问题，并将世界视为国家的延伸物。① 因此，国家问题是人类命运共同体构建首要面临的重大问题，并在一定阶段影响甚至决定人类命运共同体构建的目标和基本任务。因国家构建具有收缩性和内向性，而人类命运共同体构建需要外拓性和公共性，所以国家与共同体的联系和互动也将成为世界历史形成以来人类社会的新的矛盾。具有张力特点的国家意味着国家既是人类命运共同体构建的能动主体也是构建人类命运共同体的消极主体。一方面"问题国家"和国家关系疏离必将消解人类命运共同体的构建，另一方面，世界已经建立起来的广泛联系以及国家秩序性和社会性发展的需要又意味着二者可能"和解"以及具备了同向发展的条件和线索，正如"实践一再证明，任何以邻为壑的做法，任何单打独斗的思路，任何孤芳自赏的傲慢，最终都必然归于失败!"② 总之，民族国家在人类命运共同体构建中兼具聚合的力量、积极的形象以及离心的力量、消极的形

---

① 朱雪微：《人类命运共同体：当代世界的政治哲学》，载《东南学术》，2021 年第 5 期，第 9 页。

② 习近平：《习近平谈治国理政（第三卷）》，北京：外文出版社，2022 年版，第 466 页。

象，从而呈现出了张力的态势和冲突的形象，需要正确认识这种角色冲突。

第一节 国家是人类命运共同体构建
"不可逾越"的逻辑主体

直到目前为止，人类社会的发展仍主要集中表现为国家的发展，国家的政治、经济、文化的发展水平是衡量人类社会发展程度的重要尺度。自从国家出现，人与世界的关系也就变成了人与国家的关系。以国家观世界，任何世界问题似乎最终都可以划归为国家问题，并将世界视为国家的延伸物。因此，可以说国家问题是人类命运共同体构建面临的首要的问题，其在一定阶段影响甚至决定着人类命运共同体构建的目标和基本任务。就空间向度来看，构建人类命运共同体不是单独依靠某一个或是某一些国家就能够实现的，而是所有国家和民族共同的事业；就时间向度来讲，国家自形成以来就是共同体最重要的形式和组成部分，当前越来越演进为共同体最坚实的基本单位。这也就要求，各国要"把本国利益同各国共同利益结合起来，努力扩大各方共同利益的汇合点……要积极树立双赢、多赢、共赢的新理念，摒弃你输我赢、赢者通吃的旧思维"①，"只有各国共同发展了，世界才能更好发展"②。

---

① 习近平：《论坚持推动构建人类命运共同体》，北京：中央文献出版社，2018 年版，第 132 页。

② 习近平：《论坚持推动构建人类命运共同体》，北京：中央文献出版社，2018 年版，第 7 页。

一、国家是人类命运共同体构建的历史逻辑主体

共同体曾以各种各样的客观形式存在，受制于地理分割和人们眼界的局限，表现出先前"是自发地进行的，就是说它不服从自由联合起来的个人的共同计划，所以它是以各个不同的地域、部落、民族和劳动部门等等为出发点的"①，即呈现出散落的共同体形态，随着联系的发生，共同体的形式和功能也改变了。如"城邦"共同体、"国家"共同体也都不再是原初意义上的共同体，但仍以共同体为名。这种共同体发展非常缓慢，"各种不同的阶段和利益从来没有被完全克服，而只是屈从于获得胜利的利益"②，直至马克思、恩格斯提出"自由人的联合体"的设想：到那时"社会已被组成一个自觉的和有计划的联合体"③，这种带有自发、自利性质的共同体才被具有自觉性质的共同体理念所批判。人类命运共同体理念作为对人类整体命运的自觉认知以及自觉构建不仅是对"自由人的联合体"设想的思想继承，也将成为其实现的重要阶段。

国家作为人类社会漫长演进过程中的主要载体，是人类社会发展出来的重要的人与人、人与群体之间的媒介。人类命运共同体虽然基于人类视角，并且最终以人的发展为目的，但是在当前历史发展阶段，个人能成为与国家一样地位的国际主体还是一种理想。在很长的一段历史时期构建共同体的基本主体依然是国家，国家与共同体的关系必然先于并制约人与共同体的关系，只有在国家的政治职能消亡之后，人类命运共同体才能超出国家界限成为全社会的共同价值和实践规范。简言之，虽然人类命运共同体构建的根本主体是全世界人民，但在国家没有消亡之

---

① 《马克思恩格斯文集》（第 1 卷），北京：人民出版社，2009 年版，第 576 页。
② 《马克思恩格斯选集》（第 1 卷），北京：人民出版社，2012 年版，第 204 页。
③ 《马克思恩格斯选集》（第 2 卷），北京：人民出版社，2012 年版，第 627 页。

前，构建主体必然是国家，要想建构以人为直接主体的人类命运共同体，需要首先实现以国家为主体的人类命运共同体。

二、国家是人类命运共同体构建的现实逻辑主体

国家作为人类社会的主要载体和行为体，决定了其在人类命运共同体构建中的重大历史地位，如果不将人类命运共同体构建的现实根基落在国家，那么人类命运共同体必然会丧失其理论解释力、说服力和现实效力。首先，人类命运共同体是基于国家共存的局面生成的，人类命运共同体对国家主权的尊重、依托国家并促进国家的发展的理念也是其与其他全球理念、世界设想的主要区别。其次，人类命运共同体现实作用的始终是有国界的国家人。习近平曾指出，"世界命运握在各国人民手中，人类前途系于各国人民的抉择。"[1] 这就包含了两个层面的内涵，一是人民的层面，二是国家的层面。在主权国家时代，人总是以国家为单位生存的，人们通过国家确证其生存的空间，而单个人的诉求和愿望也总是以国家为基点，个人的成长、发展也总是受到自己国家的制约。正如马克思曾指出的"人就是人的世界，就是国家，社会"[2]。"有了国家这个场域和边界，国家成为了相对自成一体的生存环境"[3]，即人类命运共同体现实作用的始终是有国界的国家人。再次，构建人类命运共同体缺少不了诸多参与主体，如国际组织、政党组织、跨国公司以及其他非政府国际组织等，但它们始终是在主权国家的框架下活动的，或因主权国家的赋权而采取行动。因此，即使人类命运共同体理念能够获得

---

[1] 习近平：《决胜全面建成小康社会 夺取新时代中国特色社会主义伟大胜利》，北京：人民出版社，2017年版，第60页。

[2] 《马克思恩格斯全集》（第3卷），北京：人民出版社，2002年版，第199页。

[3] 杜志章，田秀华：《命运共同体视域下国家发展与自然资源的关系研究——从恩格斯〈劳动在从猿到人的转变中的作用〉的经典角度透视》，载《学习与实践》，2020年第10期，第5-11页。

国际社会的普遍认可，具有了社会合法性基础，但如果没有各国政府的认可和支持，实施起来同样会受到限制。最后，国家之间的实力、地位差别、主观意志、国家间关系等也都将对人类命运共同体的构建产生直接或间接的影响。如全球性议题的生成受制于主权国家①，即议题界定要受到国家实力、国家话语权、国家影响力、国家利益等诸多因素的影响，如话语权优越的国家既可以避重就轻也可能会无中生有，再或者将内部矛盾外化或者将外部矛盾、自然矛盾政治化等，从而导致全球议题的偏差。此外，在人类命运共同体构建进程中发挥作用的诸多建构形式和行动机构，也必然要受主权国家的制约。因此，不论依照权力来源的角度，还是从国家越来越具有全面影响力的角度来看，都意味着意欲对人类面临的总体问题进行理论和实践解答的人类命运共同体，必然要直面国家。人类命运共同体的构建主体、构建的现实的起点不可能离开国家，而且中坚主体和现实推动力量也只能是国家。

自人类命运共同体倡议提出以来，中国做出表率并全方位践行。中国从对基础联通项目的推动到对人类命运共同体理念的传播都做出了巨大的努力。"一带一路"倡议作为推动国家关系转变以及国家内部构建不断完善的重要举措，成为新秩序建构的转化点和着力点。"一带一路"不仅以新的理念重塑国家之间的关系，还致力于强化东西方、国家间历史交流的"遗产"和传统，既唤起历史的记忆也在以实实在在的行动加深人们在空间上的联系。中国还倡议创建了亚洲基础设施投资银行，推动亚洲的基础设施建设。从 2017 年起，人类命运共同体理念

---

① 克劳斯·丁沃斯、菲利普·帕特伯格、晓谢：《如何"全球"与为何"治理"？全球治理概念的盲点与矛盾》，载《国外理论动态》，2013 年第 1 期，第 27-33 页。他们在文中提出了相关思考，如为什么某些议题逐渐被公开视为或者构想为全球治理议题，另一些议题却不是如此。何谓"全球性的"政策问题？我们如何才能识别它？仅有部分议题被构想为全球政治问题，而其他问题要么仍属于国内挑战，要么根本不被认为是"问题"。

开始陆续写入联合国决议。此外，中国改革开放、和平发展、科教兴国以及国家之间和平共处"五项原则"的理念也在影响着其他国家建构的理念和发展的进程，为广大发展中国家提供了更多的中国方案和中国智慧。总之，中国巨大的经济规模与贸易体量以及中国对经济全球化与文化多样化的坚定支持，强力地推进了世界联结，中国不仅成为全球化的重要引领力量，也正在成为国家向好发展和共同体秩序构建的中坚力量。新兴国家群体的崛起及其积极要求参与全球治理的诉求，以及一些合作包容、互惠发展的国际组织也在客观上起到了加速人类命运共同体秩序建构的作用，如中国—东盟合作机制、金砖国家峰会、上海合作组织等，其合作理念和模式起到局部改变旧的国际秩序和合作规则的示范作用。世界上还有一些谋求稳定与和平发展的国家，如以经济发展为中心的国家、政治敌对性不强的国家都可能成为建立和平秩序与摒弃对抗秩序的潜在推动力量。

　　总之，人类命运共同体虽然是从全人类存在发展、命运与共的维度出发，然而在当前历史发展阶段，构建人类命运共同体必然要面对国家，共商共建共享的第一个层面也只能是国家。即人类命运共同体虽然主张把人的存在和发展置于首要地位，但因为有主权国家这一"中介"，就必然决定了国家的不可逾越。即发端于国家时代的人类命运共同体，其构建实现的长期困境和机遇也都系于国家，若想建立人与人之间的命运共同体，就要首先建立国家与国家之间的命运共同体。

第二节　国家应然扮演人类命运共同体
构建的积极角色

　　国家自形成以来逐渐演进为人类共同体的坚实的基本单位。人类命运共同体力求解决国家面临的问题以及国家之间的问题，因此国家理应成为推动人类命运共同体构建的积极主体，而且国家的社会化发展趋势以及秩序功能也可以成为推进自身建设和人类命运共同体构建的积极性因素和条件。具体来说，国家构建与人类命运共同体构建的可能联动和契合、国家秩序功能与人类命运共同体秩序的一致性以及国家利益与共同体利益对立空间的缩小等都意味着国家可以扮演人类命运共同体构建的积极角色，基于国家发展的多样化成果，"让世界多样性成为人类社会进步的不竭动力、人类文明多姿多彩的天然形态"①。

一、国家构建机制与人类命运共同体构建相契合

世界体系需要国家，尤其需要多元、自足与和谐的国家，多元国家的存在赋予世界多样性和差异性，从而为世界的发展提供了多种可能和活力，国家也需要一个更好的体系和更大的空间来生成与发展自身的结构。全球化的基本启示之一就是要从单个主权国家分析变成国家间关系分析，国家建构与国际秩序建构必然相互关联。人类命运共同体构建的逻辑本身不仅包含了对国家多元现状和多元实践的肯定，也为国家的建构和发展提供了基本方向和指针。

第一，国家建构的外部制约。首先，随着世界历史的形成，国家之间的公共空间和公共事务也在不断增大、增多。此外，全球危机的出现不断压缩着每个国家的外部自主空间，因此，国家要转变自身的内向性和收缩性，寻求外向性发展和积极合作。这里的公共空间不仅指"公地"空间，也指公用空间，即国家之间面临着资源和事务的"重叠"，这就意味着没有国家可以脱离公共空间而在真空中生存，国家的发展不

---

① 习近平：《习近平重要讲话单行本（2020 年合订本）》，北京：人民出版社，2021年版，第 169 页。

能也无法做到"独善其身"。换言之，公共空间的增多必然带来更加广泛的联系和制约，从而难以有单纯的国内问题和国外问题，而更多的是权责共担与利益共享。其次，在世界历史背景下，国家建设日益趋同。从经济层面讲，面对世界市场的深度联系，一个国家不可能包揽生产的每个环节，必要的国际分工与合作是人类社会历史进步的产物；从政治层面来讲，共同体环境意味着国家问题和国家困境所带来的效应会在全球范围内蔓延，即负面效应扩散。反之，因为受力点增多、约束面变广带来的彼此制约和联动也有利于一些重大负面问题的解决，如国家因受制于国际关系网及国际关系合力的影响会向着较平衡的样态和趋势发生转向和变革，这种相互制约的变革也就为趋同发展带来了可能。目前已经在很多领域表现出这种趋同，"政府都进行人口普查、制定宪法、参加国际组织、建立教育部门等"[1]，事实上国家之间为开展双边和多边合作，也都在彼此磨合、求同。最后，国家构建理念要符合基本的国际正义。虽然就现在来讲，国内利益、正义还是高于国际正义和人类共同利益，但是国家的理念和伦理还是要符合一些公认的正义，全人类的共同价值是广泛存在的，而与国际社会伦理大相径庭的独特标准和价值观也必然难以形成广泛的共鸣和有效的约束力，即价值观的巨大差异必然会为本国在国际社会上的融入和发展带来巨大阻力。因此，国际社会始终存在着一种普遍的制约国家构建的价值准则，如习近平所强调的"和平、发展、公平、正义、民主、自由是全人类的共同价值"[2] 就在一定程度上规范了大致的交往伦理，从而为共同体的构建奠定基本的价值秩序。

　　第二，国家的秩序功能与人类命运共同体秩序构建的契合。秩序是人类社会存续的前提、运转的条件，在一定意义上，人类社会形态的变

---

① ［美］理查德·拉克曼：《国家与权力》，郦菁、张昕译，上海：上海人民出版社，2021 年版，第 23 页。

② 习近平：《习近平谈治国理政（第四卷）》，北京：外文出版社，2022 年版，第 446 页。

革也是秩序形式的变革。国家从出现伊始就"把自己的生存权建立在对内维持秩序对外防御野蛮人的基础上"①，国家的使命也是"把冲突保持在'秩序'的范围以内"②，"为了不致丧失已经取得的成果，为了不致失掉文明的果实"③，就要维持社会持续发展的秩序。因此不论经历古典古代社会、封建社会还是经历资产阶级社会，其中的"过去的一切革命都是使国家机器更加完备"④，国家秩序不断得以加强和巩固。可以说秩序是国家生成和合法性的根基，一旦维护秩序的能力下降，国家的权威也会下降。所以，不论国家多大程度异化于社会，也总是要尽力沿着防止社会坍塌与建构秩序的方向发展，即总要履行其秩序功能。历史地来看，如果说氏族的联结在于血缘，国家的联结在于神话、暴力以及民族情绪，那么人类命运共同体的联结就在于完善的秩序。基于国家和人类命运共同体都必然要有秩序的视角，可以说国家的秩序功能将是促进人类命运共同体构建的积极的因素。而且人类命运共同体秩序一旦形成，就必然承担起外在制约性的功能，规约国家的内部秩序向好转变，而好的国家内部秩序也为人类命运共同体的构建提供了建设性的环境和条件。此外，随着世界历史的形成和世界市场的出现，国内秩序延续到国际，国际秩序反作用到国内，国内秩序与国际秩序也迎来了深度同构的时代背景。

二、国家交往是人类命运共同体构建的前提

习近平指出，"要把握经济全球化发展大势，支持世界各国扩大开

---

① 《马克思恩格斯全集》（第 28 卷），北京：人民出版社，2018 年版，第 175 页。
② 《马克思恩格斯文集》（第 4 卷），北京：人民出版社，2009 年版，第 189 页。
③ 《马克思恩格斯文集》（第 10 卷），北京：人民出版社，2009 年版，第 43 页。
④ 《列宁选集》（第 3 卷），北京：人民出版社，2012 年版，第 133 页。

放，反对单边主义、保护主义，推动人类走向更加美好的未来。"① 人类命运共同体的构建离不开国家间的交往，国家间交往的程度和范围不仅取决于国家间利益，而且也取决于生产力尤其是技术和生产社会化的发展。一方面，如果国家间存在着广泛的共同利益，那么进行交往和合作的动机就会增强，进而有利于加深相互理解和培育共同体意识；反之，如果国家间存在着深刻的利益冲突，则会引起严重的对抗，对共同体的建构形成阻碍。另一方面，国家内部生产力发展以及国家管理和功能的社会化趋势，也有利于促使国家之间普遍交往的建立，从而有助于推动构建人类命运共同体。

第一，国家间的共同利益是构建人类命运共同体的基础。对于"为了维护共同利益（例如在东方是灌溉）、为了抵御外敌而发展成的国家"② 来说，利益问题是其核心问题。然而，自世界历史形成以来，国家利益变得更为复杂，既涉及利益视角的重新定位，也涉及利益主体的重新确立，其中最为崭新的变化就是需要思考国家利益与人类命运共同体利益的内在关系。要实现国家间的联合或共鸣，构建人类命运共同体就其根本来说还是要找到彼此的契合点，找到彼此的共同利益。不论是基于世界市场的视角还是基于全球生态的视角，人类命运共同体的构建都需要以国家间的共同利益为基础，而这个共同利益是与各个国家民族间的共同利益，即与整个人类生存和发展的利益是紧密相连的。人类命运共同体或全球的利益不是国家利益的静态相加，而是国家之间综合和总体利益的正向激荡，难以拆分。反之，"国家利益高于全球利益"的认知在很大程度上基于利益可拆分的假设认知。事实上，在密切联系

---

① 习近平：《习近平重要讲话单行本（2021 年合订本）》，北京：人民出版社，2022年版，第 141 页。
② 《马克思恩格斯全集》（第 26 卷），北京：人民出版社，2014 年版，第 156 页。

的当今世界并不存在长期的单独盈利，即利益并不能够做到简单明确的拆分，如"第三世界的崩溃也会危及第一世界的复苏"①。此外，在过去竞争资源的世界里，利益冲突似乎在所难免，但在当前自然界资源尤其关乎基本生存活动的必要资源几乎都达到临界点，在人类无尽的需求下这种情况将先后在各个领域发生，这意味着对抗的成本会越来越高、代价会越来越大。因此，谋求利益共生就成为国家存续的基本条件。世界市场与贸易自由也为消除国家之间的利益对立、实现利益共生创造了条件，因为"随着工业生产以及与之相适应的生活条件的趋于一致，各国人民之间的民族分隔和对立日益消失"②。总之，在世界历史背景下，国家间的共同利益是实现人类命运共同体的基础，只谋求本国的国家利益会造成彼此的挤压、拖拽，造成全人类的发展"内耗"，最终都将深陷狭隘的利益困境难获自由。

第二，国家交往的社会化发展有利于推动构建人类命运共同体。首先，生产方式向国家集中推动了国家的社会化发展。马克思、恩格斯在《德意志意识形态》中指出，"一定的生产方式或一定的工业阶段始终是与一定的共同活动的方式或一定的社会阶段联系着的。"③ 随着国家获得了全面的影响力，工业和交换发展到了新的阶段，人类的共同活动也越来越集中于国家，国家特征愈发明显。如由国家制定各行各业的标准和法律，兴办国有企业，修建基础设施以及以国家身份进行国际贸易等，总体表现出生产力和生产关系日益向国家所有集中。这种趋势与国家政权体系的日益完善不无相关，然而最大的动力还是源于生产力

---

① ［美］斯塔夫里阿诺斯：《全球史纲——人类历史的谱系》，张善鹏译，北京：北京大学出版社，2017 年版，第 229 页。

② 《马克思恩格斯文集》（第 2 卷），北京：人民出版社，2009 年版，第 50 页。

③ 《马克思恩格斯文集》（第 1 卷），北京：人民出版社，2009 年版，第 532 页。

"已经发展到私有制和资产者远远不能驾驭的程度"①，即这种向国家的集中与生产力的社会化发展并行不悖。依照生产力不断冲破地域限制和社会化发展的趋势和逻辑，生产力归国家所有以及生产和管理的国家化趋势最终将发展为共同占有，即生产力集中于国家是集中于人类命运共同体的过渡阶段和形态，以国家为中介的占有最终将被全人类的共同占有所取代，这种过渡在马克思、恩格斯那里表述为"解决冲突的形式上的手段，解决冲突的线索"②。其次，国家的社会化发展将成为人类命运共同体构建的内在推动力。国家为了保持合法性，需要回应社会不同群体、阶层的需求和偏好，需要以社会权利的形式来实现自身的运作，随着各种资源向国家集中，国家的公共职能、公共服务能力以及围绕协调社会的公共目的而设置任务的能力也得到了发展和提升。经济全球化背景下的现代国家还要解决世界性的社会问题，这要求国家进一步突破国家的地理界限和利益藩篱，以更多的社会化职能来回应世界问题。国家社会性的提高和社会化的发展趋势，不仅意味着经济的规模化、组织化发展以及社会的系统化发展，而且国家社会化发展本身也蕴含着对物的整体有效管理的趋势，即符合"对人的统治将由对物的管理和对生产过程的领导所代替"③的发展趋势，这种发展的趋势和方向将成为国家向人类命运共同体发展和转变的内在动力。简言之，国家的社会化发展本身就是向人类命运共同体迈进，因此，当前的任务还是尽可能地建设好诸多小共同体，这对于人类社会的稳定，保存和延续已有的生产力、知识和财富具有极其重要的现实意义，也将成为局部共同体与人类命运共同体稳定过渡的基本前提。总之，人类命运共同体的构建

---

① 《马克思恩格斯选集》（第 1 卷），北京：人民出版社，2012 年版，第 303 页。
② 《马克思恩格斯全集》（第 25 卷），北京：人民出版社，2001 年版，第 408 页。
③ 《马克思恩格斯选集》（第 3 卷），北京：人民出版社，2012 年版，第 668 页。

固然遵循了人类社会历史发展的客观规律，但是更为重要的是人类有意识地认知和自觉参与，被历史推动的盲目参与和自觉回应设计具有不同的效力和意义。

第三节　国家实然构成了人类命运共同体构建的消极因素

虽然全球性问题已成为客观性的存在，并一定程度上倒逼国家间合作的加强，但是"问题国家"、本国利益至上原则以及由于国家之间竞争和对抗导致的国家关系疏离等，都将给国家共识的增强以及国家之间共商共建共享局面的形成带来阻滞和挑战。具体来说，即便进入 21 世纪，除了关注发展主题的国家之外，也还有不少国家仍踯躅于"破坏"的问题，而尤为值得关注的是那些给世界发展带来明显阻滞和困境的"问题国家"。除此之外，现实主义国家理念导致的以邻为壑、人类共同体意识难以突破国家意识的局限以及国际组织功能有限等问题都将给人类命运共同体的构建带来长期不可忽视的消极影响。总之，各自为政、以邻为壑"不仅无法摆脱自身危机和衰退，而且会收窄世界经济共同空间，导致'双输'局面"[1]。

一、"问题国家"对人类命运共同体构建的挑战

美国学者和政要曾经提出过"流氓国家"和"失败国家"的说法，认为 21 世纪这两种"新型"国家的出现很危险。[2] 其提出的立场和视

---

[1]　习近平：《论坚持推动构建人类命运共同体》，北京：中央文献出版社，2018 年版，第 368 页。

[2]　[英] 克里斯多夫·皮尔逊：《论现代国家》，刘国兵译，北京：中国社会科学出版社，2017 年版，第 231 页。

角无疑是以美国为中心和以美国利益为导向的。这里提出的"问题国家"是以共同体的立场为基点和视野的,一般指消磨其他国家,给国家关系带来负面、消极影响的国家,突出地表现为国家问题的外化。如果说国家发展缓慢还尚属于国家自身的困境,那么"问题国家"带来的负面效果外溢,则给世界整体的发展带来了阻滞,成为世界秩序混乱的重要根源。如战乱问题,或者将自身危机转嫁,干涉、盘剥他国等导致秩序混乱或危机外溢等,从而导致跨国交通瘫痪、难民大量外涌,以及世界性生产和消费循环链条的中断等。因此,"问题国家"的存在会给国际社会带来长期不可预料的消极后果,给全球的和平与稳定以及人类命运共同体的构建带来极大的挑战。"问题国家"本身隐含着双重命题,国内问题的出现以及国家内部问题向国外蔓延。"问题国家"在当前突出地表现为极端原教旨主义、宗教政权的回归、民族主义工具化以及干涉主义国家等。

极端原教旨主义以及宗教政权的回归催化了"问题国家"的出现。宗教复兴现象有两大代表,"一是伊斯兰教教旨主义,二是解放神学"[1]。宗教复兴导致了一系列的后果:"宗教原教旨主义在全世界的上升,激励了以宗教为连结的网络从公共政治中重新脱出"[2],在宗教传统浓重和偏执的地区引发了抵抗现代化、民主化以及以各种形式禁锢和剥夺自由的现象,从而影响了一些国家构建的进程。此外,甚至在有些地区还出现了恐怖主义与宗教结合的极端现象。宗教势力抬头,侵染世俗政权严重的地区往往也是战乱频仍、发展缓慢的地区,这些地区的国家政权呈现出衰微、断裂或者是缺位的状态。一般来讲,极端问题一旦

---

① [美]斯塔夫里阿诺斯:《全球史纲——人类历史的谱系》,张善鹏,译,北京:北京大学出版社,2017年版,第233页。
② [美]理查德·拉克曼:《国家与权力》,郦菁、张昕译,上海:上海人民出版社,2021年版,第148页。

与政权结合，就超出了国家的"秩序"范畴。其中，宗教与政权结合形成的宗教国家很可能与国家现代化和民主化的潮流背道而驰。

民族主义工具化加速了"问题国家"的产生。民族主义随着民族国家的诞生获得了强化，其出现不单基于种族认知和文化的积淀，也"关于起源群体之爱对邻人的仇恨"①，所以其形成本身包含了一定的排外性，含有以暴力手段维护自身的合法性。民族主义思维方式与现代性推崇的个人主义有契合之处，表现出利益至上和民族独享的竞争逻辑。因此，很多民族主义的意识形态是扩张主义，这使得民族之间的摩擦进一步强化或扩大，其中好战的民族主义往往充当世界大战和国内斗争的"急先锋"，如"1945年之后几乎所有的内战都是由民族或地区问题所引起的"②。民族主义还混合了各种因素，进而发生质变、变种，形成极端民族主义，如泛民族主义、经济民族主义、民粹主义、沙文主义等，近年来结合了种族问题和民族论调的种族主义也时有发生。具有巨大危害的法西斯主义、纳粹主义也与民族主义有一定的关联，虽然法西斯和纳粹已经普遍受到抵制，但并不排除其产生新形态的可能，因此要高度警惕。总之，民族主义极端化为工具民族主义的趋势愈发明显，民族主义工具化，"既可能强化某些强国，也可能毁灭某些弱国"③，最重要的影响是形成威胁世界稳定的"问题国家"。

表现为新干涉和霸权主义的"问题国家"，其影响也日益突出。干涉和霸权由来已久，可以说自从有了国家，干涉和霸权就存在，帝国的形成是霸权行动逻辑的结果，而两次世界大战的发生也无不包含了霸权

---

① 〔西〕费尔南多·萨瓦特尔：《政治学的邀请》，魏然译，北京：北京大学出版社，2009年版，第171页。

② 〔美〕理查德·拉克曼：《国家与权力》，郦菁、张昕译，上海：上海人民出版社，2021年版，第139页。

③ 〔西〕费尔南多·萨瓦特尔：《政治学的邀请》，魏然译，北京：北京大学出版社，2009年版，第81页。

与侵略。当今世界干涉和霸权产生了新的特点，即主体相对单一而客体多元。主体相对单一主要是指二战后绝大多数国家面临恢复和发展，干涉意愿不强以及霸权能力不足。客体多元，主要是指被干涉的对象呈现出多元、多层的特点。如果说一战、二战是硬对硬的较量，那么二战之后的霸权和干涉就增加了"居高临下"的特征，不论什么发展水平的国家都可能成为干涉和制约的对象。此外，干涉的形式和介入手段也日趋多样化，除了暴力手段之外，也从经济、政治、意识形态等领域进行全面的影响和干涉。新干涉和霸权主义强烈地影响了一些国家的构建、发展以及和平稳定的世界局势。有的国家转向宗教政权与其长期被干涉、国家的自主性持久被压抑不无相关。比如"连年战争不仅没有建立一个反恐的稳定据点，反而让伊拉克变成叛乱和逊尼派与什叶派暴力发生的温床"①。外来的强烈而持久的干涉中断了一个国家自我探索发展的进程，最终往往导致了国家的破碎或者宗教国家的产生。

二、国家关系疏离对人类命运共同体构建的消解

回溯以往的国际关系模式，各个国家往往各行其是、各有所图。弱小国家外交政策以避害为主，而强大的国家外交政策以获利为主，实力一般的国家或者附属国家外交政策可能采取搭便车的方式，即便有国家间的合作，也主要是基于共同的利益或共同的威胁，一旦共同的对象消失，合作也就往往随之消失。总之，"各个国家参与全球事务的动机有可能是被动的也有可能是权宜的还有可能是专注实现自身利益的手段"②。国家关系的竞争性逻辑不仅制约了国家自身的建设，也致使国

---

① ［加］T. V. 保罗：《软制衡从帝国到全球化时代》，刘丰译，上海：上海人民出版社，2020 年版，第 114 页。

② 李宁豫：《国家利益与国家角色：分析中国与国际体系关系的两种视角》，载《太平洋学报》，2003 年第 2 期，第 78-86 页。

家间矛盾不断叠加，不仅使世界继续动荡不安，还迁延了世界性、公共性问题的解决。

现实主义国家理念对世界和平秩序的消解。以往的国际关系模式奉行现实主义国际战略，在现实主义者看来，"国际政治是人类集团之间为获取安全、威望和权力而进行的一场持久的斗争"[1]。即便是国家合作，也往往是基于共同的利益或共同的威胁，一旦对象消失，合作也就消失。现实主义国际体系是以权力和利益为核心的互动模式，并且视军事力量为政治事务的最终决定力量。在这种理念的加持下，即便战争史转向全球化后的经济发展史，国家之间的交往模式也仍然囿于零和理念和霸权观念。零和理念由来已久，马克思曾指出旧的政治制度的规律："一国之所得即是他国之所失。"[2] 因此，包含零和理念和霸权观念的现实主义国家观也必然将国家视作争权夺利的工具，其结果是不仅制约了国家本身的构建和发展，也从根本上影响了生成全球性的理念。现实主义国家观也是由国家的阶级性和分离性本质决定的，人类社会的阶级形态也必然表现在国家之间。世界体系的无政府特点又在一定程度上强化了民族国家的工具性，加剧了国家的分离，即当今的世界秩序自发性有余、自觉性不足的特征为现实主义的权力和实力法则留下了空间。总之，国家之间的竞争性逻辑不仅限制了国家自主转型的空间，也限制了世界和平秩序的构建。因此，即便是在经济相互依赖的时代，即便在联合、合作的维度上，也仍然表现出民族国家的绝对利己性和对整体世界的离心力，呈现出本国本位主义、国家间信任缺失、全球大局观缺失、人类共同体意识缺乏的状态。

人类共同体意识仍无法突破国家本位主义意识的局限。现在的国际

---

① 于铁军：《进攻性现实主义、防御性现实主义和新古典现实主义》，载《世界经济与政治》，2000年第5期，第31页。

② 《马克思恩格斯选集》（第3卷），北京：人民出版社，2012年版，第69页。

体系"在国家内部的政治生活与国家之间的政治交往之间形成了明显的断裂和对比"①。即便面临全球问题，囿于国家之间的隔阂，也难以达成全部共识和采取一致的行动。也就是说，在没有世界自觉的前提下，民族国家经常表现出离心性，竞争和对抗逻辑总是横亘在共同体的建构面前，即国家之间冲突不断、世界秩序动荡不安。虽然历史向世界历史的转变是一个基于物质的过程，但是向自觉的世界历史的转变还是一个需要唤起人的自觉意识的过程，即人类意识到人类作为统一体而存在和发展的过程。人类命运共同体理念提出之后受到不少责难和质疑，一是因为面对政治国家纷争不断的历史和现实分离的局面，从而对于构建人类命运共同体缺少信心；二是因为目前的"人类意识"② 还局限在民族和国家之内，即共同体意识本身的局限。首先，国家仍是守卫森严的价值观和情感的边界。每个国家都在历史中形塑着自己的国家意识和理念。国家的边界、民族意识的培育经历了反复的实践淬炼和习惯的定型，从而使人类社会的交融产生了界限。而种族战争所造成的种族隔膜，如侵略史、殖民史、种族灭绝史等都在强化这个边界。因此，"想要在文化价值的阶梯上上升绝非易事"③。其次，极端民族主义、国家利益至上原则以及零和思维阻碍了人类共同体意识的形成与发展，导致集体意识停留在民族意识之内。种族意识、零和思维的核心理念是"我"与"非我"，抵制了人类意识和全球责任意识的形成。最后，由"国家"的成熟和惰性导致彼此分离的惯性强化。文明发展有各自的土

---

① ［美］贾恩弗朗哥·波齐：《国家：本质、发展与前景》，陈尧译，上海：上海人民出版社，2019年版，第25页。

② 2020年12月1日，武汉大学赵士发教授在华中科技大学以《新冠时代下人类命运共同体的构建》为题的讲座中阐述了人类意识。他认为人类意识主要是指具有世界意识，从人类的整体立场出发与思考。

③ ［美］理查德·拉克曼：《国家与权力》，郦菁、张昕译，上海：上海人民出版社，2021年版，第73页。

壤和历史，这也是国家得以存续发展的土壤。即便世界交流加深了彼此的联系，形成了一定的世界文明，但与成熟的地域性文明相比影响力还远远不及。换言之，与民族遗产和民族文化相比，世界性的遗产才初露端倪，即民族历史远多于并高于世界历史。总之，种族观念、国家意识以及国家理念还停留在强者生存、弱者危机等层面，难以真正将"他者"转化为"我们"。

本 章 小 结

"过去几年来，源自中东、北非的难民潮牵动全球，数以百万计的民众颠沛流离，甚至不少年幼的孩子在路途中葬身大海，让我们痛心疾首。导致这一问题的原因，是战乱、冲突、地区动荡。"[1] 在"国家"仍为主要社会组织形式和人类社会载体的时代背景下，世界的矛盾集中地凸显在国家内部以及国家之间，因此，不仅国家关系的根本基点在于"国家"，构建人类命运共同体也必须首先关注国家，国家本身的问题以及国家之间的分离关系成为人类命运共同体构建的重大挑战。生产力水平的极大差异难以形成同样分量的参与，彼此防范远大于信任，国家始终是统治阶级的国家，统治阶级狭隘的利益诉求也难以形成正向的合力等，都制约了民族国家对人类命运共同体的参与构建。国家建构和发展遭遇的困境和问题，也必然是人类命运共同体面临的困境和问题。然而即便存在不少挑战，国家本身的构建机制与发展需求仍与构建人类命运共同体具有一定的契合度和同向性。国家利益与共同体利益的根本一

---

① 习近平：《论坚持推动构建人类命运共同体》，北京：中央文献出版社，2018 年版，第 401 页。

致，国家的秩序功能和社会化的发展方向与构建人类命运共同体的内在契合，国家需要一个更好的体系和更大的空间来生成与发展自身的结构，国家利益的实现越来越依赖于世界利益的实现等，都意味着国家本身可以扮演推进人类命运共同体构建的积极角色，正如马克思所指出的，"凡是民族作为民族所做的事情，都是他们为人类社会而做的事情，他们的全部价值仅仅在于：每个民族都为其他民族完成了人类从中经历了自己发展的一个主要的使命（主要方面）。"①

世界体系也需要国家，尤其需要美好与和谐的国家，国家与人类命运共同体之间的相互影响是多维多重的，国家内部的自我运动以及国家之间的相互运动从来都是辩证的。根据矛盾规律和动力逻辑，人类命运共同体的构建动力也必定内生于国家与人类命运共同体的同向性和异向性发展的矛盾运动之中。因此，在世界历史的背景下要正确看待国家的角色和作用，以及各民族国家及其发展现状对人类命运共同体构建呈现出的双重影响。深入思考国家与人类命运共同体的内在关系以及可能的相互作用机理对于研究人类命运共同体及其构建具有重要的理论和实践意义，也有助于进一步警醒，"如果以邻为壑、隔岸观火，别国的威胁迟早会变成自己的挑战"②，"只有各国共同发展了，世界才能更好发展"③。

---

① 《马克思恩格斯全集》（第42卷），北京：人民出版社，1979年版，第257页。
② 习近平：《习近平在联合国成立75周年系列高级别会议上的讲话》，北京：人民出版社，2020年版，第9页。
③ 习近平：《习近平关于中国特色大国外交论述摘编》，北京：中央文献出版社，2020年版，第29页。

第四章

人类命运共同体构建中的国家角色定位

"要超越国家、民族、文化、意识形态界限，站在全人类高度，推动构建人类命运共同体，共同建设好我们赖以生存的地球家园。"①历史不会自动完成发展的进程，推动历史和被历史裹挟是完全不同的进路。构建人类命运共同体既需要立足物质前提也需要把握现实契机。如果任由历史自发地进行，极有可能在人类社会内部危机还没解决之前，人类就已经面临了自然危机的绝境，如除了气候变化和资源枯竭，还有可能面临更多的突发性灾害和疫情等。因此人类要自觉推进人类命运共同体的构建。马克思认为在将来某个特定的时刻应该做些什么，"对这个问题的唯一的答复应当是对问题本身的批判"②。也就是说，有效构建必须澄清前提、审慎地反思现状，进而才能形成合理的视角和理念。就现在来说，构建人类命运共同体首先需要对国家进行批判，即对如何克服国家的自利发展和分离关系以及对利己、霸权、对抗性的国家理念进行批判，进而促使国家向人类命运共同体构建的积极主体角色转变。总之，考察国家及其与人类命运共同体的关系要始终立足于历史的思考和时代的批判。

---

① 习近平：《习近平关于统筹疫情防控和经济社会发展重要论述选编》，北京：中央文献出版社，2020年版，第29页。
② 《马克思恩格斯选集》（第4卷），北京：人民出版社，2012年版，第541页。

第一节　以批判推动国家秩序转变

习近平指出，要"更加重视科学精神、创新能力、批判性思维的培养培育"①。批判是说明、解决问题的入口，是理论的生成渠道，也是实践的巨大动力，是形成历史自觉的基本前提。所有文明的发展都离不开反思和批判。如果没有马克思主义和共产主义运动的早期批判，就没有今天资本主义国家工人境遇的改善和社会主义国家的崭新实践。历史发展"很少而且只是在特定条件下才能够进行自我批判……所以总是对过去的形式作片面的理解"②。换言之，批判是全面理解的开始，是人类建立自觉意识、开展自觉行动的开始。随着人的自我意识和思考能力的提高，以及对世界变化的本质认识的深入，应该能够以批判的、超越的眼光观察世界。"人类命运共同体"的形成，遵从了批判的逻辑，不仅反思与批判是其形成的重要动因，而且人类命运共同体理念以及构建人类命运共同体本身也必然具有批判的作用和变革的意义。总之，批判是事物发展、社会革新的重要动力。

一、批判视角适宜分析张力关系

如前文所述，民族国家本身的发展兼具了离心力量和聚合力量两种趋势，形成了基本的张力结构和态势。张力状态是国家与人类命运共同体关系的基本逻辑之一，张力的辩证特点恰适宜批判的辩证分析。因此，确立批判的视角就成了秩序转变和人类命运共同体构建的基本前

---

① 习近平：《习近平谈治国理政（第三卷）》，北京：外文出版社，2022年版，第202页。

② 《马克思恩格斯文集》（第8卷），北京：人民出版社，2009年版，第30页。

提。然而，作为张力状态的两端，人类命运共同体与国家间的关系是不对称的。人类命运共同体还更多停留在理念层面，而国家作为一种现实的强大的力量和形态已经获得了长足的发展，所以国家问题是必然要首先批判的问题。就国家的发展现状来讲，各种利己的力量相互交织在一起，形成了全球领域的自发局面，在解决全球性的人类共同问题时，不是以往的解决方式效果有限就是动力不足，致使问题拖沓蔓延、反复叠加，扩大了问题的全球性后果，因而需要在导致张力存在的物质层面和现实的社会关系中展开批判。

（一）国家的张力蕴含着革新的契机

张力蕴含着建构的动力。国家的张力存在意味着其自身能够经历革新、延续生命力，随现实要求的变化而发生变革转型。正如马克思的洞见：“从政治国家同它自身的这个冲突中到处都可以展示出社会的真理。”① 因此，国家构建一直在进行，国家为了保持自己的合法性，充分实现自己的形式即秩序功能，需要不断地解决困境，随现实要求的变化发生一定的转型。其中最主要的是要随着生产力的发展而不断发展，适应并调节新的生产关系和社会关系。即“国家”的张力结构本身对国家的发展形态和表现形式会产生诸多的影响，如国家政权体系的形式、国家组织的程度、国家自主性的形成以及政权与社会联系的紧密程度等差异实际上也体现出了国家本身具有巨大的张力。“国家”的张力结构也影响着国家的性质，如国家政权体系是否在发生作用、国家组织的程度、与社会的联系以及动员的力量、自主性等。这就意味着立足于国家社会化的发展趋势和国家自主性的提高，变革力量可以在国家体制内进行突破。这为国家的转型和新的秩序的构建提供了入口、动力和可能。总之，内在张力也必然蕴含着不断发展的动力，就国家自身来讲，

---

① 《马克思恩格斯文集》（第 10 卷），北京：人民出版社，2009 年版，第 8 页。

国家既延续着自身的统治功能，又以不断扩大的社会性功能和趋势批判着狭隘的专断统治，因此，国家的发展常常表现为守成与革新。

秩序是人类社会存续的前提、运转的根基，构建人类命运共同体的新秩序，既要正视国家的张力也要利用张力，构建人类命运共同体也并不是弱化国家而是重建国家，需要立足国家的秩序功能同向构建国家与人类命运共同体。人类社会最初以血缘关系来统摄秩序，之后是暴力秩序，再后来随着生产力的提高，以商品的生产和交换为主要秩序。因此，人类社会维系和形态的变革也称得上是秩序形式的变革，而除此之外似乎没有什么是不能打破的。换言之，历史的推进和社会形态的演进实质上是秩序功能完善和体系形态的演进。以国家为例，秩序是国家生成和合法性的根基，国家作为社会的基本载体和组织形式，其首要的作用是将社会整合起来，给社会以基本的秩序，"把冲突保持在'秩序'的范围以内"①。换言之，不论其多大程度异化于社会，国家的作用终究要指向人类社会，不论存在着怎样的矛盾，最终仍会沿着秩序方向即防止社会不会坍塌的方向发展，否则国家的根基也将不复存在。构建人类命运共同体其实就是构建一种新的秩序。这种新的社会秩序旨在降低人类社会内耗，最大限度地促进人类社会可持续运转。随着世界历史的推进，国内秩序与国际秩序也具有了深度同构性，即国内秩序延续到国际，国际秩序推进到国内，因此，国家向好构建可以推进人类命运共同体建设，而人类命运共同体建设也可以促使国家向好转型。总之，国家的秩序基因存在为其与人类命运共同体的同构提供了内在的立足点和根据，即可以成为支持国家转型与人类命运共同体同向构建的逻辑基础。

总之，地理学的世界已经发生了密切的交往，虽然没有打碎国家，但也渗透到国家内部，在普遍的技术系统和科技推动与覆盖下可能发生

① 《马克思恩格斯文集》（第4卷），北京：人民出版社，2009年版，第189页。

突破性的变化；心理学的世界也已经达成一定的共识，同一个地球同一个家园耳熟能详；在政治学的世界，虽然现实主义价值观念和国家利益的至上性观念在很长时间内仍然会是主导意识形态，但是各个国家的学者、政治家也在反思这种政治观念，并试图探索新的模式和出路。如世界主义、天下主义和全球治理的热议以及人类命运共同体相关理念的争议等，都说明了传统的政治学理论和日益整合的现实正在发生着分裂。因此，可以说，国家与人类命运共同体的发展在总体上还是呈现出了聚合的线索和同向发展的逻辑。

（二）人类命运共同体理念的批判特质

一种新的社会理念的提出本身就是对现有世界关系的一种批判。人类命运共同体理念的提出意蕴着一场对现实世界的变革，既包含了人类社会发展必然走向的决定论，也包含了主体建构性和改革性的理念。共同体的价值不限于对未来的指引和理想的规划，关键是要将其转化为实践、改造世界，因此人类命运共同体本身就具有了现实批判性。

首先，人类命运共同体叙事与以往的理念有所不同，除了吸收现有理念的积极成果，更多的是基于马克思主义理论视角对以往理念和秩序的批判。人类命运共同体不是一种霸权思想的新表达，是对单向思维、霸权思维等传统思维的批判，是针对全球问题和世界紧张局势的恰逢其时，是对狭隘、片面、单向思维的批判。其次，人类命运共同体主张的各个国家平等发展、文明互鉴，也就意味着要超越种族歧视、民族主义以及结盟对抗，是对帝国主义霸权与强权的反抗。这种平等的主体间性的理念也将成为弱势国家、弱势群体积极参与世界治理的内在理据，从而促使国家形成共建态势。最后，人类命运共同体理念也必然包含对资本主义生产方式的批判。近代以来的世界历史是资本主义主导的世界历史。资本主义生产方式在全球化的推进中不断解构和改变着人们传统的行为和思维方式，不断形塑着人与人、人与自然的关系。因其压迫性、剥削性的先天局限，局部的矛盾越发凸显，也同时扩张为世界性、全球性的矛盾。资本逻辑客观上造成了经济全球化的局面。然而经济全球化因其诞生在天性剥夺原则的基础上，必然带来的是一方优越一方被裹挟的全球化势态，势必不能带来生产力的全部解放，这也是全球化逆势出现、全球经济衰退、步履维艰的原因。这种不平衡的关系带来的结果必然是不可持续以及被裹挟方不断的抗争，不仅阻碍了生产力发展，也引发了国家之间的敌意与斗争，加剧了全球政治的紧张并伴生诸多的问题。如果说在以往的"共同体"中，"边缘国家不是确证自我的价值，而是否定自我的价值"①，那么在人类命运共同体中，国家要发现并发展自我的价值。人类命运共同体作为概括性的批判理念和推动力量，是对不合理的旧世界和旧秩序的批判和对新秩序的表达。其历史自觉模式、主体间性思路以及对称性的关系表达，与自由主义、现实主义的叙事逻辑尤其是传统国际关系理念有着根本的不同。

　　总之，在当下和将来应该做什么当然要取决于当时条件下事件本身不能剥离的背景和进程，要批判性地认知紧密关联的环境和进程。批判既表现为理论批判也表现为实践批判，既是开始也是过程，二者共同推进了现实转变的进程。"构建"本身包含了高度的批判性和自觉性，不论国家构建还是人类命运共同体构建，只要是符合历史规律的"构建"都离不开批判。在国家构建和人类命运共同体构建中，要立足于生产方式和生产关系的考察，正视人类命运共同体意识生成受阻的物质动因和关系制约，正视人类社会发展已经积淀的和积累的基本经验和共识性成果，从而找到现实问题的症结，发现从根本上促使其转变的动力和

---

① 陈曙光：《人类命运与超国家政治共同体》，载《政治学研究》，2016 年第 6 期，第 49-59 页。

途径。

二、确立唯物主义批判的方法论

习近平指出，要"加强理论学习，掌握和运用辩证唯物主义和历史唯物主义，掌握贯穿其中的马克思主义立场、观点、方法，深入认识共产党执政规律、社会主义建设规律、人类社会发展规律"[①]。唯物主义批判与历史的方式、逻辑的方式内在一致。"逻辑的方式是唯一适用的方式。但是，实际上这种方式无非是历史的方式，不过摆脱了历史的形式以及起扰乱作用的偶然性而已"[②]，包含了对片面的、混乱的历史材料的批判，即"对于个别的、多少是片面的或混乱的见解的批判，实质上在逻辑发展本身中已经作出了"[③]。因此，逻辑方式必然是经过批判的历史考察方式。换言之，只有经历批判才能认识历史，只有基于批判才能展望未来。

（一）唯物主义批判的内涵和特质

从广义上来讲，批判包含了人类的自省与反思，也包含了对于一切常规事物的非常规的视角和洞见，因此批判的思维在人类的文明史上并不鲜见。然而，以物质基础、现实的生活关系为反思起点进行思考的批判还是在马克思、恩格斯的思想理论体系中生成和成熟的。

唯物主义批判的内涵。唯物主义的批判的思想内在地贯穿于马克思主义理论，"马克思对于政治经济学的批判就是以这个方法做基础的"[④]，马克思、恩格斯的著作本身就是"对现存社会、资本主义生产

---

① 习近平：《习近平谈治国理政（第三卷）》，北京：外文出版社，2020 年版，第 518 页。
② 《马克思恩格斯文集》（第 2 卷），北京：人民出版社，2009 年版，第 603 页。
③ 《马克思恩格斯文集》（第 2 卷），北京：人民出版社，2009 年版，第 605 页。
④ 《马克思恩格斯选集》（第 2 卷），北京：人民出版社，2012 年版，第 13 页。

方式及其后果进行的批判的基本轮廓"①。因此，马克思主义理论的批判方式与以往相比具有新的特点和逻辑。其一，与辩证法统一。"辩证法不崇拜任何东西，按其本质来说，它是批判的和革命的。"② 辩证是批判的一种思维方式，而且基于辩证的思维才能做到真正"抽丝剥茧"的批判。其二，只有深入物质基础、现实关系中的批判才是唯物主义的批判。马克思曾指出路德维希·安德列斯·费尔巴哈（Ludwig Andreas Feuerbach）"从来没有把感性世界理解为构成这一世界的个人的全部活生生的感性活动"③，而且认为真正的共产主义批判要"抨击现存社会的全部基础"④。因此可以说，马克思主义的批判方法与其历史唯物主义的观念是根本一致的。其三，批判资产阶级的力量在于无产阶级。马克思指出"就这种批判代表一个阶级而论，它能代表的只是这样一个阶级"⑤，即革命和实践批判的主体是无产阶级，所以批判运动不能与人民大众尤其是无产阶级相割裂。他曾指出布鲁诺（Bruno）"把批判和群众对立时"⑥ 是一种分裂，而各乌托邦宗派的创始人的问题也在于"不能从工人阶级身上发现运动的有组织的力量和对运动的认识"⑦。在这里，无产阶级作为资产阶级的掘墓人，必然在实现上承担着实践批判的主体。因此不论从理论上还是从实践上将工人阶级同批判分离就不能实现真正的批判。其四，"真正的批判要分析的不是答案，而是问题"⑧。马克思认为在将来某个特定的时刻应该做些什么，"对这个问题

---

① 《马克思恩格斯全集》（第25卷），北京：人民出版社，2001年版，第133页。
② 《马克思恩格斯选集》（第2卷），北京：人民出版社，2012年版，第94页。
③ 《马克思恩格斯选集》（第1卷），北京：人民出版社，2012年版，第157-158页。
④ 《马克思恩格斯选集》（第1卷），北京：人民出版社，2012年版，第432页。
⑤ 《马克思恩格斯全集》（第44卷），北京：人民出版社，2001年版，第18页。
⑥ 《马克思恩格斯全集》（第3卷），北京：人民出版社，1960年版，第95页。
⑦ 《马克思恩格斯选集》（第3卷），北京：人民出版社，2012年版，第153页。
⑧ 《马克思恩格斯全集》（第1卷），北京：人民出版社，1995年版，第203页。

的唯一的答复应当是对问题本身的批判"①。而且批判的结果往往包含了解决问题的萌芽或方法。此外，批判需要利用新得出的成果、结合新的结论。

唯物主义批判包括理论批判和实践批判。理论批判的核心在于"要批判地消灭它的形式，但是要救出通过这个形式获得的新内容"②。实践批判主要体现为革命，即武器的批判。"把实际斗争作为我们的批判的出发点，并把批判和实际斗争看作同一件事情。"③ 理论批判是发现和解决时代问题的开端和萌芽，而实践批判——革命，是改变现实的行动。历史并不会因为理论的批判而在实际中自动做出改变，即批判的武器不能代替武器的批判。基于唯物主义历史才能建立理论批判与实践批判的真正联系，将理论批判转化为实践批判，而上升到实践批判才完成了理论批判的使命。简言之，唯物主义批判既可以是理论批判也可以是实践历程。唯物主义批判也必然包括自我批判。自我批判的出现标志着事物本身的发展进入了一个新的阶段。一个事物发展到自我批判的程度说明这个事物真正地认识到了过去和自身。"基督教只有在它的自我批判在一定程度上，可说是在可能范围内完成时，才有助于对早期神话作客观的理解。同样，资产阶级经济学只有在资产阶级社会的自我批判已经开始时，才能理解封建的、古代的和东方的经济。"④ 因此，自我批判是内部的自我革新和突破。总之，马克思主义的批判逻辑是以辩证法为方法内核，依据世界新的变化和发展、利用新得出的成果、结合新的结论，从变化了的现实生活出发不断实现自我更新、改变世界。

唯物主义批判有着鲜明的主张和立场。其一，唯物主义批判反对教

---

① 《马克思恩格斯选集》（第 4 卷），北京：人民出版社，2012 年版，第 541 页。
② 《马克思恩格斯选集》（第 4 卷），北京：人民出版社，2012 年版，第 229 页。
③ 《马克思恩格斯文集》（第 10 卷），北京：人民出版社，2009 年版，第 9 页。
④ 《马克思恩格斯文集》（第 8 卷），北京：人民出版社，2009 年版，第 30 页。

条主义、反对理论的懒惰、反对脱离实际的空想。马克思不赞成把意志看成现实关系的动力，认为革命的动力应该是现实关系，他指出"少数派用教条主义观点代替批判观点，用唯心主义观点代替唯物主义观点"①。其二，唯物主义批判不是"无批判的、善意的折中主义"②。折中主义没有原则、态度，就像动物胶可以捏成任何形状。其三，批判的精神是反对空想和幻想的精神，批判的方法是从物质的生活条件上出发，"是从世界的原理中为世界阐发新原理"③。其四，唯物主义的批判反对没有科学研究而仅就道义原因进行谴责。其五，批判需要深入研究，不能只基于片刻的想象。只有在长期持续的、深入的研究之后才能加以批判，④ 不构成对事物本质的洞察，就不能称为批判。批判也不能以先入为主的原则出发，不能抱有偏见。总之，马克思主义理论体系确立了唯物主义批判的范例，其批判以历史唯物主义为视角、以现实生活为根基、以变革为指向，与以往的解释现实、维护现实、没有勇气与现实决裂的理论形态有着巨大的反差。唯物主义的批判通过澄清事物的全部逻辑，在冗杂的联系下找到事物的本质，从而引导事物向本质性的方向转化，是真正地推进历史进步的批判。

（二）在批判旧秩序中构建新秩序

批判思维的出现是人类智识发展的结果，反映了人的思维能力的进步。事物自发的转化漫长且分散，而人类的批判能力、构建能力有助于缩短这个进程——历史的规律性与人的能动性结合的本来意义也在于此。在历史发展的重大节点，基于批判的逻辑和视角来展开思考和行动，有利于廓清前提，推进事物向好转变，即只有首先对现状予以批判

---

① 《马克思恩格斯全集》（第11卷），北京：人民出版社，1995年版，第479页。
② 《马克思恩格斯全集》（第36卷），北京：人民出版社，1975年版，第200页。
③ 《马克思恩格斯文集》（第1卷），北京：人民出版社，2009年版，第9页。
④ 参见《马克思恩格斯全集》（第1卷），北京：人民出版社，1995年版，第295页。

才能真正地推动历史向前发展。总之，如果说自发是一种客观的合力，那么自觉就尤为需要主观的努力，尤为需要克服眼下的短见和琐碎的生活的遮蔽。当前世界面临难以解决的经济痼疾、政治纷争，缺乏有效的制度机制，如果不自觉改变，那么就有可能出现倒退或更大的灾难。因此，为了进步，我们需要付出自觉的努力，为了向善改变，我们需要自觉反思和批判。即以批判的眼光、批判的思维，透视物质生活、现实关系，在现实世界中展开行动批判，从而在批判现实中发现、构建新的世界。

首先，要批判生产力和生产关系的严重差异和不均衡。生产力、生产方式的差异以及严重不均衡的物质基础，始终是国家之间纷争不断、互相存疑的物质动因，此外，意识形态的分裂仍然源于物质生活的分裂，因此一种思想的最终确立还是需要生产方式和生活方式的变革。深入物质基础、生产关系不仅是分析国家困境的需要，也是构建人类命运共同体的需要。人类命运共同体构建不仅要立足于国家发展的现状也要考察全球生产力和生产关系发展的现状。其次，要关注国家角色发生变迁和根本转型的多种原因。国家角色发生变迁和根本转型不仅在于物质动因也在于国家本身发展的历史逻辑、具体的构建方式和制度建成。批判会促进问题的具体化，从而促成新的事实的形成，没有批判现在的生活关系就难以将"感性世界理解为构成这一世界的个人的全部活生生的感性活动"[1]，就难以掌握事件的材料和实践的进程。换言之，只有基于对国家问题不停地具体地批判才能真正塑造新的进程，具体的现实的批判是促进国家机制完善、功能变迁和理念转变的基本过程。对于当前的环境和秩序来讲，要逐步推进国家问题的解决和全球秩序阶段性转变，如要推进国家的自主构建、国家关系向好转变以及资本主义生产关

---

[1] 《马克思恩格斯选集》（第1卷），北京：人民出版社，2012年版，第157-158页。

系带来的尖锐的问题的解决。最后，批判具有自发特点的世界秩序以及唤醒共同体意识。世界秩序的自发性既是世界问题的表现也是引发世界问题的原因。世界秩序的自发性加剧了国家的自利和竞争，因此，构建自觉的世界秩序是人类社会的重要任务。共同体意识的淡薄与世界秩序自觉建立的缓慢互为因果，因此，构建自觉的世界秩序与培养人类的自觉共同体意识高度相关。现有的世界性机制和规则对共同体意识的培养和自觉的世界秩序的建立的作用仍然有限，对此要有明确的认知和反思。

综上，批判的使命在于发现事实，提供变革现实的动力。随着全球性问题的增多、凸显，国家之间的安全困境、竞相发展的资源困境、自然生态困境交织在一起，使人类社会面临更多的不稳定因素。人为的问题和非人为的问题交织在一起，国家之间经常会陷入对立和竞争。新近的世界发展的逆势动态，促使"国家的发展前景显得扑朔迷离"①。因此，一方面，在国家内部，情感、意识、生活已经形成千丝万缕紧密的联系，即形成较稳固的局部共同体。另一方面，还存在着诸多的问题，如构建失败、国家功能局限以及国际关系的紧张压力下，一些国家的自主性、活力在丧失，国家之间持续分离。全球问题丛生以及全球交往的新的态势必然会进一步推进批判和反思。除了危机形势，旧制度的遗产也一定会限制、塑造人类的自觉活动，但是仍可以沿着危机探寻解决现实问题的线索。"在全球范围内重新分配收入、工作和知识"②，仍然是人类社会内部未决的核心问题。自觉培育全球市场和真正的全球组织也是只可预见而未落实的棘手事宜。现阶段的目的是形成较均衡、合理的

---

① ［美］贾恩弗朗哥·波齐：《国家：本质、发展与前景》，陈尧译，上海：上海人民出版社，2019 年版，第 176 页。

② ［意］保罗·费雷罗：《推动人类命运共同体建设是中国共产党的新历史使命》，载《光明日报》，2021 年 6 月 29 日，第 12 版。

发展状态。如果说当初社会的混沌需要构建国家，那么社会如今面临的新问题，如自然环境恶化、恐怖主义、宗教极端主义、民粹主义泛起等，也仍然需要国家来进行解决，所以国家还需要进行自我革新和转型。促使国家形态、国家观念向人类命运共同关切的方向自觉转变，在自我批判和他者批判下自觉构建，尽量形成好的国家、好的国际关系。这个路径仍遵循着"通过批判旧世界发现新世界"①，唯有如此，才能面对自然界的风云变幻，才能减少社会内部的内耗。

第二节　促进国家秩序与人类命运共同体秩序同构

习近平指出："我们要推动构建以合作共赢为核心的新型国际关系，推动形成人类命运共同体和利益共同体，始终做世界和平的建设者、全球发展的贡献者、国际秩序的维护者。"② 世界秩序是人类命运共同体政治经济学的表达，秩序构建是理论批判转为现实批判的着力点。构建新的世界秩序既要立足人类命运共同体秩序的宏观视角，也要统筹国家秩序的中观视角，而且要将其作为基本的变量来参考。即要立足于国家与人类命运共同体的同向建构。国家与人类命运共同体的同向建构的进程是单一走向辩证的过程。一方面，共同体秩序会逐步内化，将"与先前存在的阶级和政治结构交织在一起，在各国共同促进和塑

---

① 《马克思恩格斯全集》（第47卷），北京：人民出版社，2004年版，第64页。
② 习近平：《在纪念孙中山先生诞辰150周年大会上的讲话》，北京：人民出版社，2016年版，第12页。

造着各国变迁过程中的差异性和类似性"①，促进国家秩序内核和有组织社会力量的发展，消解民族国家分离竞争的状态以及国家的阶级性；另一方面，国家秩序的向好发展和向共同体方向的转变也将促使国家秩序成为共同体秩序的坚实的组成部分。促进国家秩序与人类命运共同体秩序的同构离不开人类意识的培养、制度秩序的建立以及推动零和博弈转向正向博弈。

一、培养人类意识

"人类社会现象中存在的'永恒的东西'即'人的本性'"②，这是人类命运共同体构建成为可能的"人"的要素，因此才有了对地域影响、经济模式以及制度形式进行比较研究和思考的可能。基于"人"的要素，才有了人类命运与共的生成和共通的背景。换言之，人类命运共同体具有超越性，符合人性和共同利益，才能得以传播和形成。即新秩序的背后，依然是一套人性的秩序。③ 人的关系的建立需要有足够深厚广泛的共同价值观、共同利益观以及强烈的人类意识感。"全人类共同价值是全人类共同追求和坚守的价值观念，是人类历史从民族的历史走向世界的历史的必然产物。"④ 形成与时代发展相契合的新的思维方式，就是批判性地建构人与世界的关系、人与人的关系。因此，习近平指出，推动构建人类命运共同体，要弘扬全人类共同价值，共同为建设

---

① ［美］西达·斯考切波《国家与社会革命——对法国、俄国和中国的比较分析》，何俊志、王学东译，上海：上海人民出版社，2015 年版，第 21 页。
② ［日］田口富久治等：《当代政治体制》，耿小曼译，北京：光明日报出版社，1988年版，第 11 页。
③ 《天下体系与未来世界秩序（第三单元）自由讨论》，载《探索与争鸣》，2016 年第5 期，第 74 页。
④ 《全人类共同价值与所谓"普世价值"有何根本区别?》，载《学习时报》，2022 年 7月 18 日。

一个更加美好的世界提供正确理念指引。① "要本着对人类前途命运高度负责的态度，做全人类共同价值的倡导者，以宽广胸怀理解不同文明对价值内涵的认识，尊重不同国家人民对价值实现路径的探索，把全人类共同价值具体地、现实地体现到实现本国人民利益的实践中去。"②

第一，秩序同构必然需要坚持共同价值的培养。在和平年代世界历史的深入发展使人之间的理解、谅解进入了一个新的阶段，如生产和消费的世界化、交往的国际化、气候的全球变化、毒品和犯罪对象无差别化，人类物种共性和人类共同体意识在较大范围内一度被激发。地球人、地球家园的概念也似乎唤醒了人类作为整体的"我们"意识。然而一遇见实际利益，"命运与共的人类"观念便被抛之脑后，成为最遥远的真理。如历史学家从不质疑人类作为一个整体，然而这种事后作史与历史中人的现实感受始终存在着差异。所以，即便人类在客观上是一个命运共同体，但互谅与和解也从来都不是国家的主题和目的。即人类命运与共在历史的视角下从来都不是什么秘密，但在社会领域、政治领域、文化领域形成共识性的基本指导原则仍然需要一种为之自觉的强大努力。总之，人类公共利益和个人具体利益既纠缠在一起，又不停地发生分离，而民族主义、国家利益、种族意识又加深了这种持续的紧张。自从阶级社会出现以来，阶级就以各种形式对人类意识和共同体意识产生了对抗和消解。所以，仍然需要培养"类"的观念和意识。

第二，促进情感价值共识与文化培养。习近平曾指出"要加强世界上不同国家、不同民族、不同文化的交流互鉴，夯实共建亚洲命运共

---

① 习近平：《习近平谈治国理政（第三卷）》，北京：外文出版社，2022年版，第413，475页。

② 习近平：《习近平重要讲话单行本（2021年合订本）》，北京：人民出版社，2022年版，第105页。

同体、人类命运共同体的人文基础"①。这也就意味着，首先，要使各个民族主动参与到全球问题和全球走向的反思和关注中来，进而试图培育全球情感和全球文化。人类命运共同体意识还需要深刻的启蒙。物质世界的丰富与精神世界的稀薄发生了位移，种族主义的回归和民族主义的高涨，"非我族类，其心必异"仍然绵延复兴，都亟须思想意识的再度启蒙。"人类命运共同体"的语言表述本身就隐喻了人类整体发展的经验、历程，"文明交流互鉴提供了人文基础和发展动力"②，会逐渐影响各个群体的心理认同和价值塑造。如同"平等尊敬或同等高贵的原则，一旦获得明确的阐述，就会在世界无情地蔓延"③。其次，促进全球文化的形成。文化形成和共识会渗透到社会的方方面面，获得较持久的形态。目前自觉的全球文化尚未形成。全球文化是人类意识的一种载体，其基本特点是具有一定的共同的价值观、凝聚力、感染力。促进全球文化的形成是促进共同情感和意识的一种路径。现在的世界文化主要限于西方用媒体、快餐、时尚等输出的全球性的消费文化，以及自由、民主、人权等基本的政治文化。然而，这些都远不属于或者还不足以构成真正的世界文化的范畴。真正的世界文化、全球文化是建立在人类整体自觉意识和人类情感之上的。市场经济能加深交流但并不一定能形成认同。以经济全球化为例，经济全球化反而在一些地区加深了隔阂和对立。因此全球文化的形成离不开全球经济的畅通，但前提是有较平等的经济运作形式。此外，虽然气候、污染等全球问题曾一度起了促进沟通

① 习近平：《习近平关于中国特色大国外交论述摘编》，北京：中央文献出版社，2020年版，第59页。
② 何星亮：《文明交流互鉴与人类命运共同体建设》，载《人民论坛》，2019年第21期，第6-10页。
③ ［美］弗朗西斯·福山：《国家构建：21世纪的国家治理与世界秩序》，郭华译，上海：上海三联书店，2020年版，第433页。

的作用，但贸易战、零和政治再一次撕裂了有限的共识。为此，要努力扩大公共性规范的建立。公共性规范是文明的共性特征，去除了时代本身不同给文明带来的不同的外衣和特质。公共性意识和规则的增多是历史发展的一般性结果。如公共性制度的覆盖面增多和日益机制化，因而也担负着公共利益。虽然人类的秩序关涉方方面面，但公共秩序是所有沟通的前提。文明是一种世界遗产和秩序，"而不是绑定在特定种族或地理这种具体'肉身'上面的特征"①。还要正确看待并自觉克服民族主义，如果仅仅把人类局限于种族分离和民族主义，就无法建设一个共在的世界。

　　总之，即便在世界历史形成以前，缺少成熟交通设备的媒介，世界还是留下了一条条人类追寻彼此的足迹。而当代的气候、河流等循环性或广泛性的共在问题，也都给予了共同体文化生成的物质前提。当今世界"任何单边主义、极端利己主义都是根本行不通的，任何脱钩、断供、极限施压的行径都是根本行不通的，任何搞'小圈子'、以意识形态划线挑动对立对抗也都是根本行不通的"②。沿着人类文明交往的足迹，通过强化世界历史、人类学、考古学等知识而明晰人类的祖先来源的同一，从而塑造人类命运的历史感，增强人类共同体意识。世界文化中自由、平等、公正理念的难以逆转也为共同体理念的传播提供了契机。

二、确立制度秩序

　　"人类生活在不同文化、种族、肤色、宗教和不同社会制度所组成

---

①　刘擎：《从天下理想转向新世界主义》，载《探索与争鸣》，2016 年第 5 期，第 69 页。

②　《携手迎接挑战 合作开创未来——在博鳌亚洲论坛 2022 年年会开幕式上的主旨演讲》，北京：人民出版社，2022 年版，第 6 页。

的世界里，各国人民形成了你中有我、我中有你的命运共同体。"① 秩序关系最终都会以制度的形态出现。在过去几个世纪中，国家为了在其活动中输入理性而发明的制度形式，其作用越来越广泛。直至近代，国家已经发展为一种包罗广泛的制度化的政治权力形式。社会的每个领域都受到不同制度的安排。就国家来讲，制度的变迁反映了国家秩序的变化，而国际制度的变化也反映了世界秩序的调整。既然秩序的建构表现为制度的演进和建构，而且"社会变迁发生在保持并行使权力的各种制度的'缝隙'之间"②，那么就应该肯定并深度推进制度秩序的形成。总之，"这是一个冷静地重新评价现有的做法和制度"③ 的时代。

（一）制度为内核

对于集体行动而言，制度尤为重要。因为基于人性良知和道德权威，并不足以对复杂的生活方式产生协调作用，而且人类社会的生活方式和行动轨迹越来越精细化和复杂化，所以尤为需要制度来保障和协调。这也是当代国家对公民行使权力的主要形式。制度体系逐步实现了让"社会利益在国家政策中得以表达，以及将非国家行政者动员起来参与政策执行"④ 是国家新近的最为明显的特征。制度管理也是开放性秩序的基本特征，开放性秩序"运用自由竞争和制度建设的威力"⑤ 来运作。制度与国家的关系涵盖了非常广泛的议题，"制度结构是解释经

---

① 习近平：《习近平谈治国理政（第一卷）》，北京：外文出版社，2018 年版，第 261 页。

② [美] 理查德·拉克曼：《国家与权力》，郦菁、张昕译，上海：上海人民出版社，2021 年版，第 34 页。

③ [美] 斯塔夫里阿诺斯：《全球通史：从史前史到 21 世纪》，吴象婴、梁赤民、董书慧、王昶译，北京：北京大学出版社，2006 年版，第 800 页。

④ [美] 西达·斯考切波：《国家与社会革命——对法国、俄国和中国的比较分析》，何俊志、王学东译，上海：上海人民出版社，2015 年版，第 30 页。

⑤ [美] 希尔顿·L. 鲁特：《国家发展动力》，刘宝成译，北京：中信出版社，2018 年版，第 25-26 页。

济成败最普遍适用而且也已得到验证的自变量"①，"制度和政治的互动将日益深入影响到对方的本质"②，所以制度成为社会秩序稳定与否的重要的糅合剂，也是大规模社会变革背后的重要驱动力。

1. 制度化形式的国家秩序与国际秩序

秩序关系最终都会以制度的形态出现，而制度的有效性、包容度关乎冲突的解决和应对的空间。制度的组织性和包容性也是其自主性得以生成和巩固的一个重要的原因，同样，制度也是衰败和革新的产物，自身必然处于不断批判建构中。新的规范是对既定现实的挑战和超越，这与国家的变革和革新总是相辅相成的。换言之，国家韧性的关键也在于制度化运作，即社会制度化运作才能稳定、健康发展。反之，如果内政制度不好，政权就容易甚至完全被少数权贵或利益阶层拥入囊中。就世界来讲，如果缺乏一定的制度那么世界也就不能称之为世界，而只是混沌的存在。"科克斯把世界秩序看作由物质力量、观念和制度三个相互作用的力量范畴组成的。"③ 然而物质力量和观念的作用结果往往也会以制度的形式体现出来。所以，在国际秩序中虽没有像国家内部秩序一样的立法者，但仍然以各种方式培育出了相应的制度，如惯例、协议或者正式的规定，即解决全球问题的公共产品必然包括各种国际规则或全球制度的商定。

世界秩序框架的基本形成加速了全球制度与国家制度的联动制约。全球性制度、规范内涵的价值取向会对国家秩序产生一定的塑造和同化

---

① ［美］希尔顿·L. 鲁特：《国家发展动力》，刘宝成译，北京：中信出版社，2018 年版，第 25 页。

② ［美］贾恩弗朗哥·波齐：《国家：本质、发展与前景》，陈尧译，上海：上海人民出版社，2019 年版，第 29 页。

③ 罗伯特·基欧汉：《新现实主义及其批判》，北京：北京大学出版社，2002 年版，第 219 页。

作用，因为加入国家制度意味着要遵从自我约束的承诺。而全球问题的增多和扩散也反映了全球性制度安排和秩序理念的缺位、滞后或失灵。就人类的整体利益来看，国家秩序与世界秩序越来越需要联动制约。很多时候国内精英做决策时，在对待国际关系中的利益可能比在对待国内事务中的利益更加短视。如考察历史上国家之间的战争，战争的谋划、决策和发动往往都是由一小部分军事狂热者、政治强人或是投机者做出的。所以国家关系的决策制定不能仅依靠本国精英的决策、明智和人道主义，还需要外部制度的约束。即不仅要发挥国内规则体系对国家行为的制约，还需要国际规则来平衡各个国家所谓的国家利益的获得。

制度化意味着社会化，是国家社会化发展的表现。制度的合法性和权威性是国家自主性形成和社会化方向发展的重要条件。随着规范的普遍形成，国家整合组织能力、制度直达能力不断得到增强，国家不再集中于政治制度，更体现出一种社会性制度即综合制度的倾向，国家权力逐渐变成一种专门化的社会权力。[①] 对于日益发展的国家而言，其协调社会广泛事务的能力往往成为其能否继续统治的基础能力，而且要越发地表现为"更少个人性、更多公共性"[②]。因此国家的政治制度也在日益社会化，向社会制度转变。就秩序的建立而言，也要求能够更有效地从制度上而非从命令、要求或者强制手段上产生影响。总之，国家越来越表现为制度体系、越来越依赖制度是国家向社会化方向发展的体现。所以，对于共同体秩序下国家的建构来讲，任务之一就是要建立好稳定的与世界相互恰接的秩序，从而为共同体的制度设计和践履奠定基础。对于世界来讲，全球秩序的建立应该少一些单方机制多一些公共性机制

① ［美］西达·斯考切波：《国家与社会革命——对法国、俄国和中国的比较分析》，何俊志、王学东译，上海：上海人民出版社，2015 年版，第 27 页。
② ［美］贾恩弗朗哥·波齐：《国家：本质、发展与前景》，陈尧译，上海：上海人民出版社，2019 年版，第 188 页。

和制度，少一些个体性多一些共同体的通约性和公共性。

2. 一般制度、规则的意义和作用

制度本身就是一种包容性渠道，一种原则框架，具有灵活性、合法性。秩序有利于价值内化。制度的生成体现了价值秩序，反之制度建设也利于价值秩序的持续内化。首先，制度利于集体行动，有捆绑作用，可以通过约束、惩罚和制裁降低成本，利于达到合作最大化与冲突可控化。因没有制度的规范与约束，"我们看到的便是一个从近代历史演变而来的列强论"[①]。如在二战之前，区域关系往往通过武力等硬制衡来调节，利益单维，既不稳定也带来巨大的消耗。其次，相比于制衡带来的不确定和潜在的危机，制度在面对未来的不确定上具有相对的确定性。因此，大量制度的存在利于减少暴力手段、降低对抗冲突成本。多边主义中制度的效能因受到多边机制的相互制约反而能产生大的联动效应。再次，制度具有一定的惯性和普遍性。也就是说制度的对象是无差别的，其对所有成员的效力应该是普遍的，不存在等级。制度具有惯性的约束力是指制度传统在组织行将灭亡或是已经灭亡之后，仍然会对组织成员有着长久的影响，所以制度与组织相比更具有延时的效力，可以在组织内部起到塑造和同化的作用。总之，制度本身充当了一种沟通渠道，一种原则框架，具有确定性、对称性、普遍性，易执行、成本低，制度的运用利于减少道德风险和逆向选择，以制度构建秩序有着巨大的优越性。国家一旦加入一种制度框架就要遵守，因为其内涵的承诺意义一旦违背将会陷入非道义的境地。然而，从制度的效力来讲，虽然目前全球公共空间已经建立了基本的秩序框架，但是在具体解读和执行时还是存在着不少问题，或者是制度的覆盖面不全、争议大、制度权威不

---

① 高全喜：《构建新世界主义的动力机制》，载《探索与争鸣》，2016年第5期，第70-71页。

够，或者是有失公允。因此，当前的问题是如何形成相对公平的世界性制度。

3. 人类命运共同体视角下的制度秩序

区别于以往的以权势或权力为基础的国际制度理念，人类命运共同体的构建以"人可以自由而全面的发展"为前提和目的。以往的制度安排多具单维利益倾向，具有大国权力的痕迹。无政府主义和现实主义也讨论制度，而现实主义者将秩序和制度的作用落在对"一切人反对一切人的战争"的调节和保障。此外，"主流的现实主义话语淡化了国际制度的重要性，而自由制度主义理论家功能主义的讨论很少探究大国和非大国如何利用制度减少他国的侵略行为，同时避免军事制衡的必要性。"① 理性主义在承认现实主义的基本命题基础上也提出秩序构建是一个可以改良现实、克服无政府状态的可行性做法。但其出发点主要落在人的理性上。革命主义的理性主义怀着极大的批判精神否定不公正，意图实现真正的所有人的权力和平等。但该如何落到现实还没有具体的路径，因此只限于纯理论的革命。因此，现实主义的问题在于其基于部分历史经验（欧洲经验），并将国家之间的对抗性作为前提，对于整个人类社会的发展经验和逻辑还难以覆盖，也不足以支撑现实和历史的全部逻辑。

构建人类命运共同体秩序的前提不同于现实主义主张的"战争的预防主要是通过硬制衡，而不是通过制度"②。构建共同体秩序的基本前提假设在于人是可以逐步完善的、利他的；人可以自行制定制度；规则可以实现对均势理论、硬制衡的终极代替等，即"以人自由而全面

---

① ［加］T. V. 保罗：《软制衡从帝国到全球化时代》，刘丰译，上海：上海人民出版社，2020 年版，第 25 页。

② ［加］T. V. 保罗：《软制衡从帝国到全球化时代》，刘丰译，上海：上海人民出版社，2020 年版，第 34 页。

的发展"为前提和目的。自由本身意味着反强权、反压迫，发展意味着人之间不是竞争的、排他的，恰恰给彼此创造了条件。以这个制度理念为前提才有了可以实现公益、公义和秩序的向好，前提不同路径和结果也必然不同。换言之，以往的政治理论更多关注的是制度和规范在实现制衡和约束中所发挥的作用，其最终难免沦为抑制论、均势论、制衡论。而人类命运共同体世界秩序建构的立足点是历史唯物主义的客观规律。总之，人类命运共同体暗含着一种新的规范，即文明互鉴、文明平等，背后是种族平等；主观和客观上利己与主观和客观上利他是一致的。而不是现实主义的人与人之间始终存在的敌对和竞争。"自由而全面发展"需要坚实的物质基础即生产力的极大提高，从而消解人之间的对抗和敌意，而不是寄希望于"理性"对物质差异的变革。

　　共同体制度需要集体共建。规则和制度的形成是具体的和实践的过程。一方面，人类命运共同体的建构需要发现并确立一些"元规则"①。如果自由和平等是人类相处的元规则，那么由此也应衍生出国家之间的地位平等、文明平等和文化自由。另一方面，鉴于发展"探索现行制度的替代方案，是一项艰巨的事业"②，规则既需要灵活，也需要磨合。不同的文明国家有着不同的运作规则，即"某一特定的国际制度，它所包含的制度成分，它所覆盖的人群边界，它所拥有的执行力度"③ 在不同的国度是不同的。因此实际制度的制定是要在实践中不断地磨合和深入探索的。目前的任务之一就是要对以往的制度规范做出更全面的勘定和批判。此外，鉴于国家处于不同发展状态和差异的构建动态，制度

---

① 《天下体系与未来世界秩序（第三单元）自由讨论》，载《探索与争鸣》，2016年第5期，第75页。

② ［美］斯塔夫里阿诺斯：《全球史纲——人类历史的谱系》，张善鹏译，北京：北京大学出版社，2017年版，第241页。

③ 《天下体系与未来世界秩序（第三单元）自由讨论》，载《探索与争鸣》，2016年第5期，第72页。

的有效制定也必然是艰难而漫长的。构建制度需要集体的参与和建设，制度的内在权威来源于内在共同的价值共识，有效制度的缔建过程也是集体达成共识的过程，即制度的形成主体是被制度规范的全部群体，总的原则是既要尊重各个国家现状也要以人类的整体命运为总依据。总之，具体秩序还是要在具体的商议、博弈和磨合中生成，并在实践中不断检验和校正，基于具体规则再上升到基本规则。如果说人类早期的公共意识因受制于自然，具有自然倾向和自发的直观性质，那么随着人类批判反思能力的提升，对于制度的建构将更加注重人类社会内部秩序的稳定和对整体命运的关切。当前，就中国来讲，"我们要秉持人类命运共同体理念……不断增强制度性权利，实现义务和权利的平衡，展现我国负责任大国形象"①。

三、推进正向博弈

习近平强调，"中国倡导人类命运共同体意识，反对冷战思维和零和博弈。"② 思考国际秩序不能面对一个应然的道德世界，如果单凭建构意图来促进秩序的形成，容易只是形成秩序构想，"试图凭借一个思想范式转换来根本改变国家与国家利益的视角，这是一种老式的唯心主义方式"③。所以不论从国家传统的行为方式还是社会秩序形成的复杂性视角来看，秩序的形成都需要一定的规约和导向。然而这种规约除了制度性规约以外，少不了必然存在的博弈。

---

① 习近平：《习近平谈治国理政（第四卷）》，北京：外文出版社，2022 年版，第 365 页。

② 习近平：《习近平谈治国理政（第二卷）》，北京：外文出版社，2017 年版，第 42 页。

③ 《天下体系与未来世界秩序（第二单元）自由讨论》，载《探索与争鸣》，2016 年第 5 期，第 65 页。

（一）推动博弈结果向制度转化

旧秩序失灵的背后是制度的缺失或失效，新秩序的形成必然存在着各种较量和博弈。博弈主要指一种取得应有或期望利益的策略和评估，将博弈引用到"国家理论"由来已久。如马克斯·韦伯（Max Weber）将国家的机构组织方式分为家产制和官僚制，将体制结构形式分为绝对主义和宪政主义，认为这四种方式博弈、组合的结果形成了18世纪欧洲国家的形态：官僚绝对主义、家产绝对主义、官僚宪政主义、家产宪政主义。[①] 面对博弈的广泛存在和诸多的博弈现象，"博弈论"形成，其中有重要影响力的有约翰·纳什（John Nash）的"纳什均衡"、夏普里（Shapley）的"原子博弈"，詹姆斯·D. 莫罗（James D. Morrow）的"政治学博弈"，而罗伯特·帕特南（Robert Putnam）将"双层次博弈"的概念引入国际关系研究中，即关注国内因素国际因素互动的"一般均衡"理论。其旨在说明在国际层次的博弈中，谈判者总是力求使本国的利益最大化，以应对随时来自国内的压力。事实上因为国家之间的联系日趋紧密，核心决策者在制定政策时必须两者兼顾。[②] 甚至近来一些批评家认为，用"博弈论的方法来解释合作可能（或不可能）"[③] 比制度更为适用，事实上，二者往往相辅相成。

第一，广泛存在的博弈。博弈是一种历史的事实性常态。"任何一种社会状态，就即时性说，它一定是各种作用力相互较量的某种暂时的

---

① ［美］托马斯．埃特曼：《利维坦的诞生：中世纪及现代早期欧洲的国家与政权建设》，郭台辉译，上海：上海人民出版社，2016年版，第5页。

② 王传兴：《"双层次博弈"理论的兴起和发展》，载《世界经济与政治》，2001年第5期，第36-39页。

③ ［英］克里斯多夫·皮尔逊：《论现代国家》，刘国兵译，北京：中国社会科学出版社，2017年版，第198页。

'状态'。"① 共在状态的前提就是存在着多种"不同"事物，不可能事事都和谐，人的群体性的存在不仅意味着对集体生活的需要也意味着各种各样的人会产生各种各样的诉求矛盾和需求冲突。因此博弈必然是广泛存在的。经济领域存在着的博弈更为久远，如供求、买卖均反映着博弈。而全球生产体系、消费体系联系在一起导致的生产网络、制度网络等相互制约的过程、参与和被动改变的进程，也是合作与博弈的过程。即世界的复杂性、多维多元性意味着势必存在的彼此的磨合、博弈。②换言之，任何需求的满足和利益的获得都不是处于真空，必然会受到各种掣肘，即都是与现实环境博弈的结果，哪怕是交换服务、产品、分享信息、资源等。

第二，推动博弈结果向制度转化。理念并没有实际约束力，要转化成制度性秩序，而且越是相互依存的环境，越需要制度化。规则和秩序意识的加强将是秩序共同体得以建立的基本前提，而博弈总是处在相互作用的动态环境中，因此可以引导博弈向形成制度的方向转变。换言之，如果说经济领域的博弈结果往往是不断在不平衡中实现成本和利润的平均化，那么政治的博弈也可能不断在不平等中逐渐实现平等，进而塑造制度的公平和公正。相比简单的暴力作用机制的退场，博弈成了制约和导向的常态机制。促使博弈生成制度意味着在较长远以及较宽泛的层面改变事物的发展趋势和状态，即可以超越围绕权力和利益而斗争的短期行为，引导结果向制度进行转化。对国家来讲，"国家是各种制度

①　王家范：《历史学不是设计学，更不是未来学》，载《探索与争鸣》，2016 年第 5 期，第 54 页。
②　赵汀阳、任剑涛、许章润、关凯：《"新天下主义"纵论（笔谈）》，载《文史哲》，2018 年第 1 期，第 5-22 页。

的联合体，成为行使和展开各种制度的诸战略的地方"①，就世界秩序而言，目前还"只能通过谈判或讨价还价来寻求全球公共产品的提供"②，即越是在相互依存的环境下、较和平的时期，博弈越可能上升为较普遍的关系处理形式和互动形式。而且如前文所言，正向博弈具有越来越大的空间和动能，那么关注博弈、推动博弈集中于制度的生成就具有了基本的依据和可能。

国家博弈的内部动力在于处于内部矛盾压力的国家急于转型。外部动力在于缩小国家之间差距或者是反制约和掣肘的自主意愿。而以国家为主体的多方博弈有利于拓宽问题解决的空间和机制。具体来说，随着国家自治伦理的深入人心，国家之间难以形成真正的结盟，即自治的国家可以形成无数的相对独立的作用力，这就为多国家主体参与博弈提供了可能。而且博弈主体的增多制约了博弈的随机性和偶然性。多边主体参与博弈就像水中卵石的形成，在这个过程中塑造了自己也改变了他人。在攸关彼此、制约彼此的时代，为了共存和利益的相对最大化也只能捍卫公共利益。因此与传统的硬制衡和结盟相比，以博弈生成制度更为适应。多方博弈的过程中既可以增强主体之间的关联性，也有利于进一步推动互动、互联秩序的广泛生成，从而增加制度的适用性以及格局的确定性，最终有利于公共利益的形成。此外，多主体参与的制度博弈也有利于保障和激发创造力、活力，"正是得益于利害冲突，社会才能不断发明创造，革新转型"③。就国家内部来讲，政治势力的斗争和博

---

① ［日］田口富久治等：《当代政治体制》，耿小曼译，北京：光明日报出版社，1988年版，第66页。

② 张宇燕：《全球治理：人类共同利益与冲突利益并存》，载《探索与争鸣》，2016年第5期，第69-70页。

③ ［西］费尔南多·萨瓦特尔：《政治学的邀请》，魏然译，北京：北京大学出版社，2009年版，第26页。

弈的需要实际上影响了权力建设和权力模式，而从总的发展趋势来看，权力中心的结构及活动不可能纯粹是私人的、集团的。而领导和政策往往都"需要由某种规范性共识和社会成员的多数偏好所支撑"①，这为群众博弈建立符合公众利益的制度秩序提供了好的契机。大众参与博弈有利于增加国家结构、制度的客观性、自主性和社会性，有利于制度完善和体系平衡。总之，博弈可以履行批判的功能，国家在博弈中经历他者挑战与自我的批判。

（二）对零和博弈的批判

博弈活动主要分为非合作博弈和合作博弈，双方博弈和多方博弈。非合作博弈主要源于博弈主体希望自身利益最大化或者全部化，而合作博弈的前提是对利益分配的认可、调整做出考量，而不是独占利益。因此不同的博弈立场产生的结果必然不同。零和博弈作为非合作博弈的主要形式，其出发点在于企图持久掌控绝对优势，进而"赶尽杀绝"，所以零和博弈与霸权思维、暴力思维的理念是内在一致的，"那个追求绝对优势的博弈者的现实版就是那种贪得无厌的资本家，或者是追求单边绝对威慑力的帝国主义"②。因此零和博弈往往是众多冲突和矛盾的源头。如全球治理的悖论常常与这种博弈有关，因为谁都想待价而沽、坐享其成。"中国倡导人类命运共同体意识，反对冷战思维和零和博弈。"③ 因此，对零和博弈的批判是建立共同体秩序的重要任务。

从资源的视角看，零和竞争是争夺资源尤其是争夺天然资源形成的

---

① ［美］西达·斯考切波：《国家与社会革命——对法国、俄国和中国的比较分析》，何俊志、王学东译，上海：上海人民出版社，2015 年版，第 26 页。
② 《天下体系与未来世界秩序（第三单元）自由讨论》，载《探索与争鸣》，2016 年第 5 期，第 72 页。
③ 习近平：《习近平关于中国特色大国外交论述摘编》，北京：中央文献出版社，2020 年版，第 41 页。

一种惯性的思考、处理方式。"在传统的实体性或物理性意义上……不同发展主体对实体性条件的占有量成反比例关系。"① 在这样的背景下，形成了谁占有、谁捍卫就是谁所有的规则，即通过暴力实现排他性分配，所以零和背后是暴力逻辑。但是当前人类的问题，是资源贮备已接近临界点，如果不对现有的资源进行加工和转化，人类将无物可用。在人类的无尽的需求下，这种情况将在各个领域先后出现，即这是人的不断生产与相对静止的自然资源之间关系的必然走向。这也就意味着历史已经发展到不能简单地构成"我多就是你少"的模式。人类若想生存必须像创造人自身一样，不断地创造出资源。此外，因大量科技的卷入，之前的直接攫取或占有的简单方式难以为继，如天然取暖被核动力取暖所取代。如此，以往以天然资源存在为前提的争夺和零和分配逻辑就不再适用了，这也是暴力方式被逐渐摒弃的基本动力。因此，面对资源存量减少以及越来越被复杂利用的特性，只能深度生产，而合作无疑是增强创造力、生产力的最好途径。如此，拒斥性或独占性的简单分配就必然会被依据参与度、贡献度等因素而分配的模式改变，即事情就进化到了并非暴力解决的路径，需要建立新的规则体系。换言之，不同于围绕天然资源而形成的分配逻辑，在高度的捆绑和合作中产生了新的分配规则，即取缔了零和、对抗和抢夺等天然形态主导的人类相处模式。总之，从发展趋势来看，博弈的形式和内容都发生了变化，零和博弈思维将逐渐失去时代土壤，合作共赢因符合生产的逻辑而将成为时代的主题。零和博弈变成合作博弈不但是道德、理论的范畴，还是发展规律的范畴，此时制度和规则也将呈现更为重要的意义。

从政治视角看，零和博弈把国家与国家、人与人之间的交往视为一

---

① 桑明旭：《"百年变局"的历史本质、演进趋势与内在张力——兼论全球治理"中国方案"的时代基础与世界意义》，载《湖北社会科学》，2021 年第 4 期，第 5-11 页。

种战场上的厮杀。如谋取一定的均势的硬制衡是博弈的一种传统方式，"在过去 4 个世纪，均势一直是国际政治和现实主义国际关系理论的基石"①。均势理论本身就是一种悖论，这种理论下，军事力量成了制衡的筹码，"结盟对抗彼此，这种行为导致了两次世界大战"②。即便在核武器产生之后因为其致命摧毁能力有了一定的战争抑制作用，但是这种克制也仅限于大战。所以传统的硬制衡和均势不仅不能结束战争和冲突，本身也成为世界动荡的一个源头。总之，新现实主义与新自由主义都把国际关系视为"国家作为个体主义的经济人在其中博弈"③。这种博弈暗含的逻辑也是占有主义，必然产生强盗逻辑。总之，零和博弈与显性的权势或是力量压制具有逻辑的贯通性，而事实上，随着世界历史的深入发展，博弈的主体增多，即面临的不再是单纯的双方博弈而是多主体的参与。在这样的多主体交叉关联背景下，基于零和思维的独占性的博弈、冒进式的只追求单方利益的索取已经难以实现。换言之，如果说在较孤立的环境下尚能在双方博弈中谋算，那么全球态势下的博弈只能是多方博弈或是全局性博弈，即不得不兼顾各自的关系群，也要兼顾非直接性第三方，因此，博弈的目标需要有普遍的有效性和适用性，而非唯我独尊。总之，随着世界问题的增多、各国联系的加强，巨量的开放体系形成体量大、联系节点多的新特征，那么对抗、冲突的风险将急遽增大，拒绝合作可能会带来整体利益丧失或者面临孤立处境，即零和博弈逻辑必然失效。而合作和信任将带来正向受益，即合作是最大的趋利避害的手段。

---

① ［加］T. V. 保罗：《软制衡从帝国到全球化时代》，刘丰译，上海：上海人民出版社，2020 年版，第 5 页。

② ［加］T. V. 保罗：《软制衡从帝国到全球化时代》，刘丰译，上海：上海人民出版社，2020 年版，第 84 页。

③ 李滨：《什么是马克思主义的国际关系理论》，载《世界经济与政治》，2005 年第 5 期，第 42 页。

第三节 形成新的国家理念

习近平指出，"坚持以维护世界和平、促进共同发展为宗旨推动构建人类命运共同体……坚持以国家核心利益为底线维护国家主权、安全、发展利益。"① 也就是说，人类命运共同体目前是要构建国家而不是消解国家。当前民族情感和局部共同体的边界还主要限于国家，而且在没有形成足以维系全世界的情感共识、在没有稳定的秩序足以协调庞大群体以前，民族情感的消亡极有可能存在隐患，如导致人类群体的散沙状态。所以，当前的任务还是尽可能地建设好诸多小共同体，进而奠定稳定的与世界相互恰接的秩序。国家的良好构建仍是建构世界秩序的最重要问题之一，失败或者无能、软弱的国家经常成为引起社会问题的根源，如人民极端贫苦、流离失所、传染性疾病、恐怖主义和毒品交易等不一而足。所以，人类命运共同体目前并不旨在消灭国家、弱化国家，而是要建设"好"的国家。好的国家和好的国家关系提供了一个解决困境的基本路径。"好"的国家和好的国家关系是弥补民族国家自身不可解决、不可遏制的缺陷的对策，包含着对资本无序冲撞全球的应对手段，意味着对"问题国家"和国家困境的现实批判。

一、构建新的秩序需要国家理念转变

构建人类命运共同体的基本任务是基于国家与人类命运共同体同向

---

① 习近平：《习近平谈治国理政（第三卷）》，北京：外文出版社，2020 年版，第 427 页。

发展的逻辑和线索促进国家秩序与人类命运共同体秩序的同向构建。同向构建也将是一种特殊的关系性动力，既可以加速国家的转型、摆脱困境，也有助于消除共同体构建的风险源头。就国家本身来说，即便是现代国家在面临新情况、新变化上也依然表现出角色失能、力不从心，必然面临着转型。对共同体构建来讲，国家的转型发展是推进国家有效联合的重要前提，是构建人类命运共同体的重要动力。因此，当前构建人类命运共同体的聚焦点在于国家的批判性转型和发展，在于在国家分立并存的背景下探索适切的国家理念。

第一，国家自身存在转变的条件。首先，处于转变中的国家。历史上旧制度下的国家崩溃与新制度下的国家建设总是在各个国家上演，现在"国家继续存在，其形式绝不会静止不变"①。其次，国家需要转变。虽然国家经常处于转变状态，但问题在于是其主动改变还是被动改变，即国家及其功能是否要随着生产方式和支配阶级的变化而及时改变。直至现在，失去活力的国家，也更经常地受制于外力，更遑论参与解决全球性的共性问题。考察诸多国家的发展兴衰史，不难看出没有适时转型的国家总是面临极大的危机和外部干预，轻则社会混乱，重则国家濒危以及宗教权力复归等。尽管有些国家主动寻求改变，但是仍然有限。再次，当前国家转变的特点及局限。就国家变化本身的趋势来看，大多数现代国家虽然处于持续的变化中，但是其改变并没有形成革命性的重建，变化的中心往往是在国家战略和运作模式上，包括加强政治构建、改变经济规划、调整社会规范等围绕上层建筑的改变，这是国家自主寻求转型的普遍特点。其总体的结果是经济基础、阶级基础没有发生多大改变，如此，国家的本质功能就不会发生变化。换言之，国家的有效转

① ［英］克里斯多夫·皮尔逊：《论现代国家》，刘国兵译，北京：中国社会科学出版社，2017年版，第252页。

型发展必须直面问题的症结，从根源上来探索原因进而解决。最后，
"处于转变中的国家"本身为国家自主转型提供了条件。国家对公民负
有责任的方式的变化、国家活动的重新定位、国家的自主性和社会化发
展的方向都意味着国家将在社会的发展中承担更多功能、发挥更多作
用，这些为秩序的转变提供了可能和契机。既然只要社会还存在着不可
调和的阶级矛盾，国家的任务就仍未完成，既然国家必然发生变化、总
是处于变化，即只是在不同的阶段有不同的侧重，那么基于变化的国家
而推进国家转型构建既是顺势而为，也大有可为。最后，两极格局解体
以来，发展中国家的建设由被动依附、追随的自发的过程开始逐渐转向
自主自觉探索的进程。从这个意义上说，世界历史背景下后发展国家自
主、自觉国家的建设才开始展开，也为国家理念的新探索提供了有利的
契机。

第二，国家转型的时代要求。面对全球问题层出不穷，国家仍没有
有效的联合，是全球政治秩序衰败的重要原因，而国家困境的解决和国
家的向好转型将从根本上有利于国家关系的协调发展。首先，国家政权
秩序是社会秩序的主要形态。好的国家秩序可以带来社会组织和运转模
式的坚韧，从而为全球秩序的稳定奠定基础。其次，随着世界性问题积
累的增多、市场自发运作带来的恶果的凸显，以及变化的国家之间的相
互作用的加强，仅仅停留在国家战略或是基本的秩序规范的转变已经难
以推动国家的发展了。再次，变革全球秩序需要同时变革国内外秩序。
如今面对全球变局，国家的命运更加充满了争议。国家需要共同参与解
决全球的困境，即国家要在国界之外发挥作用，但各个国家又有自己的
核心价值和阶段性发展的逻辑，在作用的界限和功能定位上又充满了模

糊和自己的特性。即国家既要"命运自主也要命运与共"①，而传统秩序下又很难实现"命运自主"与"命运与共"的和谐作用。所以，全球变局的聚焦点实质在于国家秩序和共同体秩序的批判性转型发展，即不仅需要整体秩序也需要变革，国家秩序也亟须转型。最后，国家向好发展需要共同体的制约。政治国家以及政治统治者必然要致力于保持现有的政治权力优势继续攫取社会资源，而且国家政权体系本身也具有很大的惰性，这也就意味着统治阶层和政权体系本身难以自觉发生转变，因此需要有外力的推动和制约。

总之，人类命运共同体作为一种调整国家和国家关系的理念，要求国家的发展契合人类解放自身的追求，追求的国家关系不仅是和平共存而且是发展式共存。换言之，在人类命运共同体视域下建设国家，并不意味着国家职能的淡化，恰恰相反，是在新的历史条件下对国家治理职能调整的凸显。

二、探索"好"的国家和好的国家关系理念

国家至今仍然是社会最重要的组织形式和载体。在国家组成的世界，人和社会不可能独立地超脱地得以发展，只有形成了好的国家和好的国家关系才有可能实现好的人生和好的社会。这就意味着建设好的国家仍然是人类的合理的追求。那么如何建设好的国家和好的国家关系，尤其在共同体的视域下而不是以国家为本位来建设好的国家和好的国家关系是当前要思考的新的国家伦理。习近平指出，"推动构建新型国际关系，就是要秉持相互尊重、公平正义、合作共赢，摒弃传统的以强凌

---

① 王义桅：《时代之问中国之答：构建人类命运共同体》，长沙：湖南人民出版社，2021年版，第174页。

弱的丛林法则，走出一条对话而不对抗、结伴而不结盟的国与国交往新路。"①

（一）"好"的国家理念

第一，"好"的国家。"好"是一个相对的词汇，其内涵随着条件不断地发生变化，当下建设好的国家在于可操作、可期许，而不是彼岸之花。以往国家构建专注现代性和西方道路的模仿，那么现在应该是以自主性、人民性为目标，即转向关注人民生活水平提高、可持续发展以及人类自觉的培养。从价值层面对国家的思考。每个国家其建设理念存在差别，这种差别不仅表现在制度不同的国家也会表现在制度相同的国家，但是核心理念应该保持基本一致，而且不应造成彼此的战争。以往的"强国"理念虽然一定程度上有利于本国的发展，但是放眼世界，造成彼此无尽竞争的局面，从而在整体上拖拽了世界的发展，因此"强国"理念需要转变为"好"的理念从而指导规约各个国家的发展。什么是好的国家，在不同的时代有不同的考量。亚里士多德认为"城邦的目的在于至善，使人们能够有最善良的行为和最快乐的生活"②；柏拉图认为，"国如个体，那就是管理得最好的国家"③；霍布斯认为"公私利益结合得最紧密的地方，公共利益所得到的推进也最大"④；黑格尔认为"国家愈成熟，自由愈有保障"⑤；马克思眼里，好的国家雏形应该属于他高度赞扬的巴黎公社。不论什么样的国家，"好"的特征

---

① 习近平：《习近平关于中国特色大国外交论述摘编》，北京：中央文献出版社，2020年版，第50页。

② 亚里士多德：《政治学》，姚仁权译，北京：北京出版社，2007年版，第160页。

③ 柏拉图：《理想国》，于是译，桂林：广西师范大学出版社，2013年版，第107页。

④ ［英］霍布斯：《利维坦》，黎思复、黎廷弼译，杨昌裕校，北京：商务印书馆，2017年版，第144页。

⑤ ［德］黑格尔：《法哲学原理》（第7卷），邓安庆译，北京：人民出版社，2016年版，第90页。

都应该是与"人"密切联系的,即"善"是从公民的立场出发的,而不是从国家的立场出发的。

第二,对强国的反思。追求强国以及国家实力的提升几乎是所有现代国家制定的核心目标。然而"强国论依然是旧世界主义的叙事"①。强国在历史上往往不是一个光彩的词,伴随或隐含的是成功纳贡、殖民、侵略等具有压倒性优势的霸权标签。强国的历史以及在现代的继续推崇恰恰说明世界的不安全。与强国相匹配的是对于实力的频繁使用以及"干预性"概念的发明,如硬实力、软实力、巧实力等,这种概念都内含着极大的向外拓展或控制的意图。强国论是一种整体视角,落脚点还不是具体的人,需要转向"好"的国家理念。"好"是对人而言,其价值坐标是人,好国家不仅是自己获得自足,也不企图干预别国,此外好的国家意味着国家具有多样性,并不企图齐一化。因此,基于国家之间相互作用的好坏,可以将国家初步界定为建设型国家、惰性国家、问题国家。这种划分主要基于国家国际公共职能的履行以及其外部影响。这类划分,利于全面评估国家以及较全面的国家构建理念的形成。如缺失建设型或是问题型国家关系的视野,只集中在单一的国家理念,就很难理解互助型的国家交往,也是一些国家长期奉行单线思维政策的原因。因此,价值坐标不同,评价也就不同,强国难免会造成国家成为目的、凌驾于人之上,最终形成以国家客体的发展取代人的主体发展的目标。而好的国家,其目标是人,"好"的国家是人类命运共同体当前阶段发展要求的集中表达,是国家形态向人类命运共同体转化的结合点。

---

① 高全喜:《构建新世界主义的动力机制》,载《探索与争鸣》,2016年第5期,第70-71页。

（二）好的国家关系

在世界历史尚在展开的背景下，国家的转变既要立足于自我构建，也要内外兼顾。国家的问题不单是国家内部的自由平等问题，还要考量国家之间的问题。国家关系是人类命运共同体构建的基本关系。构建"好"的国家的同时，必须配以适度的较好的国家关系，尤其是要建立有责任、善协调的国际机构，从而防止不良的国际环境给国家带来损害。毕竟国家建设已经极其艰难，如果再受到外部的干涉和裹挟，那么就会给其建设带来中断、苦难甚至破碎化影响。因此，好的国家关系就成为人类命运共同体构建必然要推动塑造的问题，而且人类命运共同体追求的国家和国家关系不仅是国家间和平共存而且是发展式共存。好的国家关系应该具有以下标准：不唯国家利益是图、积极承担国家责任和义务、共商共建共享、文明互鉴、命运与共。在未来阶段，好的国家关系应该是公共性和规则性的成熟化、国际化，并形成真实的依存的国家共同体、世界公民初步形成、世界社会深入发展。因此，国家的建构和发展首先是国家自己的事情，而国家的秩序要所有国家自己来重建。构建好的国家关系的第一个层面就是秩序和团结，要克服国家的彼此拖拽和发展的极大不平衡，彼此拖拽会拉低自身发展的环境和水平，导致历史倒退。此外，要警惕"无政府主义"的概念。我们要提倡的是摆脱国家压迫性以及只谋求局部利益的狭隘陈旧观念，进而实现共同发展的人类理念。而无政府主义观念是从国家观念出发的一种类比性言说，"无政府"作为判定这个世界的特征，容易引起"应该有政府""有世界国家"的误导，同时也隐含着对国家强大政治性功能的崇拜和依赖，也会导致按照国家政治思维去建设世界政府的企图或遐想，进而封闭了超越性理念的生成路径。

（三）"好"的国家和好的国家关系对构建人类命运共同体的重大意义

尽管人类命运共同体的构建和形成势必是多维的，即人、社会、国家是人类命运共同体构建指向的对象，但若想改变人和社会的发展状况就必须首先塑造国家和国家关系。首先，"好"的国家和好的国家关系是互为因果的。好的国家有利于重塑新型的国家关系，而好的国家关系也将促进国家的向好发展。其次，"好"的国家的形成以及国家职能向社会化方向的发展，可以为人类命运共同体的构建奠定秩序基石。再次，"好"的国家和好的国家关系建设利于抑制宗教政权的生成，即防止政治解放成果的前功尽弃，以及极端民族主义引发的民族战争。最后，新型国家关系的建设既是对资本逻辑支配的对抗，对压迫、剥削型国家的批判，也是弥补资本逻辑自身不可解决、不可遏制的缺陷的对策。建立新型的国家关系是止损或是调整资本无序冲撞全球的一种应对手段。总之，好的国家和好的国家关系必然成为人类命运共同体构建的现实目的和重要抓手。发端于国家时代的人类命运共同体，其构建实现的长期困境和机遇也都系于国家，国家问题解决本身就是将历史向前推进了一大步。因此尤其需要在国家分立并存的背景下对于如何构建好的国家和好的国家关系，以及同向推进人类命运共同体的建设进行总体性、脉络性思考。

本 章 小 结

自从迈入世界历史以来，全人类便休戚相关、命运与共。资本主义生产方式在全球化的推进中不断解构和改变着人们传统的思想和行为方式，不断改变着人与人、人与自然的关系，局部矛盾也极易演化为世界性、全球性矛盾。自然危机、社会危机层出不穷，政治家和学者都意图找到打开世界和解读世界的正确方式，生态主义、世界主义、全球治理等理念便随之不断涌现。人类命运共同体理念是以习近平同志为代表的中国共产党人为解释世界和解决人类问题贡献的中国智慧和中国方案，为构建新型国际关系和人类社会的发展指明了方向。然而构建人类命运共同体并不是一朝一夕就能完成的，首先必须面对当今世界最重要的活动主体——国家。人类命运共同体是基于国家共存的局面生成的，承认国家的主体地位和其在国际关系领域的中心地位，也尊重彼此的国家核心利益，其意图呈现的是非对抗性、非紧张的世界关系，进而实现世界的和谐发展。鉴于国家的维度是人类命运共同体构建的现实维度、国家问题对人类命运共同体构建的重大意义，以及人类命运共同体构建在现阶段的重大任务，是解决国家引起和面临的诸多问题，所以需要立足"国家"思考构建人类命运共同体的基本逻辑和进路问题。

人类命运共同体理念的提出源于对历史自觉性的批判反思，人类命运共同体的构建更要遵循历史唯物主义的批判思维和实践。批判思维的出现是人类智识发展的结果，反映了人的思维能力和实践能力的进步。事物自发的转化漫长且分散，批判和构建有助于缩短这个进程——历史的规律性与人的能动性结合的本来意义也在于此。在历史发展的重大节点，基于批判的逻辑和视角来思考和行动，有利于廓清前提，真正地推动历史以人为中心自觉地向前发展，有利于推动国家从"虚假的共同体"向"真实的共同体"转变。就国家构建自身来讲，现阶段的重要任务仍然遵循着"在批判旧世界中发现新世界"[①]，即进行自我革新和转型，在自我批判和他者的批判下自觉构建，促使国家形态、国家观念

---

① 《马克思恩格斯全集》（第1卷），北京：人民出版社，1956年版，第416页。

向人类命运共同关切的方向自觉转变，即尽量形成好的国家、好的国际关系。唯有如此，才能减少人类社会的内耗，共同面对自然界的风云变幻。就人类命运共同体的构建来讲，要在批判的视野下，培养和确立人类意识，建立符合全人类普遍利益的制度秩序，规约和指导普遍存在的博弈活动，摆脱偶然的、利己的行动，向具有普遍约束力的、长效的制度机制建立的方向转化，从而促使以广泛存在的、稳定的、合理的制度形式推动国家转型构建和人类命运共同体构建同向发展。

第五章

人类命运共同体构建中的国家角色重塑

"世界经济正在经历深度变革和调整，世界主要经济体正在重塑国家实力"①，"随着国际力量对比消长变化和全球性挑战日益增多，加强全球治理、推动全球治理体系变革是大势所趋"②。在很长的一段历史时期，构建人类命运共同体的进程必然是国家和人类命运共同体同时建构的过程。在经济秩序的变革中，要首先立足国家社会化发展的趋势以及生产力向国家集中的特点加速推动资源与劳动合理结合的进程。在政治秩序的建构中，要促进构建自主、自觉的国家，促进"命运"联结超越"利益"联结之国家理念生成，促进现代化理论与"共商共建共享"理念结合以及国家治理之间的良性互动。如果说经济秩序的中心任务是抑制资本主义生产无时不在的无政府状态和周期性的动荡，那么政治秩序的中心任务就是引导国家向人类命运共同体方向转型。概言之，新秩序的构建主体是各个国家，构建方式是国家的共建，其物质基础和伦理基础是生产的均衡性和分配的正义性。然而国家向共同体的自主转变必然存在着巨大的惰性，因此需要特定的、广泛的力量来推动。当今世界仍然是资本主义生产方式主导的世界，因此无产阶级与资产阶

---

① 胡锦涛：《胡锦涛文选（第三卷）》，北京：人民出版社，2016年版，第439页。
② 习近平：《论坚持推动构建人类命运共同体》，北京：中央文献出版社，2018年版，第260页。

级斗争的基本逻辑仍然在人类社会延续，即无产阶级依然担负着改变世界，包括改变"国家"的使命。

第一节　推动经济秩序的变革

"当前，世界经济面临诸多复杂挑战，我们决不能被逆风和回头浪所阻，要站在历史正确的一边，坚定不移全面扩大开放，推动建设开放型世界经济，推动构建人类命运共同体"①；"经济是最基础的社会权力载体，是个人最根本的利益"②。构建人类命运共同体要遵循唯物主义的历史发展规律，始终将落脚点置于生产方式和交往方式发展变革的视野中。即世界秩序的重构，其动力还要源于经济秩序的变革。如果缺乏人类命运共同体视野，世界也可能被重构，但是重构仍将发生在资本主义生产方式的自发秩序下。其结果将是在新的环境、老的框架下以新的形式重演或是扩大世界结构的不平等。③ 就经济视角来看，国家发展非同时代和竞争性逻辑在于自发的经济秩序同资源占有、生产同分配的冲突。如果不加以抑制，国家生产力的差异和国际关系沟壑丛生的离散力会继续蔓延下去，而以利益为目的资本主义生产的剥削方式也将持续下去。总之，全球市场的自发性、逐利性和被动性如不被遏制，放任自流，必然会衍生出更多难以预料的问题和破坏性后果。

---

① 习近平：《习近平重要讲话单行本（2020 年合订本）》，北京：人民出版社，2021年版，第 157 页。

② ［英］克里斯多夫·皮尔逊：《论现代国家》，刘国兵译，北京：中国社会科学出版社，2017 年版，第 106 页。

③ 程恩富、朱富强：《经济全球化与中国的对策思路——兼论"三控型民族经济"与对半式双赢》，载《上海行政学院学报》，2000 年第 4 期，第 64-74 页。

一、全球资源与劳动分离带来的挑战

"劳动角色和资源体系——被看作是保障国家利益的体系。"① 资源是国家存续的根基，是国家开展活动的原始驱动力，转化资源优势要"坚持群众主体，激发内生动力"②。而"生产过剩和大众的贫困，两者互为因果"③ 的荒谬的矛盾仍然是世界的主要问题。因此，不论从国家内部的政治秩序来考量还是从世界整体稳定、增量发展来考量，都要重新思考资源与劳动的关系，即要围绕资源与劳动的关系对经济秩序和政治秩序进行分析。

（一）资源与劳动分离的现状

资源与劳动的现状突出地表现为分离。这里的分离不完全指人远离劳动，也包括资源与生产者、劳动者的错位。具体来说，资源与劳动的分离主要包含两层含义：一是越来越多的人远离劳动、远离实体生产，集中于"钱生钱"的游戏；二是生活资料与劳动者的远离，即资源更多地应用于享受资料、军事设施的生产，享受资料的生产相对剩余，而生存资料的生产又相对不足。

资源与劳动分离的原因和后果如下。

第一，资源与劳动分离的现状是资本逻辑导致的必然现象。因为在资本主义世界，资本"像幽灵一样横在这些资料和工人之间"④，劳动被市场主宰，生活资源与劳动者分离。其一，有限的资源没有被用来满

① ［美］贾恩弗朗哥·波齐：《国家：本质、发展与前景》，陈尧译，上海：上海人民出版社，2019 年版，第 20 页。
② 习近平：《习近平谈治国理政（第三卷）》，北京：外文出版社，2020 年版，第 152 页。
③ 《马克思恩格斯全集》（第 28 卷），北京：人民出版社，2018 年版，第 360 页。
④ 《马克思恩格斯全集》（第 25 卷），北京：人民出版社，2001 年版，第 405 页。

足所有人的生存，而是由市场导向。如国家的耕地被用来满足种植出口所需要的高级水果、经济作物或者转为其他国家投资赚钱的运营场所，本国的主要口粮却需要通过进口来获得。很多时候生产者即便不停地劳动，其生产的对象经常也不是保障自己生活所需的产品，在剥削之下也难以大量获得自己所需要的产品。就这样，有限的土地资源被用来为有钱人的需求服务。处于弱势地位的农民被抛弃，沦为无产阶级，到处流浪式谋生，而后"它必须按照资本的需要让人们变来变去"①，被从一个领域抛到另一个领域。换言之，发展中国家生产往往以出口为导向，这种趋势已然导致本国产业布局失衡、市场扭曲。"生产得太少，这就是全部问题之所在。但是，为什么生产得太少呢？……而是由于生产的极限并不取决于挨饿的肚子的数目，而取决于有购买力的有支付能力的钱袋的数目。"② 资源是有限的，这种生产趋势无疑是要了穷人的命，也在动摇整个人类社会生存和发展的根基。即资本主义生产方式必然带来生产与社会需要的错位，这种生产人为地使广大的生产者同生存资料和发展资料相隔绝，大量的生存资料和发展资料被少部分的占有者所挥霍，对于生产者来说严重匮乏。其二，在高度分工下，一旦货币短缺或是流通受阻，生活资料就难以得到交换和及时补给。分工虽然带来了活力和生产力的提高，但是资本主导下的分工和市场究竟能使所有人受益还是使小部分人受益就另当别论了。这种不太赚钱的基本生活资料的生产并不充裕，一旦流通受阻，遭殃的必定先是穷人。其三，生产与需要的错位也体现在分工与分配的错位上。18、19 世纪的殖民地成为为整个欧洲提供原料的主要场所，而各大宗主国本土作为重要的生产基地。20 世纪以来，这种国际分工又发生了转移，资本本部成了金融中心，

① 《马克思恩格斯全集》（第 46 卷），北京：人民出版社，2003 年版，第 217 页。
② 《马克思恩格斯文集》（第 10 卷），北京：人民出版社，2009 年版，第 226 页。

生产基地向其他国家转移，尤其很多亚洲国家成了生产和代加工的基地，而获利甚微。即本国有限的资源为强国而生产在重复上演。分工与分配的严重错位加剧了国家之间的深层矛盾。总之，"直到今天，产品仍然支配着生产者"①，结果是富人的奢侈资源享用不尽，难民、贫民却在忍饥挨饿，富国与穷国的境况对比也大体如此。这种盲目带来的错位在一切正常时还能勉强维持，但是一旦遭遇危机就会面临崩溃。

第二，高利贷资本主义加剧了资源与劳动的分离。市场本身具有调配资源即将资源与劳动结合的功能。但资本主义市场又包含着牟利的天性，会向追逐简单的钱生钱而转变。"发展社会的劳动生产力，是资本的历史任务和存在理由"②，而企图用最简单的最暴利的方式尤其是高利贷获得巨额财富的资本主义就不再是一种生产方式，也就丧失了调配资源的效力和活力。这种过度金融化和高利贷不仅导致了资源与劳动的分离，也导致了资本生产动能的衰退和实体产业空心化的问题。即资本逆生产作用的出现导致本国的基础生产能力急剧下跌、实体产业严重萎缩，在世界市场上导致了双重边缘化的出现，即被边缘化的不仅是后发展国家的人民生活水平，也包括发达国家人民的生产能力，而"国家一旦失去了劳动能力，或者回归野蛮或者陷入堕落"③。目前表现为曾经极端的发达国家生产者阶层收入降低，工人抗议、种族主义兴起诸多问题。而政府为了缓解局面，又集中在贸易保护主义和经济制裁上大做文章，从而扰乱了世界经济秩序。因此，资源与劳动的关系形态涉及人的主体性逻辑与资本主体性逻辑的博弈。其合理结合的本质是促使个人摆脱种族局限、地域局限和资本主义生产方式隔阂而同整个世界的生产

---

① 《马克思恩格斯全集》（第28卷），北京：人民出版社，2018年版，第204页。
② 《马克思恩格斯全集》（第46卷），北京：人民出版社，2003年版，第288页。
③ 张文木：《美国帝国主义是资本主义的没落阶段（三）——兼谈新冠肺炎全球流行对国际战略格局的影响》，载《世界社会主义研究》，2021年第6期，第50—76页。

发生实际的联系，进而"获得利用全球的这种全面的生产（人们的创造）的能力"① 的基础条件。

（二）资源与劳动需要合理结合

既然已经揭示出资源与劳动分离所带来的问题，既然资本逻辑导致的周期性经济危机以及给全人类带来的腐蚀性已经并不是什么秘密，那么就要尽量促进资源与劳动的合理结合。资源与劳动的合理结合不仅是改变自发经济秩序、自觉培育全球市场进而保证全球生产能力的需要，也是构建新的国家秩序和全球秩序的需要。

资源与劳动的合理结合有利于抑制生产过剩和大众贫困的矛盾和互为因果，有利于防止产品错位和生产力的萎缩，有利于克服资源与资本的唯一结合导致的资源浪费和无序竞争。从而推动改变各国生产方式、生产水平不统一带来的分离和对抗，最终促进生产的平衡和劳动意义的回归。

具体来说，首先，资源与劳动的合理结合可以防止产品错位和生产力萎缩。虽然资本主义生产方式带来了生产力的飞速发展，但并不意味着资本必然会持续推动生产力发展。因为只要生产力阻碍了资本继续受益，它就会毫不犹豫地去消灭生产力。以往出现的经济危机已经将资本的反动性一面充分暴露：为了利益随时准备"消灭大量生产力"②。其次，资源与劳动的结合有利于协调因各国生产方式、生产水平不统一带来的分离。虽然世界进入了资本主义时代，但并不意味着在所有国家这种生产方式完全替代了传统的生产方式。有的表现为传统与新近的生产方式的混合；有的打碎了原有的生产方式和生产关系，但新的生产方式还没有建成。即各个国家在生产和交换时所处的条件各不相同。这种情

---

① 《马克思恩格斯选集》（第1卷），北京：人民出版社，2012年版，第169页。
② 马克思、恩格斯：《共产党宣言》，北京：人民出版社，2018年版，第33页。

况下，任由资本调动劳动，会加剧落后地区生产方式的极大断裂以及产品的牟利取向，不利于一国生产、生活方式的平稳过渡，从而使本国社会基本需求得不到满足、社会混乱。再次，促进资源与劳动合理结合，有利于克服资源与资本的唯一结合导向，从而促进劳动意义的回归。劳动的意义在于人的生存和发展，只有生产关系改变，人与人之间的关系才会发生实质改变，即"要想实现社会和谐就必须解决劳动异化的问题"①。最后，有利于促进生产的平衡、克服无序竞争。资源与劳动合理结合起来，可以在一定程度上克服无序竞争和盲目竞争带来的对自然资源的破坏和对劳动资源的浪费。因此，一方面，资源需要整合而不是消磨。另一方面，劳动的价值在于生产者自身的物质需要和精神需要的满足，而不是追求空洞的、抽象的利益，这样才能始终发挥人的作用，社会才能获得进步。资源与劳动的合理结合不仅是改变自发经济秩序、自觉培育全球市场进而保证全球生产能力的需要，也是构建新的国家秩序和全球秩序的需要。简言之，资源有效、合乎人性的配置即资源与劳动的合理结合，有利于经济可持续发展，有利于国际生产关系的良性发展进而达到国家关系的缓和，有利于促进劳动意义的回归。

总之，秩序的构建要始终落在生产与分配的根基上。即便资本主义生产方式还有发展空间并不具备马上消亡的条件，并不意味着要对其带来的负面影响熟视无睹，仍需要应对全球市场的自发性、盲目性，促使全球市场自觉运行，从而减缓、克服资本主义生产方式带来的盲目冲动和破坏，并进而阻止人类遭遇资源无序耗尽和环境恶化的厄运。而资源与劳动的合理结合不仅是改变自发经济秩序、自觉培育全球市场进而保证全球生产能力的需要，也是构建新的国家秩序和全

① 朱雪微：《人类命运共同体彰显马克思主义哲学理论品格》，载《东南学术》，2020年第6期，第24-30页。

球秩序的需要。

二、立足国家推进资源与劳动合理结合

资源与劳动的结合利于稳定国计民生，利于克服世界市场带来的巨大差异、资本逻辑导致的资源浪费以及对人的劳动本质的背离，那么国家构建和发展就应该向之努力。从国家的自主性和其长远的发展来看，国家也需要更加广泛坚实、有效健全的经济基础来支撑它的一系列需求和统治行动，虽然"到目前为止，国家并未压制市场的力量和颠覆资本主义的社会秩序"①，但并不意味着国家无所作为，相反，能给资本主义带来社会秩序干预和调整的只能是国家。对于一个国家来讲，其经济权力的来源主要在于对重要物资资源的控制，而其国家能力主要由"控制和指挥一个社会中最重要的资源——社会成员的活动——的使用和发展的能力"② 来衡量。换言之，国家必然要进行干预、参与甚至在某些方面成为经济主导，才能稳定社会的基本秩序和延续自身，其中首要包括促进资源与劳动合理结合的任务。

（一）国家干预的可能

对于受制于自然制约的共同体，匮乏通常是天然的结果，但是在社会共同体中，没有哪种贫穷是天然的、不可改变的。现代国家与以往的国家的重大区别就是对资源、经济的极大掌控和干预的权威，以往只要有军事机构做后盾就可能实现统治，而现在这种单纯军事的统治形式已经丧失了合法性和统治力。"'经济上的独立'即经济上的自给自足逐

---

① ［美］贾恩弗朗哥·波齐：《国家：本质、发展与前景》，陈尧译，上海：上海人民出版社，2019 年版，第 67 页。
② ［美］贾恩弗朗哥·波齐：《国家：本质、发展与前景》，陈尧译，上海：上海人民出版社，2019 年版，第 8 页。

渐成为一个公认的民族目标。"① 任何现代国家的政府都不可能不关心经济，只是介入的手段和方式以及关注的经济主体不一样。具体来说有如下几方面。

首先，生产力和生产关系向国家集中的趋势以及生产力的社会化不可逆转，为国家对经济的深度干预提供了可能。国家前所未有地获得了对社会更大的组织、引导能力，这样有助于整合国家资源、重塑社会关系。此外，国家有组织的社会化力量的发展不仅有利于改变传统的各自孤立的发展特征，也有利于抵抗资本的裹挟以及资本社会化趋势给资本主义本身带来的无力掌控的困境。因此，基于国家对资源的控制力是可以促进本国资源与劳动以合理方式结合的。其次，全球化给予国家参与、调整全球经济秩序的机遇。全球的经济动力要继续依赖民族经济和民族国家的力量来推进。全球化本身蕴含着巨大的动能，全球化的核心作用就是对生产力的巨大调动、对资源的调配、对全球生产关系的建立。然而全球交通的联结、基础设施的建立、优势产品的交换、制度的对接、大宗产品的生产买卖都集中在国家。换言之，全球化促进了以国家体量作为单位来参与。此外，市场作为"人类互相之间形成的实践生活的最为非人化的联系"②，对建立联系、扶助社会一无所知，"这本身就为诉诸国家制衡提供了辩护"③。再次，为了提升本国经济实力、改善国民生活水平，包括反抗国家之间的剥削和不公平的遭遇，国家可能关注到资源与劳动的合理结合。即人类社会的阶级形态也表现在国家

---

① ［美］斯塔夫里阿诺斯：《全球通史：从史前史到21世纪》，吴象婴、梁赤民、董书慧、王昶译，北京：北京大学出版社，2006年版，第700页。

② ［美］贾恩弗朗哥·波齐：《国家：本质、发展与前景》，陈尧译，上海：上海人民出版社，2019年版，第126页。

③ ［美］贾恩弗朗哥·波齐：《国家：本质、发展与前景》，陈尧译，上海：上海人民出版社，2019年版，第126页。

之间，所以对不平衡的经济关系以及国家之间的剥削反抗成了国家的一个基本使命。最后，国家监管能力、规划能力的提高为资源与劳动的总体调控提供了可能。随着科技产业向国家的聚集以及国家科技能力的提升，规划本身不再是棘手的难题，大规模的规划已经具有了物质基础和科技支撑。即"通过有计划地利用和进一步发展一切社会成员的现有的巨大生产力"① 的能力获得了前所未有的提升，为调配资源与劳动奠定了基础性的条件。

总之，自从国家出现以来，"人类赖以存在的自然空间和自然资源就与国家的发展紧密地联系起来了"②。随着生产力的不断社会化，政府的重要经济职能也必然要关注社会化大生产的调节，并规范经济、弥补市场分散性、防止资源浪费。事实证明，这些功能发挥好的国家获得了治理增长、产业发展的时机，能较好地应对资本社会化趋势带来的困境。因此，国家作为最大的社会力量的代表，有改变传统积累劣势、不被资本裹挟的责任和可能。

（二）国家干预的必要

国家统领经济、干预经济是克服国家完全丧失自主性、沦为私人工具的内在要求。国家职能的社会化、现代国家向福利国家转型意味着国家不能仅限于谋取私人的、集团的、阶级的利益，而是要兼顾总体利益，而且此起彼伏的运动也在抵制国家的偏狭。因此，从国家长久发展的视角来看，为了防止资本给社会秩序带来无序冲撞，国家需要解决影响社会根本秩序的问题。

现代国家的中心任务是对资源的汲取和分配。即国家如何实现经济

---

① 《马克思恩格斯文集》（第1卷），北京：人民出版社，2009年版，第709页。
② 杜志章、田秀华：《命运共同体视域下国家发展与自然资源的关系研究——从恩格斯〈劳动在从猿到人的转变中的作用〉的经典角度透视》，载《学习与实践》，2020年第10期，第5-11页。

快速持久发展始终是现代国家的理论难题和中心工作。既然"资产阶级社会的症结正是在于，对生产自始就不存在有意识的社会调节"①，那么现代国家若想继续推动生产力的发展，就必然需要进行有意识的调节，需要抑制或克服资本逻辑带来的典型的困境和缺陷。因此，防止资本对社会秩序带来无序冲撞是国家的重要任务。为了防止资本导致的社会不平衡加剧，解决社会危机，国家需要干预资本过度金融化、高利贷化。具体来说，面对工业资本屈服于金融资本，而金融资本正在向高利贷资本转变的趋势，政府需要防止投资不用于实体而用于投机和敲诈勒索。对国家来讲，既发挥资本的作用又协调了"它自己不再能驾驭的大量的生产力"② 是在当前历史时期国家发挥对社会促进作用的最有益的、最重大的表现，也是"国家"面对资本主义生产方式日趋独立、成熟的表现。

重新解释资源的分配也就是在重构权势。政治关系、利益关系主要根源于生产与分配的关系，因此重新解释资源的分配也就是在重构权势。政府是国家的代言人、执行机构，一旦政府将经济职能完全交给市场，政府就丧失了合法性和决定权。因此，对于资源与劳动力的管理、协调始终是国家政权保持权力的核心职能。因此，一旦资源与劳动分离的负面后果溢出、日益凸显，政府必然要进行干预和调整。而如何调整、效果如何就关乎政府本身的治国理念和治理能力了。理性的国家需要利用国家的全面影响力，即利用复杂的生产能力和生产关系日益集中于国家的优势地位以及国家强大的社会化组织功能来扭转生产与分配的剥削和极端不平衡，即扭转资本逻辑导致的破坏，进而维持自己"统治地位"的合法性。

---

① 《马克思恩格斯选集》（第 4 卷），北京：人民出版社，2012 年版，第 474 页。
② 《马克思恩格斯选集》（第 3 卷），北京：人民出版社，2012 年版，第 529 页。

国家关系的对抗也主要源于资源占有和分配上的冲突。全球秩序尤其是经济秩序的混乱或世界市场的逆态动向,从根源上来说也是资源与劳动的匹配问题,扩展开来是资源与劳动者合理占有的问题。如前文所言,逆全球化主要是国家行为,是国家之间主客观因素作用的产物。表明了资本传统动能在老牌资本主义国家的衰竭,折射出发达国家在对经济扩张、分配和收益无法掌控情形下回归保守的收缩式反应,体现出对资源与劳动关系现实的认识不清,所以盲目应对、解决不力。简言之,典型的逆全球化表现是资本主义国家无力持续垄断自身最大获利而做出的国家行为。因此资本逻辑导致资源与劳动的分离是一个问题,而国家内部的建设和应对举措则是加剧或缓解的另一个问题。而国家之间的合作能够在很大程度上"缓和资本和其他经济资源的流动所产生的不良结果"① 以及参与协调、管理劳动力流动和发展的问题。因此,需要各个国家洞察其负面的以及逐渐扩大的不良后果,主动参与。而自觉的全球市场一日不形成,则一旦加剧进一步对立。就目前来看,要"加强各国宏观经济政策协调,推动世界经济早日走出危机阴影……要推动世界经济动力转换、方式转变、结构调整,使世界经济走上长期健康稳定发展轨道"。②

总之,"国际社会普遍认为,全球治理体制变革正处在历史转折点上。国际力量对比发生深刻变化,新兴市场国家和一大批发展中国家快速发展,国际影响力不断增强,是近代以来国际力量对比中最具革命性的变化。"③ 发展中国家应该顺应生产社会化趋势,促进资源、资金与

---

① [美]贾恩弗朗哥·波齐:《国家:本质、发展与前景》,陈尧译,上海:上海人民出版社,2019年版,第193页。

② 《习近平重要讲话单行本(2021年合订本)》,北京:人民出版社,2022年版,第2页。

③ 习近平:《论坚持推动构建人类命运共同体》,北京:中央文献出版社,2018年版,第259页。

劳动的合理结合，发挥资本促进生产力的作用，并要防止被资本操纵。一方面，防止劳动的重心和结果过多放在享受资料或是军工产品的生产上。另一方面，防止资源被资本和政治企图所操纵而不是满足社会的实际需求。即要防止劳动和资源的双重浪费、消除生产和生活资料同工人之间的隔阂，以及减缓资本与劳动进一步分离所带来的恶果。总之，"要避免造成全球市场分割和贸易体系分化。要探讨完善全球投资规则，引导全球发展资本合理流动，更加有效地配置发展资源。"①

第二节　推动世界政治秩序变革

全球秩序的建设除了需要物质基础的内源性条件，还关乎阶段性的外部环境和实践。内源性的阻滞在于全球市场的资本主义特性所导致的一系列问题，外部阻滞主要是国际关系的分离和问题国家带来的动荡。因此，构建人类命运共同体既要深植于经济基础也要统合上层建筑。具体来说，既然"问题国家"、国家困境以及国家关系的沟壑丛生给人类命运共同体构建带来了长期的挑战和消解，那么解决问题的基本进路就是要解决这种挑战和消解，即促进国家向好构建以及国家关系的改善。

一、推动世界政治秩序理念的变革

全球问题即便对国家来讲在事实上不是一个新的问题，但在认知上是一项有别于传统国家活动的新挑战，此外，变化中的全球秩序意味着政治理论的传统结构将难以起到多大作用，如制度伦理和政治体系都面

---

① 习近平：《习近平谈治国理政（第一卷）》，北京：外文出版社，2018年版，第337页。

临着失效的危险，总体表现为全球问题的普遍性和国家能力有限性之间的矛盾。因此，为了应对全球变局带来的新的挑战国家需要转换和培育新的视角，需要思考新的政治目标和政治结构形式，从而推进合理的政治秩序的构建。

（一）"命运"联结超越"利益"联结

"政治权力本身，它是一种重要的社会资源"①，充当了社会秩序调节、集体事业建设（国家当前的任务）的角色，承担了预防和解决一些重大灾变的功能，即在一定意义上承担了维系社会秩序和建构社会的作用。然而，这种权力本身又有着"国家"的限定。因此，现代政治世界出现了诸多的困境和悖论，如国际组织单边化、自由主义专制化、民族自决转向极端民族主义、立足民主却推行强权等。诸多悖论、冲突的思考激发了全球政治的觉醒，即全球治理话语产生。全球治理更多还是基于政治合作或管理治理的层面，并未深度触及生产方式层面尤其是生产方式的变革。所以，将全球治理归为一种全球政治的新觉醒、新形态，是一种主动构建全球合作形态的自觉探索。其治理思想属于一种政治视角或生态视角，生态的视角集中关注的是外部环境的共同影响，政治视角仍然视"利益"为关系处理的核心前提。人类命运共同体是一种全球治理理念，遵循历史唯物主义发展逻辑。人类命运共同体视角下的治理既承认"利益"在当前的决定性的地位也关注生态的共在影响，更始终关注的是人的自由和发展。就国家来说，要求捍卫其和平发展、保护生态资源、使国内人民免于贫困和暴力，就国家关系来说，要相互促进、共同挣脱国家的阶级压迫性、专制性以及横亘在人中间的政治壁垒，即实现好的国家和好的国家关系。

① ［美］贾恩弗朗哥·波齐：《国家：本质、发展与前景》，陈尧译，上海：上海人民出版社，2019年版，第198页。

"利益"联结向"命运"联结转向。世界历史的形成提高了全球各种力量和要素对国家战略决策和目标制定施加的干预和影响，也因此推动世界秩序出现新的变化、形成新的特征。世界市场的形成极大地增加了联系的密度和不可确定性，也带来了前所未有的活力和变数，发生着诸多始料未及的事情。最为显著的是资本主义生产方式背景下的全球化既导致了贫苦国家的边缘化，也造成了富国生产能力的边缘化。即全球关系网意味着更多的机遇和更多的风险。那种传统的侵占、霸权给别国制造苦难而自己得益、不受别国困境困扰的时代已经一去不复返。人类社会的复杂性并不亚于自然界的复杂性，这种人类彼此之间的算计也逃脱不了"回报"。苏丹豢养军事奴隶作为暴力工具结果却被其推翻；日本想越出自己的生长地不惜举全国之力侵犯他国却换来原子弹在本土的爆炸；美国强大后急切地想要摆布他国，结果本土却遭恐怖袭击……资本大国对内保护，对外利用霸权经验网强推单边政策，其结果是极端民粹主义、民族主义思潮迭起。人类的历史在这方面的教训从不缺乏。恩格斯在《自然辩证法》中，对于人与自然的关系的经典论述，同样适用于国际社会，"即便最初取得了计划内的结果，但是往后和再往后可能发生诸多未曾预料或是令人措手不及的结果"[1]。人类对彼此施加的各种影响，并不能了解其伴生性或滞后性的后果。很多有时候"未能预见的作用占据优势，未能控制的力量比有计划运用的力量强大得多"[2]，关系越复杂，结果越如此。历史是人的历史，国家不是生活在真空，"命运"联结比"利益"联结能让人少一些算计，看得更为真切。共存于一个世界就需要自觉地共同建设一个世界。因此，人类命运

① 恩格斯：《自然辩证法》，中共中央马克思恩格斯列宁斯大林著作编译局，北京：人民出版社，2018年版，第316页。

② 恩格斯：《自然辩证法》，中共中央马克思恩格斯列宁斯大林著作编译局，北京：人民出版社，2018年版，第22页。

共同体理念的提出包含了人的理性反思和人类关怀的道德良知，是由世界历史意识转向自觉构建的开始。

政治与利益解绑。政治权力作为一种社会资源，承担着集体建设和社会调节等诸多功能，这也是国家变迁后的重要结果。然而政治体制依然延续着旧时代的特征，担任谋求利益的工具。这与现代国家的发展趋势呈现出背离的态势。现代国家政治权力的存在应主要基于社会的客观需要尤其是集体发展的需要，而不是脱离群体的利益的工具。即在必要时指导、凝聚我们的共同体，而不是要求我们的共同体。政治权力和利益为核心的互动，是历史的产物。国家利益在国际和国内是不同的。国内的正当利益取决于统治阶级的利益，国际上国家利益的正当与否取决于国际环境。以往因没有全球性制度的有力约束即常说的处于"无政府主义"世界，每个国家都以自己的国家利益为展开行动的依据，而具体的实现程度往往取决于国家力量博弈和对比。为了追求相对稳定，"均势"成为国家保证自身利益的一种追求。然而随着全球问题的增多和国家之间前所未有的联结，以国家实力为标准做出地位、位子顺序的衡量或者是相互的制衡，至多解决的是国家之间的纠葛，而超越这种"抢夺""角力"游戏的全球性问题并不是其能处理的范畴。这种实力反而成了推脱责任的"实力"，而"均势"的追求掩盖了问题需要整体解决的视域。因此面对全球问题要改变对权力与自我利益捆绑的崇拜。我们要明确知道"真正的自爱不是自私"①。国家也应该自爱，但是国家自私意味着对他国的损害。如果强调权力结构只与利益结构挂钩，那么权力就意味着自私，而自私的权力终将难以为继。此外，全球性事务的协调必定给各国带来利益和责任的不绝对等分，全球治理也会制约国家一定的权责行使。如果只关注自身的利益不等，会引起主权国家对全

----

① 亚里士多德：《政治学》，姚仁权译，北京：北京出版社，2007年版，第26页。

球治理合法性的质疑和冷漠，结果是将各个国家拖拽到共同的绝境。此外，在资本逻辑还无很好出路的背景下，政治尤其需要克制，不能随着经济触手的扩张而扩张其独断性，防止以战争形式来为经济保驾护航。总之，随着政治权力社会性的提高，其生命力更在于用来创造公平的结构和体系，具体来说，政治权力不再以权力为中心而是以实际问题为中心，不再以意识形态为依据而是以现实问题为导向，这既符合政治结构发展的逻辑也符合由古至今倡导的正义。只有国家之间、国家内部形成较均衡稳定的发展状态并团结起来，站在整体的即人类的高度而不是政治的或是利益的高度，才能面对外部自然界的风云变幻、减少人类社会的内耗。

（二）现代化理论与"共商共建共享"的结合

习近平指出，"只有共商共建共享，才能保护好地球，建设人类命运共同体。"① 同时现代化又是各个国家发展的普遍模式，所以需要关注现代化理论与"共商共建共享"的内在关系。事实上现代化之路并不顺畅，结果也大不相同甚至南辕北辙。所以反思现代化与如何治理、转型便是解答同一个问题的答案。各个国家"现代化"效果不同与其"现代化"进程颇为相关。现代化的实践与其思想理念相比更难以统一，当然这是晚期总结的经验，在推广现代化或是仿效现代化之时并未预见。

首先，经济的现代化与政治的现代化密切联系。一般认为现代化道路主要是经济的现代化，但事实上国家的现代化无不是或者绝大多数是以政治现代化为先导的。所以，有了依据人权、民主等理念建构国家的各种版本。柏拉图和亚里士多德等先贤早已经洞见政治体制不能移植和

---

① 习近平：《习近平关于社会主义生态文明建设论述摘编》，北京：中央文献出版社，2017 年版，第 141 页。

效仿，但结果并不尽如人意。马克思主义认为生产方式和社会关系的改变必然是随着新生产力的获得而逐步改变的一个过程。而生产力的发展"始终是与一定的共同活动方式或一定的社会阶段联系着的"①。一个国家的共同的生产生活方式有着历史和现实的诸多因素，所以现代化道路绝对不是可以一推到底、简单移植或扶植就能成就的，换言之，难以有单一的现代化路线。

其次，"共商共建共享"视域下的现代化摆脱了单维思路。任何一个国家，"不应该只追求所谓纯粹的理想政体"②，现代化也好后现代化也好，如果停留在一个标杆、集体仿效的模式，那么一定意味着失败。即国家建设、世界建设不能是单维的、理念的，而应该是历史的，"它不需要用任何政治的或宗教的呓语特意把人们维系在一起"③。换言之，现代化作为一种还难以完全准确定义的抽象的理念，并不能够真正如魔法般改变世界，尤其对于国家来讲，要履行自己的进程、经历自我批判和革新，才能实现自己的现代化。对于世界来讲，整个世界的现代化必然需要包容每个国家各自的发展阶段。所以，各个国家若要真正实现现代化必然是在彼此共商共建共享的视域下发展，而不是奉谁为师、奉谁为尊的单维思路。

最后，"共商共建共享"给予一些弱势国家参与现代化及捍卫自身发展的机会和空间。一国的经济发展需要有内外的保障，内在的保障是国内治理，外在的保障是国际秩序的顺畅保障和积极性支持，这也就是国际治理的议题。对于一些内部经济动力不足、寻求突破或者经济发展受制于外部环境的国家来说，融入外部环境更为重要。只要某一个国家被排除在世界市场的广泛分工的生产劳动之外，这个国家的人民同发达

---

① 《马克思恩格斯文集》（第 1 卷），北京：人民出版社，2009 年版，第 532 页。

② 亚里士多德：《政治学》，姚仁权译，北京：北京出版社，2007 年版，第 74 页。

③ 《马克思恩格斯文集》（第 1 卷），北京：人民出版社，2009 年版，第 533 页。

国家人民的平等就是不可能的，更何谈解放。此外国家作为行动主体面临着国际社会的结构性约束，如面临全球生产体系、金融体系以及制度体系的约束。彼此要想获得承认、扩大活动空间，"共商共建共享"是最佳模式。如果说之前某些国家获得了"从国际条约中获得优惠条款和例外对待"① 的优势，现在这种优势也在多边参与进一步扩大之后逐渐减弱了。地理世界在变小，但是心理世界没有更接近的悖论呈现了世界整体的特征和态势。"共商共建共享"利于促进建设合力的生成，凝聚建设力量的国家、制约分离力量的国家、争取中立的国家。对全球问题以及现代化进行反思的背景，给予了一些弱势国家参与捍卫自身发展的机会和空间。总之，基于全球问题的产生和全球治理的逻辑，世界的问题需要世界应对和解决，即"世界问题，也不再能以国家而必须以世界为尺度来解决"②。只有在一个共建的世界中，国家才得以实现持久和平与繁荣。因此，国家"要践行共商共建共享的全球治理观，集众智、汇众力，动员全球资源，应对全球挑战，促进全球发展"③。

二、推动建构自主、自觉的国家

国家仍然是局部利益的现实代表，在局域治理上具有难以替代的功能和权威，而且成熟的局部共同体向大共同体的聚合也符合历史的经验和趋势。所以当前的任务不是弱化国家，进而促进局部共同体的构建。国家的有效构建也是对人类命运共同体构建的积极回应。在文明的多样性还明显存在以及自觉的全球市场、世界文化还没有形成的前提下，取

---

① ［美］理查德·拉克曼：《国家与权力》，郦菁、张昕译，上海：上海人民出版社，2021年版，第97页。

② 朱雪微：《人类命运共同体：当代世界的政治哲学》，载《东南学术》，2021年第5期，第10—11页。

③ 习近平：《习近平重要讲话单行本（2021年合订本）》，北京：人民出版社，2022年版，第129页。

代国家、建立世界政府还难以实现，因此，当前的重要任务仍是推进构建自主、自觉的国家，并且基于此构建新的国家关系。

（一）促进建构自主的国家

第一，尊重国家的构建的自主性。国家自主构建（自治）的合法性和必然性。首先，自治是现在的全球伦理之一，"现代规范不接受自治以外的任何合法性"①。自治理念生成于对人类社会异族压迫史的反思，反映了对自由、独立的强烈诉求。而且统治与被统治的平民化趋势也必然导向自治。其次，独立的自治有利于共治，共治是现代世界的必然走向。国家内部建设是国家的主要矛盾，对局部秩序的稳定起着决定作用，国家的自主和独立是平等、全面交往的前提。即对于不同的独特的文明体来讲，立足于自主和自治才能更快地实现区域发展，克服国家发展的时代差异，形成共同秩序建构的有力起点和主体力量。因而国家自治为全球治理奠定了基本的秩序基础。再次，从压迫与反压迫的视角，国家的自主性和独立性也是反映国际体系特征的重要指征。促进国家构建的自主、独立，有利于提升国家的全面影响力，消解强权干预。最后，单个国家难以解决全球问题，并不意味着国家的无效，至于激进的国家过时论，认为主权国家已经成为经济全球化和人类进步的障碍，国家已经遭到来自内部和外部的毁灭性打击，也还只是就局部现象的盲目臆想。总之，尊重各种文明形态、尊重不同的制度、尊重民族自决和自治，并以承认、尊重相互的存在和发展为基础，与追求人类的整体福祉的目标是一致的。但是自主构建绝不是各行其是，只是在更大的共同体里，恢复每个国家作为人类社会的中介所应有的独特的、独立的历史地位，也促使恢复当初迈入政治国家时大多数人所失去的自治的权利。

---

① ［美］弗朗西斯·福山：《国家构建：21世纪的国家治理与世界秩序》，郭华译，上海：上海三联书店，2020年版，第112页。

第二，对国家自主构建的宽容。信任和宽容的社会韧性更强，不少国家在自身建设方面还存在不少问题，如经济的协同性，政治的凝聚力，社会的信任度，种族、民族的共同价值观，各个阶层、职业壁垒偏见等问题，所以需要给予各个国家建设时间和信任。国家构建有着自己的独特性，这也就意味着其构建有着自己的阶段特征和现实任务，不能依据当下的某一种标准急于否定其他国家的发展的模式和路径。就政治制度的构建来讲，其本身"是用来调节政治关系、建立政治秩序、推动国家发展、维护国家稳定的，不可能脱离特定社会政治条件来抽象评判，不可能千篇一律、归于一尊"[1]。所以需要审慎地抉择是否对其他国家的制度建设进行干预。单凭逻辑和想象并不能得出明确的结论，通过观察近几十年来国家发展进程和现实状态就不难明确发展模式没有千篇一律。而两次世界大战以及战后发展带来了无可争议的教训，即任何一个民族、国家都不会因外力的干涉和扶植而强大、走上更好的道路。如在外力建构下的刚果其"国家能力一直在低水平徘徊"[2]。日本、韩国的发展根源于其先天深厚的国家传统和社会凝聚的基础，其政权自主意识很强。总之，"不能强迫他国人民接受任何替他们造福的办法"[3]。除了战争，经济干预和经济制裁等体现的经济霸权带来的不只是"零和"，也是彼此的拖拽和消磨。

（二）促进国家构建的全球自觉

历史深度转变为世界历史的进程必然是国家之间独立的、全面交往的自觉进程。这样国家的自觉构建才能减少社会内耗，实现长足稳定的

---

① 习近平：《习近平关于社会主义政治建设论述摘编》，北京：中央文献出版社，2017年版，第10页。

② ［美］理查德·拉克曼：《国家与权力》，郦菁、张昕译，上海：上海人民出版社，2021年版，第142页。

③ 《马克思恩格斯文集》（第10卷），北京：人民出版社，2009年版，第481页。

发展，形成国家发展的"同时代"格局，进而应对自然界的风云变幻。民族国家的发展到了一个自发孕育到自觉培育阶段的关口，不论成熟的国家和民族，还是在艰辛构建和探索中的国家，都需要适应时代变迁与社会变革并做出改变。

第一，国家构建的失衡以及自觉性的缺乏。以往的国家构建更专注于现代性和西方模式。进入世界历史以来，国家参与世界进程极不平衡，呈现出主动和被动交织的局面，而且国家功能形式和理念的变迁也存在差异。有的国家试图由政治构建转向社会构建，有的国家还处于政治权力的旋涡中。而且国家自身难以进入自觉、自主的实践。国家政权具有反进取的惰性。一直以来政权或是制度的改变多是出于外部冲击或内部革命，现实关系也总是具有惯性，以往的生产生活方式结成的共同体也将延续一段时间的传统权力。这也就解释了为什么前时代概括的理论、意识可以被后时代的斗争所利用。而且"所谓的'世界'现在还是一个'非世界'"①，即在无有效秩序的外部世界下，国家自身难以进入自觉、自主的实践。

第二，促进构建与治理的自觉结合。首先，国家构建的进程就是国家治理形成的过程，而治理的过程也是克服国家矛盾和国家关系危机的过程。构建向治理的过渡意味着政权的稳固和转型。治理需要国家社会秩序和组织功能的完善。"如果国家力量弱小，那么逃避税收或以宗教为基础的政体或是其他组织政体就会蔓延"②，国家治理就无从谈起。反之，国家的有效治理利于从根本上防止民族主义和民粹主义大范围的回归。其次，国际关系矛盾为国家治理的反思和转型带来了机遇。纵观

---

① 赵汀阳：《天下体系———世界制度哲学导论》，北京，中国人民大学出版社，2011年版，第74-75页。

② ［美］理查德·拉克曼：《国家与权力》，郦菁、张昕译，上海：上海人民出版社，2021年版，第149页。

国家发展史，虽然国家形态阶段性地发生着变革，但自从国家与资本结合，一系列局部和全球性的运动奠定了国家主权的垄断地位，也导致了其惰性的形成。因此，很多国家自身转型动力不足。即便发生了社会停滞乃至倒退的危机，民族国家尤其是发达资本主义国家也仍然难以发生革命性的变革。因此，需要一种新的整体的变革理念进行约束和引导。再次，构建与治理转型的方向。一方面要选择恰当的政体。对于一个国家来说，能够采用自己已有的条件所允许的较优良的政体就是当下最匹配的政体，即要依据国情选择政体。因为如果内政制度不好、政权体制不匹配，国家政权或者可能为少数权贵所侵占，或者严重阻滞社会的正常发展。另一方面注意对货币、积累和资源的调控。在金融化的时代，国家的重大任务是将货币的作用控制在服务生产的中介和信用作用，防止操作货币，防止将货币的作用集中在对社会生产和供应毫无作为的腐朽的钱生钱的路径。在社会产品积累和货币积累达到一定程度的时候，要注意对积累的调控和管控以及对盈余的分配处理。最后，防止"政治经济学"① 的通用。国家发展的时代差异特征意味着发展战略和阶段性的目标必然不同，这就需要深入研究每个国家的国情，因地制宜，防止那种不分国情的理论上的通用。进一步说，批判分析国家的现状也要批判包含以国家为核心的各种理论，这种理论既被现实塑造，也在强化现实，但其本身可能往往落后于现实。理论的缺乏和落后于时代，阻滞了发展进程。

第三，发挥人类命运共同体理念的启蒙和规约作用。共同体的基本任务是对国家规约、转化、矫正，进而奠定稳定地与世界相互恰接的秩序，使其向利于人类命运共同体的方向转化、发展。人类命运共同体理

① 《马克思恩格斯全集》（第26卷），北京：人民出版社，2014年版，第154页。政治经济学，从最广的意义上说，是研究人类社会中支配物质生活资料的生产和交换的规律的科学。

念生发于历史规律和现实需求，从提出伊始就关注国家关系，倡导"各国要相互依存、休戚与共"①。共同体秩序的构建也是对国家构建的规约和补充。因为国家存在着自利性以及谋求实现统治的意图，所以国家自身难以自觉地发生转变。这就要求国家之间相互制约以及共同价值的规约，对于国家的规约是引导异化的国家实现蜕变的重要环节。首先，人类命运共同体理念作为一种统合性的理念，在国家权力保守的状态下，可以担负起思想启蒙和理论先导的重任，指导、规约国家的整体构建方向，对国家的发展予以匡正和指导。一方面，促进国家由自发构建转向自觉构建。另一方面，对国家理念和职能进行调整。从而解决国家的普遍性困境、改变不合理的国家关系，包括国家状态的重塑，国家关系的重塑，即改变国家困境、消除问题国家，进而利于解决贫富分化问题，南北方、东西方差距问题，不合理的秩序问题。其次，国家的机制和能力是有边界的，只要生产力发展还没有达到消灭不平等的程度，国家仍然是政治国家，那么它与共同体的关系就难免是功利性的，就必然离不开引导和规约。此外，国家作为行动主体当然是为了实现自己的目的，但是因为世界的不可控也就是不确定，能否实现自己的目的，也变得扑朔迷离，所以需要稳定的外在秩序。最后，人类命运共同体主张尊重主权，不干涉国家的内部事宜，但是在关乎全局、全人类命运的问题上是要同心协力的。即人类命运共同体构建的基本立场：共同体秩序对国家引导和规约，但不急于淡化、否定民族国家。总之，在进程方面，人类命运共同体终极价值指向人的自由全面解放；在价值功能方面，发挥着批判与建构功能、规范与凝聚功能、引领与整合功能，为人类社会有序发展提供理念支撑和实践动因。

---

① 习近平：《习近平谈治国理政（第二卷）》，北京：外文出版社，2017年版，第522页。

（三）重塑国家关系

全球化以来，政治与经济的互动呈现出新的特点：不仅全球化影响了政治，世界政治中的矛盾和冲突也几乎充斥着全球化进程，扩散到"非传统的全球性稠密交往和互相依赖构造中"①。而且矛盾和冲突不会主动消退，也很难自觉产生共同价值认同。常态下不冲破边缘和激化矛盾是因为成本—利益的考量，而非有什么长久的替代方案。因此，仍需要寻找新的方案认同。

第一，夯实构建局部的共同体——国家的基础。国际体系的紧张、对峙、无自觉状态与国家的敌对不无相关，但深层的原因也在于国家自身还在生成。换言之，在国家"自顾不暇"或持续变动中，国家的相处模式以及各个国家的相处难免呈现出盲目、混乱、自发甚至冲撞的状态，因此国际关系也就难以自觉形成，即"无政府条件下的世界状态是诸国所造就的那个状态"②。因而建立成熟、稳定的小共同体——国家共同体确是建立自觉共同体所必要的。

第二，秉持集体主义立场，促使区域共同体变革。全球治理本来就是集体行动，要采取集体主义立场，个人主义立场或是自由主义的过分强调会消解集体行动。而且，不论个人主义的过多自顾还是现实主义的猜疑、防备都会对共同体产生消解。均势理论、制衡理论、贸易保护等现实主义的所谓客观性要求恰恰会变成"最狭隘的主观性"③。任何成熟的国家和民族，不仅需要适应时代变迁和变革，更要有长远眼光和人类意识。此外，集体主义立场与平等是内在一致的，没有平等就没有真

① 时殷弘：《全球治理和开明秩序面对的倾覆危险》，载《世界经济与政治》，2017年第6期，第25-31页。
② 《天下体系与未来世界秩序（第三单元）自由讨论》，载《探索与争鸣》，2016年第5期，第74页。
③ 《马克思恩格斯文集》（第10卷），北京：人民出版社，2009年版，第10页。

正的集体。不仅国家的真正自治需要国家和民族的平等，而且也只有实现国家之间的平等，集体问题才能在集体的努力下解决，这治理全球的基本逻辑。

第三，需要将人权和民主置于团结、秩序的框架。人权和民主的效力在全球问题层出不穷的时代背景下必然有所下降，面对全球问题更需要探讨的是如何团结。换言之，在全球问题制约的视角下、在"全球政治文化正在向本土主义—民粹主义—民族主义方向发生急剧的变化"① 的趋势下，关注团结比单纯关注人权或民主更利于全球的稳定。即便"团结"容易流于口号，但是在一定程度弱化人权和民主的口号或者说弱化缺失团结、秩序的框架下去强化人权和民主的主张，是利于世界稳定的。换言之，只有先保证了基本的社会秩序、保障了人类的基本的团结的观念才能实现真正的民主，从而基于人类的人权才能实现。就美国来讲，其早期的巨大成就绝非互相拆台与政治对抗的结果，恰恰离不开秩序的稳定、环境的包容以及团队的协作。否则可能出现共同解决问题的初衷被所谓民主的争论、权力的争夺而销蚀，如联合国的重大协调功能：处理生态危机，制约战争以及管控、安抚难民，协调纷争等作用往往在"大国的权力博弈中被遮蔽了"②。反之，人权也好自由也好，只有在绝对的权力把控、自由受限的背景下才能彰显出宝贵。总之，追求人权和民主无可厚非，但也必然要追求秩序和团结。

第四，推动国内外秩序构建的联动。国家转型既取决于国家的历史环境和具体的制度形式，也受到"社会的阶级结构和国家的外部秩

① 时殷弘：《全球化的内在紧张、急剧变化和应对战略》，载《中央社会主义学院学报》，2019 年第 3 期，第 5-10 页。
② 张篙、李桂花：《"人类命运共同体"视域下全球治理的挑战与中国方案选择》，载《社会主义研究》，2020 年第 1 期，第 104 页。

序"① 的限制。历史变迁是社会结构的变迁，是其组成部分之间相互关系的演变。新型秩序构建是长期性的、历史性的也必然是阶段性的过程，也是秩序整体演变发展和部分演变发展的相互作用的过程。即总体秩序的根本改变既遵循"过程性"也具有"突变"性，各个时期、各个阶段国家内外秩序的同构实践和同构理念的形成都将成为促进质变的重要环节。斯考切波曾提出要关注国际条件带来的压力以及其同国内阶级结构影响的经济主体与政治主体之间的关系，因为可以从这里发现危机以及国家重建的力量②。时至今日，这种全面的相互作用越发紧密，国家已经处于结构性相互依赖的背景中。即国家的构建是国家内外联动、相互制约的结果。没有好的国际秩序，就没有国内秩序的长足发展和成果捍卫。反之，全球秩序的生成和转型也必然关联于国家的内政。

第三节 世界秩序重塑的根本力量

理论需要并不能直接成为实践需要。"光是思想力求成为现实是不够的，现实本身应当力求趋向思想"。③ 秩序构建的历史自觉活动在这个时代表现在改造现状的运动。根本现状改造的历史任务仍要落在社会发展的中坚力量——工人阶级等所有劳动者的身上。阶级冲突和社会运动作为阶级社会和国家出现以来的常态活动，对国家结构的变迁施加了强烈的影响，是旧制度崩溃和新制度重建的动力，也进而改变了世界的

---

① ［美］西达·斯考切波：《国家与社会革命——对法国、俄国和中国的比较分析》，何俊志、王学东译，上海：上海人民出版社，2015 年版，第 31 页。

② ［美］西达·斯考切波：《国家与社会革命——对法国、俄国和中国的比较分析》，何俊志、王学东译，上海：上海人民出版社，2015 年版，第 33 页。

③ 《马克思恩格斯选集》（第 1 卷），北京：人民出版社，2012 年版，第 11 页。

形态和历史的进程。即真正的自觉的世界历史的形成仍然需要阶级联合以及自觉的无产阶级运动，这里的世界历史是指世界作为一个自觉的真正统一体、整体，其意图实现的是世界范围内劳动者的目的和福祉的世界历史。

一、无产阶级运动是社会变革的动力

旧世界的遗产限制、塑造着新世界。在资本主义生产方式仍然主导、影响人类生产生活的时代，世界仍延续着无产阶级与资产阶级的斗争的基本逻辑，无产阶级依然担负着改变世界的使命，无产阶级运动也必然仍是推动社会变迁的基本动力。换言之，阶级斗争尤其是暴力形式的阶级斗争作为人类历史很长一段时期的存在形态影响了人类社会的进程、国家的进程。

第一，世界形态改变和国家转变的力量仍在于工人阶级。一是国家统治形式的变迁和内部结构的变化也从来都是在阶级斗争的推动下完成的。国家结构的变化根本上取决于国家的组织结构以及国内阶级和政治力量的自主与动力关系，以及其相对的国际地位。即阶级斗争不仅仍是革新国家政权形式与功能的基本途径，也必将改变世界的整体秩序。二是从方法论的层面来看，研究国家与阶级之间的相互联系，依然是解读国际关系的因果逻辑以及推动社会运动的有效的路径。三是失去了工人阶级的团结和努力，世界分化、对立的因子无法得到有效抑制，和平制度的效能也会深受影响。耗资巨大的军事机器和常备军，往往来源于农民、工人的血税，其是"所有国税和国债的不竭泉源"①。即"如果工人们忘记自己的职责……会在每一国家内使刀剑、土地和资本的主人又

① 《马克思恩格斯选集》（第3卷），北京：人民出版社，2012年版，第141页。

一次获得对工人的胜利"①。四是民族和种族问题会不断加深。资产阶级、统治阶级的合作倒是比工人的合作经常而又稳定。因为资产阶级可以利用工人分裂、种族差异、矛盾问题的进一步激化，转移其治理国家的无能，掩盖其统治的剥削、利己，"使两国工人阶级之间不可能有任何认真的和真诚的合作"②。制造各国的矛盾也为进一步在国际领域谋取利益留下巨大的空间。因此工人之间的团结尤其是世界性团结不仅关乎种族主义和民族主义问题，更是工人阶级革命、国家政权变革尤其是去除国家政权反动性的重大问题。换言之，没有工人阶级的团结，种族和民族的隔阂会进一步扩大并成为被利用的工具。五是博弈成果被大国掌控和捞取的机会增大。失去工人大众的制约，国家随着自身影响力的提升不仅不能主动向社会秩序以及"真实共同体"方向回归，还有可能急速异化为专制的工具，反对资源向劳动大众倾斜。总之，使国家由自我为中心的自发状态转向自觉发展的状态，不是任何一个国家能独立完成的任务，必然需要一种具有共同诉求的力量来引导和促成，这种共同的力量只能是具有普遍境遇的无产阶级。

第二，运动的形态和强度发生了一定的改变，但是并不否定无产阶级运动的发生和进行。当前世界性运动主要体现为各种国际组织的专题活动，以及一些国家发生的如抗议、罢工、示威游行等运动。"这些运动的参与者因为共同的性别、种族、民族、性倾向或者代际身份而走到一起。"③ 2008 年西方发达国家相继爆发了大规模的"愤怒者运动""占领运动""黑夜站立运动""民主之春运动""黄背心运动""弗洛伊德事件"等。这种运动发起形式往往是自下而上的，参与者的职业

---

① 《马克思恩格斯选集》（第 3 卷），北京：人民出版社，2012 年版，第 72 页。
② 《马克思恩格斯选集》（第 4 卷），北京：人民出版社，2012 年版，第 485 页。
③ ［美］理查德·拉克曼：《国家与权力》，郦菁、张昕译，上海：上海人民出版社，2021 年版，第 116 页。

和身份较为复杂，并不突出为阶级运动。共产主义政党、工人政党以及左派也发起或组织了一些会议和交流活动。其中很多社会运动总是围绕经济而非政治，运动往往是由各国政府采取减少财政支出和公共部门岗位、削减福利、提高税收等紧缩政策引发的。总体表现为局部运动多，全球性运动少；群众运动多，集中的有组织的工人运动少，有时降格到种族排外的水平；社会运动多，阶级斗争少，经常体现为零星、具体的个别诉求；目标、力量分散，缺乏组织性、系统性和深层次的理论指导。从社会主义运动的视角来看，全球化以来，社会主义运动被世界的新形势所冲淡，更多变为活动，运动烈度降低，政治水平提升也有限，围绕具有关键性、重大性全球问题的运动尚缺乏。所以有学者认为"20世纪60年代以来，阶级斗争基本已经让位于新社会运动"①。

不难看出，虽然当今社会由于各种原因，传统的阶级斗争形式和烈度发生了弱化，但是依然活跃的各种各样形式的社会运动依然是无产阶级遭遇困境的时代表现。即从根本上说，社会运动的根本动因仍然在于物质的匮乏、失衡和阶级的分层。总之，不仅资产阶级与无产阶级对立的事实没有改变，资产阶级对于无产阶级的压迫也依然没有改变，只不过有时这种压迫伪装成具有一定的合理性。所以，只要世界仍然延续着资本主义生产方式的运作逻辑，无产阶级运动就依然是革新现实的根本动力。

二、无产阶级运动陷入低潮

当前的社会运动、社会斗争与马克思主义生成的时代阶级矛盾特别尖锐、工人特别艰苦以及政权斗争特别激烈的情形不同，呈现出阶级斗

---

① ［美］理查德·拉克曼：《国家与权力》，郦菁、张昕译，上海：上海人民出版社，2021年版，第116页。

争陷入低潮和斗争暴力形式弱化的特征。这与工人阶级阵营碎片化、工人自觉认知不足、无产阶级政党在很多国家边缘化和弱化以及现代社会的暴力力量已经基本集中于国家政权等原因密切相关。然而，事件的发生从来都不是独立的，国家向社会化方向发展的趋势以及全球性组织的普及等时代条件也为新形式的全球性工人运动的发生提供了可能。

（一）无产阶级运动陷入低潮的原因

第一，由于职业的快速流动，资本主义生产方式带来的分裂性影响被削弱了，即"地理和职业上的流动模糊了阶级界限"①。社会阶级意识在各种职业、身份或以其他主题建立团体的对冲下淡化。此外阶级意识也容易被快速变化的社会节奏所冲淡，新行业的涌现以及劳动力流动使阶级的界限含混不清，固定的阶级似乎难以形成。也就是说，劳动的活力而非僵化似乎在一定程度上瓦解了传统阶级意识的形成和再生，阶级力量难以形成。此外，有些地区社会群体混乱、无业游民很多，既不是工人也不是农民，这样特殊的群体也难以形成有组织的阶级力量。换言之，那些失去稳定来源、没有固定工作的工人也往往丧失了提出诉求的集体环境和斗争的平台，久而久之丧失了活力。

第二，资本主义国家的工人阶级是最先被腐蚀的，主要表现为资产阶级化。统治阶级用福利和选举等资产阶级的和平主义方式来麻痹工人群体。马克思、恩格斯曾指出，"英国工人能够多快地摆脱资产阶级对他们的明显的腐蚀，还要等着瞧"②；"英国无产阶级实际上日益资产阶级化了"③。因为被腐蚀，工人对剥削的政策也变得无动于衷。这先表现在工人阶级对殖民的态度上："英国工人对殖民政策的想法如

① ［美］理查德·拉克曼：《国家与权力》，郦菁、张昕译，上海：上海人民出版社，2021 年版，第 125 页。
② 《马克思恩格斯文集》（第 10 卷），北京：人民出版社，2009 年版，第 203 页。
③ 《马克思恩格斯文集》（第 10 卷），北京：人民出版社，2009 年版，第 165 页。

何？……工人十分安然地同他们共享英国在世界市场上的垄断权和英国的殖民地垄断权。"① "进入19世纪晚期，这些收入红利中的一部分也逐渐渗入到欧洲社会的底层。"② 由此，恩格斯批判，工人变成了"激进资产阶级政党的尾巴"③，工人安然被腐蚀，更毋庸说组成无产阶级政党的先锋了。此后，工人资产阶级化的现象依旧在形成垄断利益或是霸权形态的国家中出现，使得这些国家的工人收入按照世界标准来看已经达到了富裕的程度。总之，伴随着发达国家的海外受益高于国内受益，发达国家的生产者也会在一定程度上获得国家在外的投资红利，工人的经济收入和福利水平有所提升。这也是资本国内剥削转移到国际剥削的有力证据。

第三，剥削主体泛化，被剥削的形式隐蔽化。随着世界市场急剧发展带来的动荡和相互联系，工人在社会中也具有了多重角色，本身的处境不再单一。如其本身既可能成为被剥削的工人，也可能因为其技术能力、专业权威、优势而形成一种专有利益和红利，即"身份红利"，如医生、法官、公务人员。此外他也可以在投资中获得一定的额外收益。所以说在资本逻辑扩张的背景下，如资本输出、世界贸易、技术输出、金融输出等时代，劳动者的收益、付出、身份也变得更为复杂。工人全身心地投入复杂的生活当中，被剥削感和阶级意识被冲淡。换言之，在赤裸简单剥削的背景下，阶级意识容易被激发，一旦剥削隐秘、复杂，工人彼此之间又有激烈竞争，阶级意识的认知和统一就变得更加困难。此外，跨国公司形式阻碍了传统工会为工人争得权力的作用。有学者认为："跨国公司等组织的出现是因为资本家想以此来规避某一国家的控

---

① 《马克思恩格斯文集》（第10卷），北京：人民出版社，2009年版，第480页。
② ［美］斯塔夫里阿诺斯：《全球史纲——人类历史的谱系》，张善鹏译，北京：北京大学出版社，2017年版，第119页。
③ 《马克思恩格斯文集》（第10卷），北京：人民出版社，2009年版，第492页。

制以及某国工人组织的对立。"① 不论跨国公司的起源是什么，其组织形式确实有利于规避母国和分公司所在国家的控制以及工人协会等工人组织的干预。此外，工会的独立性、代表性也成问题。工会往往不是成为政府彰显民主的摆设就是成为利益集团斗争的工具，而且领导职位也不是被真正的工人代表所占据，工人的诉求难以表达和实现。

第四，民族意识强于阶级意识。在民族国家强大和资本主导的时代，无产阶级联合是艰难的，以民族国家为界限和载体的无产阶级资产阶级化、种族意识强化以及统治阶级利益以"国家利益"伪装等，冲淡、转移了阶级观念和阶级斗争。全球工人阶级形成联合的局面也还颇为艰难。虽然劳动的全球化和劳动者的流动，提升了工人的技能和在社会中的存在感，在客观上有利于全球无产阶级的相互了解和交往，但是，无论是工人还是国家人，具有全球工作身份和能力的劳动者还仅占极少数，即很多时候民族的尤其是种族的差别削弱了阶级团结。而当前的国际分工又加剧了全球工人阶级之间的断裂，国家之间的分工内容以及收益的悬殊极易形成全球阶级意识的断层。此外，统治阶层又推波助澜，将国内阶级剥削的问题种族化、民族化。因此，不能忽视劳动人民在他人捞取政治利益时被贿赂、在剥削导致的危机出现后被诱导，其结果是不仅他们自身没有形成强大的阶级力量，甚至与其他国家的劳动者是对立的。长此以往，阶级斗争的空间和形势就向国家关系领域发生了转移。换言之，工人阶级因种族问题发生了大的分裂，种族问题掩盖了工人阶级身份的一致和共同的处境。

第五，无产阶级政党发展困难重重。"政党和政党制本身显示了世

---

① ［美］理查德·拉克曼：《国家与权力》，郦菁、张昕译，上海：上海人民出版社，2021年版，第148页。

界观、经济利益和战略战术的复杂结合。"① 政党是制度权力关键性的组织基础，政党是理论的专家和运动的先锋，如果政党自身发展困难重重，那么其动员性和功能性都将大大减退，自身也会面临着合法性危机和被取缔的宿命。目前工人政党的发展尤其是共产党的发展依然受阻。除了在寥寥无几的社会主义国家，共产党和一些工人政党在各个国家发展境况堪忧。在工人阶层中，共产党的威信和地位也往往被左派政党和有民主倾向的资产阶级政党或者以社会发展宗旨自居的政党所取代。共产党与其他的工人政党相比，处境更为艰难。就以往来看，有少数一些非社会主义国家内共产党或工人党取得了执政权后难以捍卫甚至自身政党的合法性最终被取缔。共产党的不利处境与资产阶级的"围剿"相关，也与自身建设同工人实际境况和需求的脱节有关。即一方面共产党长期受到压制，另一方面，共产党还没有从低潮当中找到合适的进路突围出来。

（二）推进无产阶级运动的时代条件

第一，现有的国际组织为社会运动提供了组织条件和网络。国际组织是随着现代社会发展出来的，从根本上来说是现代劳动方式的产物。社会运动在形成新的社会方面起着重大的作用，因此，社会运动与国际组织在趋势上相互促成。国际组织是解决全球性公共问题的关键场域，是全球无产阶级共同事业的无产阶级运动的重要介质。虽然不同地区社会运动在不同阶段具有不同的成因，但是随着19世纪60年代资本主义自身的发展进入一个具有国际规模的阶段，社会运动也开始逐渐带有国际化的印记。相较于在传统工人阶级运动的时代国际组织的寥寥，工人阶级运动尤其是国际性的工人运动组织平台稀缺、沟通渠道受限，当代

---

① ［日］田口富久治等：《当代政治体制》，耿小曼译，北京：光明日报出版社，1988年版，第33页。

国际组织的迅速发展，尤其是解决全球性公共问题的组织或者会议、论坛的普及，使全球广大劳动者之间的交流变得更为广泛。"之前任何一个时代都不像现代社会这样，有一股强劲的生命之流经行其中；因此过去绝不可能像现在这样，所有个体社会成员之间都能如此迅速地建立起联系。"①

国际组织的出现有利于弥合社会运动在国家间的差异。虽然每个国家的社会运动是特定路径发展的结果，但随着世界交往的紧密和资本主义生产方式带来的同一化的影响，社会运动必然会产出一种更大的统一的趋势，国际组织的蓬勃发展就内含有这种统一趋势的因素。从国际性工人组织来看，国际性工会组织于 19 世纪 70 年代开始在西欧出现。此外，还有些区域性工会组织，如非洲工会统一组织、欧洲工会联合会等。从政党组织、活动基础来看，进入 21 世纪之后"有生力量"依然活跃，如"2004 年成立了玻利瓦尔联盟（ALBA），成为拉美左翼力量联合的重要组织。在西亚北非地区成立了'阿拉伯左翼论坛'"②，2017 年在法国马赛举行了第一届欧洲左翼论坛。从非政府组织的活动效果来看，"欧洲国家的 NGOs 对决定福利、国家法令、政府资源分配等方面具有一定的影响力"，还有其他的各行各业的非政府组织网络，其技术性和专业性越来越强，这无疑有利于专业工人之间加强联系。联合国作为全球最有影响力的组织，其功能发挥虽然受限，但是其主旨和协调功能仍然具有正义性和正向作用，这与工人阶级谋取自身的利益诉求是不违背的。换言之，联合国底线作用的发挥也给予了诸多正义和改革性运动一定的空间和转圜余地。

---

① 桑巴特、李嘉弘：《社会主义和十九世纪社会运动》，载《当代国外马克思主义评论》，2020 年第 1 期，第 9 页。

② 轩传树：《世界社会主义运动主体力量新变化》，载《马克思主义研究》，2021 年第 2 期，第 131 页。

随着社会的高速发展，社会事务的繁多、体量更大，劳动程度的复杂以及分工的全球化，很多问题必然要在集体范围内、借助集体力量解决，因此，全球性组织的组建不断加快。据《国际组织年鉴》统计，20 世纪初，世界有 200 余个国际组织，到 1956 年发展到 1117 余个①，据 1999 年的《国际组织年鉴》统计，全球国家组织数量为 52230 个②。进入 20 世纪，全球组织持续增多，截至 2019 年左右，世界上有 7.5 万余个国际组织。国际组织已冲破初创时期的地域、领域局限，深入社会生活的各个层面，在参与或主导相关全球性或区域性管理规则的制定、管理机构运作等方面起到了重要的作用。这些全球组织可以为全球性运动的倡导和开展提供重要的组织基础和组建经验。随着国际组织的遍布和交叉，国家组织之间的捆绑作用也会增强。总之，不同领域、不同层次、不同大小的组织中心，不仅为成员国和参与者展开各种层次、各领域的对话与合作提供了更广阔的场所，也将成为各国各行各业的劳动者连接、沟通的重要纽带和渠道。大量的国际组织的存在即便并不像工会一样专注于工人的活动和利益，但其专业化的发展趋势成为广大劳动者相互沟通的另一个平台。即深度联系的各行各业的劳动者将在全球化的趋势下越来越具有共同的命运，这种立场的一致和处境的相似将成为全球劳动阶级以及无产阶级联合的基本条件和现实动力。总之，一方面，全球性组织的增多为社会运动的发展提供了更加广阔的活动平台，利于运动诉求的扩散和运动形式的传播，为具有广泛意义的运动目标的实现提供了重要的条件，为其深入发展提供了良好的机遇。另一方面，国际组织纵横交错将带来潜在的约束力和联动效应，在组织网络的约束下，少数既得利益群体以及国家政权同广大劳动阶级的对抗成本也将会大大

① 饶戈平：《全球化进程中的国际组织》，北京：北京大学出版社，2005 年版，第 2-3 页。

② 于永达：《国际组织》，北京：清华大学出版社，2011 年版，第 41 页。

提高。

第二，全球性话语的启迪和新社会运动的动能。全球性话语和一系列社会运动"唤醒了人们的意识，来想象一个新的社会秩序"①。人类命运共同体理念的隐喻作用对落后国家尤其是工人阶级意义极其重大。国家构建转向国家治理以及全球治理的热议有利于启发全球性意识，并为弱化民族和种族的对立奠定思想基础。治理已经成为一种全球性的话语，不同国家向国家治理话语的转变是历史进步的一种现象。这种全球思考的范式也利于启迪或激发全世界工人联合，即可以推动运动诉求与治理相结合，将运动诉求嵌入新一轮的国家治理中。治理本身就是一种当代实践特征的话语模式，而国家治理和全球治理范式的出现本身就是一种人类寻求国家变革的信号。工人政党和工人阶级既可以推动国家治理围绕基本的民生层面展开，重点解决基本资源的占有和分配问题，也要促使国家实现民族利益的同时兼顾，实现人类的利益，即促使国民变成人民、政治国家向人民国家转变。简言之，即借治理的东风推进关切的问题解决，借全球危机倒逼共同治理进阶。

有学者提出，"20 世纪 60 年代以来，阶级斗争基本已经让位于新社会运动。"② 事实上，新社会运动并没有独立于一般的社会运动，也没有独立或完全脱离无产阶级运动。新社会运动表面呈现为各种社会问题的凸显，实则与传统工人阶级运动一样仍然暴露和反映了资本主义世界的发展困境和危机，即资本主义生产方式当然是斗争和运动发生变化的根本原因。新社会运动仍然是社会阶级谋求利益诉求、希望改变生产和分配的相关利益的运动。即便新社会运动的主体多元化，如包含知识

---

① ［美］理查德·拉克曼：《国家与权力》，郦菁、张昕译，上海：上海人民出版社，2021 年版，第 116 页。

② ［美］理查德·拉克曼：《国家与权力》，郦菁、张昕译，上海：上海人民出版社，2021 年版，第 116 页。

分子和非传统的工人等，但是这一群体仍然不占有生产资料，而是以出卖劳动为生存方式，即这一群体仍然是无产阶级，因此其运动也必然仍属于无产阶级运动的范围。因此，传统无产阶级运动陷入低潮与其向新社会运动转变合流是同一个历史过程的正反表现。

新社会运动本身虽然仍是以无产阶级为重要主体的社会运动，但是自身也具有诸多的短板和妥协性，总体表现为：群众运动多，集中的有组织的工人运动少；局部运动多，演变为全球性的运动少；多体现为具体的个别诉求，围绕关键性、重大性全球问题的运动还未成为主流；目标、力量分散，缺乏系统组织性和深层理论指导；政治水平提升有限，从而导致运动整体水平不高、运动力量和理论水平有限。此外，需要警惕的是，随着民族主义的高涨，全球化背景下的新社会运动有时掺杂了民族主义和种族主义的因素，出现了种族排外和种族对抗的活动，这在一定程度上是对传统的工人运动的反动。总之，尽管运动的形态和烈度发生了一定的改变，传统无产阶级运动虽然呈现出边缘化和惰性，似乎让位于新的广泛主体参与的社会运动形式，但是并不否定运动的发生和进行，并不意味着无产阶级运动的实质性沉寂，而是在新的时代背景下以新的斗争形式继续对现存的社会秩序进行抗争。

三、立足国家推动无产阶级运动

国家本身的发展趋势将给社会运动的走向带来重大的影响，考察国家的发展特征是研判社会运动效力和发展形态的重要前提。换言之，不论传统工人阶级运动对资产阶级国家的批判还是新社会运动对国家寄予的期待，国家本身的发展对于无产阶级群体争取自身的利益都至关重要。总之，鉴于国家的全面影响力和相对稳固的管理体系，考察国家应该成为无产阶级运动的首要前提。

（一）立足国家推动无产阶级运动的原因

阶级局面的形成和资本主义的全球化，绝不是资本家以个人形式操作的，很多时候与国家力量结合在一起。反之，国家在很大程度上也必然受制于各个国家内部的结构性力量的变化。因此，在很长的一段时期内，世界运动将与国家的建设高度相关，或者被制约，或者被推动。

第一，国家自主性的形成、全面影响力的提升以及国家的社会化方向发展为借助国家力量推动社会运动准备了基本的条件。国家转型既有可行性也有必然性，推动国家转型与无产阶级解放自己的事业具有根本一致性。从现实的机遇和条件来说，面对国家全面影响力的提升及其对社会的全面渗透，工人阶级可以积极借助国家力量、形塑国家，从而改变自身的处境。即改变政府的压迫力量，防止政治集权，逐渐将它的纯粹压迫性机构和职能废除。马克思、恩格斯批判国家，而不是否定国家的合理职能，需要"取缔了国家寄生虫的非生产性活动和胡作非为"[1]，进而"随着社会生产的无政府状态的消失"[2] 国家的政治权威消失，而不是所有组织功能消失。总之，当代国家具有的强大生命力并不与马克思主义的国家理论相悖，反而成为需要深入研究的可以成为改变无产阶级运动策略的、指导无产阶级运动的新要素，即孕育着无产阶级解放的新的条件和新的表现。

伴随着国家影响力的提升发展出来的另一个特征是国家的社会化发展。当代国家的民主化发展倾向和社会化发展趋势为无产阶级运动带来了一些有利的因素和极其重要的行动依据，如果说单独考察国家是否会保持民主化的发展趋势还不确切，那么生产力和生产关系普遍向国家集中却是国家发展至今的确切的历史特征和持续的历史趋势。这种趋势为

---

[1] 《马克思恩格斯文集》（第3卷），北京：人民出版社，2009年版，第198页。
[2] 《马克思恩格斯文集》（第3卷），北京：人民出版社，2009年版，第566页。

国家发展的社会化以及与社会运动的日益的"和解"提供了支持性的物质前提。即国家的社会化发展的最重要的基石是生产力和生产关系向国家集中。生产力的本性是社会化和规模化而不是私有化，社会化的生产力集中于国家必然促进了国家的社会化发展。在资本主义勃兴的时期，国家尚没有完全成为资本私有的工具，也发展出了福利国家和民主政权的各种形态。随着生产力的国有化和国家化，国家的社会化发展趋势将继续扩大。资产阶级社会的经济发展根据其本性也必然导致消灭小规模生产的经济秩序，换言之，只有向生产资料的共同体所有制转变才能解决这种冲突。因此，一旦社会的生产力和生产关系日益被国家所有而非被私人大规模占有，那么社会运动的平台将大大拓宽，阻力也将大大减少，国家社会化的发展趋势将有利于降低社会运动与国家之间的对抗。

第二，可以利用"国家"张力的特质改变国家。从国家自身的张力角度出发，可以利用国家公共性、公益性、社会化、有组织力量的发展趋势对阶级性、分离性、压迫性产生批判，而无产阶级本身正是前一种力量的代表。换言之，如果说分离的国家必然在一定程度上沦为工具，则既可以是统治阶级的工具，也可以是被统治阶级的工具和管理社会的力量，这也是巴黎公社革命以及列宁国家思想留下的遗产。事实上在当代国家群众自主表达的空间已经获得了前所未有的扩展，问题在于如何真正地表达、真正地使社会向着利于大众的方向改变。此外，国家合作和博弈成为世界的主题，"世界体系发展到这种无霸权主导的状态，那么国家与资本之间的天平反而会更倾向于国家"①。这也就意味着在某种程度上，社会主义与资本主义的传统斗争形势被国家之间的经

---

① ［美］理查德·拉克曼：《国家与权力》，郦菁、张昕译，上海：上海人民出版社，2021年版，第158页。

济斗争取代，世界形态转变为国家为主体的经济合作、博弈。对于无产阶级来讲，只有洞察本国政府的对外活动，"洞悉国际政治的秘密，监督本国政府的外交活动"①，才能防止本国政府利用民族外衣发动战争。而且如果不立足于参与国家政权，或者改变国家，那么一般的运动的结果可能极其有限，或者导致贸易保护、种族对立或者将阶级矛盾、国内矛盾转嫁到他国，不仅治标不治本，反而进一步挖掉了工人自己的根基。总之，工人可以参与到国家政权中来，如果不参与政治就必然面临被政治操纵，面对资本主义与国家政权更为深度的结合，深入国家政权体系中进行斗争不论在霸权时代对霸权本身的遏制还是抗争资本的压迫都非常重要。总之，工人可以介入国家产业和分工的调整，推动国际联合，以工人的巨大力量迫使政府进行改革或支持新方案的推行。

第三，现代社会资本主义的生产方式与国家密切结合，这也就意味着社会运动必然要围绕国家而展开。国家与社会运动的关系也在不断发展，新社会运动具有密切联系"国家"的特征，如绝大多数新社会运动往往由政府过多干预市场或者政府减少财政支出、削减福利、提高税收等紧缩政策所引发，即便是环保运动也是旨在抗议国家对环保干预的不足。新社会运动与"国家"的紧密相连，不仅仅意味着对国家政策的批判，也揭示出参与社会运动的广大群体仍然将国家政策的转变视为改变自身处境的基本依托甚至是唯一途径，即对国家的倚重和期望是新社会运动的重要思想前提。在国家制度体系内进行运动是新社会运动的基本特征，运动主旨往往是改变国家政策或是向国家争取有利于自己的权利。换言之，新社会运动的"目的不再是从外围攻击国家以摧毁它，而毋宁是在其内部进行斗争以动摇力量之平衡，使之决定性地向人民大

---

① 《马克思恩格斯文集》（第3卷），北京：人民出版社，2009年版，第14页。

众倾斜"①。从这一点上来看，新社会运动与无产阶级运动尤其是共产主义运动对待国家的理念似乎大相径庭。从新社会运动对国家政权施加影响以实现自身的具体诉求来看，取得了一定的成效，并且对于国家决策的形成和国家性质的转变起到了一定的制约作用，如福利国家的生成以及对于国家经济发展环保理念的促成方面都起到了重大的作用。总之，在暴力革命和斗争大大弱化的半个多世纪，各种形式的抗议、示威、游行等成了无产阶级不屈服于自己命运的时代印迹，也影响了国家各自发展的具体进程。

总之，国家社会化本身就意味着国家专制统治工具性的降低，组织功能的提升，也在一定程度上有利于扩大劳动者的地位、增加劳动者对国家的影响。而且"国家"自主性的提高，即国家职能的体系化、规范化，也有利于国家权力以及执行力被分散到众多职位，有利于分散的国民参与到国家政权中来。此外全球化锻造了工人的生产能力，而随着劳动形式较充分地实现了世界性，工人阶级越来越掌握这个世界的科技财富，成为知识的最大载体，在各行各业发挥越来越大的作用，从而制约自上而下的单向权力。

（二）立足国家推动无产阶级运动的策略

社会运动必然给国家整体的发展尤其是政权体系带来不小的冲击，反之，一旦国家的政治机制变得不那么对社会运动予以容忍，那么国家与社会运动之间的关系将会变得更为紧张、难以调和。因此，关注国家的整体发展态势尤其是关注国家政权尤为重要。各国无产阶级运动要达成的几个共同的目标：一是促使国家分配方式的改变，使分工与受益合理化。因为一直以来人类劳动所产生出来的共同成果却"作为完全异

---

① 杨植迪、拉克劳、墨菲：《"对抗"思想的建构路径及理论限度》，载《国外社会科学》，2021 年第 4 期，第 148-157 页。

己的力量威慑和驾驭着他们"①，现在的任务是要以共同的活动来控制和自觉地驾驭这种力量。即生产者应该成为生产的主人。二是致力于推动国家自主构建并加强治理能力。人类社会的规律也必然是基于人的能动性的规律，国家向社会化方向的发展，向着社会化功能方向的强化，必然需要现实的人的力量的干预。这就需要人民大众的思想能力、参与能力、制定规则能力的提高。三是推进新型国家建设进而推进国家关系和谐。即以高度的历史自觉性和使命感推进"好"的国家建设和好的国家关系形成。

第一，确立正确的理论和运动路线，明确利用国家开展运动的时代要求与重大意义。从新社会运动与国家体系相互"牵绊"发展的历程来看，新社会运动在现有的资本主义秩序框架内努力寻求生存与发展、公平与正义、奴役与自由的更大的空间，而国家也在一定的领域内对社会运动予以回应，因此，经过半个世纪的新社会运动，国家的压迫面貌发生了一定的改变。然而，此起彼伏的新社会运动的效力似乎也在迅速递减。新社会运动虽然继承了传统工人阶级运动对于资本主义的批判，并且成为当代资本主义社会"痼疾"的矛盾体现，但是其主要囿于已有的国家制度体系来争取利益的特征，意味着在资本主义国家自愿的调整达到"饱和"的情况下，新社会运动的制约效力也就变得有限起来。所以，从总体来看，新社会运动如不自主、自觉地实现自身理论水平和运动水平的提升，其通过抗议、示威等方法实现利益诉求和权益获得的习惯性途径的效力必然逐步递减，空间也将逐步缩小，即新社会运动将进入瓶颈期，因此，加强理论指导和武装极其重要。

总的来说，工人阶级的任务是促进国家由竞争转变为合作和规划，由自发、利己转向整体自觉，导向自主的、客观秩序化的、社会化构建

---

① 《马克思恩格斯文集》（第 1 卷），北京：人民出版社，2009 年版，第 542 页。

的国家，进而在世界范围内调整分配、抑制资本逻辑带来的无序的后果。最低要求是巩固并运用国家权力，抓住全球化的机遇、促进社会生产力发展、推动国家职能向社会组织管理方向转化、形成保证资源调配的社会化秩序。较高的要求是渗透到国家行政体系、改变国家的治国理念，形成好的国家。同时要反对权力、利益、安全的资产阶级外交理念，推动国际关系向好的方向发展。总之，面对无产阶级呈现碎片的涣散状态以及意识的薄弱和软弱，尤其需要揭示世界冲突、生活艰辛背后的本质原因以及不进行改变的逻辑后果。

第二，参与国家政权，以国家力量改变国家。任何事件和运动都是在特定的背景下发生的，并且深受历史性结构条件和因素的制约。在无产阶级形塑世界的运动中，要关注、依托制度秩序的合理性和制度秩序被广泛肯定的合法性，发挥好制度的作用；要正视国家全面影响力的生成，继而善用"国家"的制度化、社会化来制约国家的阶级性、统治性。换言之，面对复杂的形势要善用影响力提升、体系化、社会化方向发展的国家，借助国家的力量改变国家。尤其要注意把握国家社会化的发展机遇，继续推动国家职能的社会化，因为工人阶级要求集体化显然没有要求社会化更容易实现，因此可以遵循和利用国家社会化发展的趋势继续推进国家向社会化管理方向深度转化。

可以推动国家对生产和分配的干预，进而实现劳动对于资本的解放；要善用民主，民主是凝聚社会力量的合法渠道、合法平台，是运动和斗争的现有基础；工人要参与到国家政权和世界组织尤其是工人组织中来，可以利用一些合法的组织，宣传思想、凝聚公共意志或者促使其成为重要的组织平台。工人阶级利用政治民主化的时代特点积极加入、影响国际组织。成熟的马克思主义者或专家应该在越来越多的组织中充当重要角色，如共产党员加入工联取得领导权，进而促使工联与各国共产党、工人政党和进步的政党取得联系。即当前有一些国际组织运作比较成熟，可以将其组织成、改造成工人阶级的有力据点和武器，这样有利于反对、防止资本强国"通过国际组织使国家服从于资本主义世界秩序"①，即可以消解资本主义对国际组织的染指或垄断。总之，只要过多的是诉求而不是参与实施，过多的是希望给予而不是真正的互动，工人就无法改变自身的处境。因此，工人阶级要紧密利用现有的政治成果、言论自由以及集会的权力，利用现有的制度进行利益和权利的争取。

第三，工人阶级不仅要对现有的制度保持批判的态度，也要从专制力量与社会力量的分离状态着手推进国家转型。目前看来工人阶级对眼前发生的事情洞察还不够，总是被牵着走。因此，工人阶级要提升自身的觉悟，要联合起来，密切关注国家发展态势和国家结构、功能等的变化，提高自身洞察现状的能力，如针对剥削的隐蔽、暴力革命发生的条件改变，及时改变策略。面对国家的"包围"保持警醒，工人阶级如果自己不去解放自己，那么将永远无法摘除身上的枷锁。一方面，损毁现存的政治泛化权威和国家独断控制的有效策略就是对制度进行抨击和批判，从而利于打开转型的道路。另一方面要立足工人阶级的利益推进制度革新。虽然每个国家的结构不同，但是各国工人的命运却极大相同。工人命运的改变并不能在一国之内实现，因此工人阶级不仅要关注本国工人的诉求也要关注世界工人的总体诉求。即推动国家内外制度联动的关键只能是具有普遍境遇的劳动者。而形成普遍的关怀工人的制度就代表了正确的运动方向。此外，工人阶级应该正视、审慎地参与博弈。可以推动多主体博弈，以防止制度的单边生成，以往"一个大国

---

① 李滨：《什么是马克思主义的国际关系理论》，载《世界经济与政治》，2005年第5期，第43页。

可能会为了自身的政治利益而破坏一个制度性秩序"①。但如果面对集体施压，那么这种破坏将变得艰难。也要对经济生活、政治生活的具体决策"锱铢必较"，争取将有利于人民利益的规范、决策转化成法律。在这个意义上，围绕国家内部制度的完善和普遍制度的生成而进行持久的努力，围绕制度进行博弈就是在进行着建设国家和改造国家的运动，也应该看成一种阶级斗争。

第四，工人要实现联合。无产阶级政党要唤醒劳动者身份认同，工人的劳动是总劳动的一部分，工人经历着所有资本家的剥削，因为每个资本家都参与了"总资本对全体工人阶级的剥削"②，因此资本家在面对着整个工人阶级时总是会结成真正的团体。③ 对此，工人要加深在世界范围内工人的联合，结成广泛的跨国的联盟。无产者作为个体无法改变命运，但阶级团结将重写历史的进程，只有工人阶级真心合作，才能使国际合作真正密切起来。工人阶级"要深刻认识团结就是力量、团结才能前进的道理"④，工人阶级之间的沟通和联合，利于戳穿资本家利用民族矛盾外衣掩盖阶级矛盾的阴谋，利于防止一国工人兄弟的堕落和被利用，从而真正防止以工人利益和国家利益为名牺牲工人的战争，也利于从根源上抑制极端民族主义。即通过改变国内外关系改变自身的处境，避免或减少流血战争总是加在自己所属阶层的命运。实现国家内部的阶级博弈关系，培养自觉的工人力量，从而制约、改善国家之间的

① ［加］T. V. 保罗：《软制衡从帝国到全球化时代》，刘丰译，上海：上海人民出版社，2020 年版，第 48 页。

② 《马克思恩格斯文集》（第 7 卷），北京：人民出版社，2009 年版，第 219 页。

③ 《马克思恩格斯文集》（第 7 卷），北京：人民出版社，2009 年版，第 220 页。马克思指出："资本家在他们的竞争中表现出彼此都是假兄弟，但面对着整个工人阶级却结成真正的共济会团体。"

④ 习近平：《习近平重要讲话单行本（2020 年合订本）》，北京：人民出版社，2021 年版，第 217 页。

剥削关系、斗争关系。联合其他组织和团体，"加强工人阶级同其他劳动群众的团结"①，联合其他有利于人类和平与发展的力量，如生态保护主义的力量等。即由地域性的国家意识转变为世界意识，以实现世界目的和福祉的自觉意识还处于启蒙状态中，还需要工人阶级自身的联合和促成。此外，工人阶级要保持对现实社会的敏感度，时刻保持警醒。持续的社会运动是"形成一个对于现实社会的复杂性更为敏感的综合体"② 的有效的途径，即革命的过程中自身也实现了革命。总之，国家是社会化的组织载体，但其背后的真正载体是工人。所以，抑制资本的全球冲撞，规范资本形态的巨大力量，只能是国家以及工人。所以，全球工人阶级的自觉沟通、合作必将是一种强大的和平变革力量。

第五，提升无产阶级政党的理论水平，加强政党的联合。习近平指出，"不同国家的政党应该增进互信、加强沟通、密切协作，探索在新型国际关系的基础上建立求同存异、相互尊重、互学互鉴的新型政党关系，搭建多种形式、多种层次的国际政党交流合作网络，汇聚构建人类命运共同体的强大力量。"③ 总体来看，当前世界性运动整体水平不高，无产阶级运动意识不强。不仅局部运动和交流活动还难以经常性上升为全球性运动，理论指导和运动的结合也成问题。因此首先要提升运动的水平、校正其盲目性，即社会运动不应该限于情绪表达、零星的表面诉求和极端为种族化，而是要将其理论化、阶段化和历史化，提升运动的完整性和影响力。

目前看来，工人政党的发展尤其是共产党的发展依然受阻。除了在

---

① 习近平：《习近平重要讲话单行本（2020 年合订本）》，北京：人民出版社，2021年版，第 217 页。

② ［英］克里斯多夫·皮尔逊：《论现代国家》，刘国兵译，北京：中国社会科学出版社，2017 年版，第 80 页。

③ 习近平：《携手建设更加美好的世界——在中国共产党与世界政党高层对话会上的主旨讲话》，北京：人民出版社，2017 年版，第 7 页。

寥寥无几的社会主义国家，共产党和一些工人政党在各个国家发展境况堪忧。而无产阶级政党对于运动理论研究和把握的程度还很欠缺，在群众运动中往往缺位或处于边缘，失去了领导运动和提升自身影响力的机会，即在群众运动中政党角色、组织领导功能丧失。甚至无产阶级政党在很多领域已经变为一般的工人政党。共产党的不利处境与资产阶级的"围剿"相关，也与自身建设同工人实际境况和需求的脱节有关。即一方面长期受到压制；另一方面，共产党还没有从低潮当中找到合适的进路突围出来。既然"政党和政党制本身显示了世界观、经济利益和战略战术的复杂结合"①，那么工人政党发展受阻滞，就说明需要反思自身的观念和政策。在当前既要关注党自身的发展态势、内部缺陷、结构，也要关注同外部组织的关系尤其同国家的关系。对于非社会主义国家的小型共产党组织来讲，其目标是政党的扩大进而提升影响力去获取政权，而对于在野党来说也在于获取政权，总的任务是推动国家向"人民国家"转型。如果各个政党发挥实际作用的空间有限，则可以考虑政党联合，也要警惕对抗工人阶级的党派的联合——为了维护本阶级的统治秩序而联合为"秩序党"。

　　总之，无产阶级运动既受制于国家，也将在客观上起到塑造国家发展进程的作用。国家结构的变化既在根本上取决于国家的组织结构以及国内阶级和政治力量的关系变化，也受其相对的国际地位和国家关系特点的制约。研究国家与阶级之间的相互联系以及阶级运动对于国家及国家关系的形塑作用依然是解读国际关系样态、特点和因果逻辑的有效研究方法，也是推动社会运动的有效路径。马克思指出，工人阶级并不需要多少臆想，而是"只要注意眼前发生的事情，并且把这些事情表达

---

① ［日］田口富久治等：《当代政治体制》，耿小曼译，北京：光明日报出版社，1988年版，第33页。

出来就行了"①。就目前来讲，无产阶级运动的主观条件是阶级意识的提升、阶级觉悟的觉醒以及无产阶级政党综合水平的提升，客观要求是澄清国家机理、利用国家，并旨在推动国家构建和国家关系的转型。即无产阶级眼前需要注意的事情是，立足于国家的新特点和新功能，促进工人运动、社会运动和政党运动的结合，从而推进国家向"好"转型和发展。

本 章 小 结

人类命运共同体力求解决国家的问题和国家组成的世界的问题，"当下，世界之变、时代之变、历史之变正以前所未有的方式展开"②，构建新秩序是时代之需。新秩序的构建主体必然是各个国家，构建方式也必然是国家共建。从国家构建和人类命运共同体构建的共同方向来看，都首先需要形成较均衡和合理的发展状态，其物质基础和伦理基础都应该是生产的均衡性和分配的正义性。因为，生产劳动和资源分配不仅是国家利益的保障，也是全球生产和存续的根本条件。因此，劳动和资源问题成为国家构建向人类命运共同体构建转型的关键，即成为二者构建和通约的条件。换言之，改变劳动与资源的分离现状不仅关乎国家的可持续发展也关乎国家之间的均衡发展和良好国际关系的建立。而推动资源与劳动合理结合的进程，不仅有利于抑制生产过剩和大众贫困的矛盾，有利于抑制各国生产方式、生产水平不统一带来的生产失衡，也

① 《马克思恩格斯选集》（第1卷），北京：人民出版社，2012年版，第235页。
② 习近平：《携手迎接挑战 合作开创未来——在博鳌亚洲论坛2022年年会开幕式上的主旨演讲》，北京：人民出版社，2022年版，第2页。

有利于克服资源与资本结合导致的资源浪费和无序竞争，从而最终促进与人类命运与共的均衡的物质发展条件的积累。在全球政治秩序的建构中，要促进自主、自觉国家的构建，促进"命运"联结超越"利益"联结之国家理念的生成，促进现代化理论与"共商共建共享"理念结合以及国家治理之间的良性互动，从而形成国家和谐共建的局面。简言之，经济秩序的中心任务是抑制资本主义生产无政府状态和周期性的动荡，政治秩序的中心任务是引导国家构建向人类命运共同体构建方向转型。

当今世界仍然是资本主义生产方式主导的世界，国家向共同体方向的转型构建必然存在着巨大的阻力和惰性，需要特定的、广泛的力量来推动。无产阶级与资产阶级斗争的基本逻辑仍然在延续，无产阶级依然担负着改变世界的历史使命，因此无产阶级仍然是变革的关键力量。在无产阶级变革世界的运动中，要关注、依托制度秩序被广泛肯定的合法性，发挥好制度的作用；要善于将运动和博弈成果向制度化方向推进和转变；要正视国家全面影响力的生成，继而善用"国家"的制度化、社会化来制约国家的阶级性、统治性，从而在根本上规约国家，促进其向"非政治国家"转变。总之，面对日益增多的全球性问题，国家传统职能的发挥受限，国家内部的矛盾也扩散开来，彼此影响和拖拽。为了应对全球性的挑战，无产阶级要促使已经获得全面影响力的国家转换和培育新的视角，思考新的经济、政治发展目标和发展模式，"坚定战胜各种困难的信心和决心"[①]，"践行共商共建共享的全球治理观，弘扬全人类共同价值，倡导不同文明交流互鉴"[②]。

----

① 习近平：《习近平重要讲话单行本（2020年合订本）》，北京：人民出版社，2021年版，第217页。

② 习近平：《携手迎接挑战　合作开创未来——在博鳌亚洲论坛2022年年会开幕式上的主旨演讲》，北京：人民出版社，2022年版，第6页。

第六章

人类命运共同体构建中的国家角色展望

自从氏族公社开始凋敝，氏族规范逐渐失效，社会需要一种新的组织模式保证其运转，以防止社会在无序中灭亡，国家就是在这样的背景下诞生的。"国家"的出现弥补了社会秩序管理的空缺，至于国家成为"日益同社会相异化的力量"①，是一个动态的历史过程。总体上看国家既受统治活动的影响，也以不断变化了的社会现实为前提，二者既相互补充也互相作用。以至于发展到现代国家，其形式还在经历着剧烈的改变与动荡，而国家秩序与共同体秩序的构建将缩短国家不安的、盲目的动荡，加速其腐朽的机制的消亡。构建人类命运共同体是"站在历史正确的一边，站在人类进步的一边"②，最终将促使国家发生根本性的蜕变。

第一节　走向"非政治国家"

列宁曾指出，"正在消亡的国家在它消亡的一定阶段，可以叫作非

① 《马克思恩格斯文集》（第4卷），北京：人民出版社，2009年版，第189页。
② 习近平：《习近平谈治国理政（第四卷）》，北京：外文出版社，2022年版，第477页。

政治国家。"① 在共同体秩序下，随着组织功能、管理功能取代政治统治功能，随着秩序的持续建构和多样化形态的包容性发展，国家的内外秩序将真正地实现联结，"各国相互联系和依存日益加深，国际力量对比更趋平衡，和平发展大势不可逆转"②，政治国家也将向非政治国家过渡和发展。在共同体秩序的规约下，国家才能获得发展的极大自主性和自由活动的空间，获得新生。即国家向"好"发展的结果必然是国家社会功能的强化和政治压迫功能的弱化。如此，原初意义上的"国家"也就走上了自我消亡之路。总之，国家的去政治化与共同体秩序的建构所具有的一致性构成了自由人联合体实现的主航道，演绎出人类的主观能动性与历史必然性的主旋律，推动着人类社会不断向前发展的主进程。

一、历经批判而发展的政治国家

国家是在主动变化的得失与被动改变的磨难中不断生长的，国家在达到某一目的或愿景的过程中也在实现自身的蜕变。"历史不外是各个世代的依次交替"③，人类既在改变了的环境下活动，又通过活动改变环境。国家的发展典型地演绎着各个世代的更替。而批判与自我批判是"国家"发展的逻辑形式和基本动力。自我批判基于国家诞生的基因包括维系社会与调和阶级矛盾，而国家的生命力在于国家可以容纳变革要求以及可以保存、积累或延续人类的生产力。即国家必须担负起某种必要的形式，否则就会被取代或自我消亡。

第一，国家历经批判的逻辑。一代代的杰出思想家根据对已有历史

---

① 《列宁选集》（第 3 卷），北京：人民出版社，2012 年版，第 166 页。
② 习近平：《习近平谈治国理政（第三卷）》，北京：外文出版社，2020 年版，第 45 页。
③ 《马克思恩格斯选集》（第 1 卷），北京：人民出版社，2012 年版，第 168 页。

和现实实践的观察，形成了不同时代的国家观。从苏格拉底对城邦建设的反思开始，经历了"理想国""利维坦""伦理观念的现实""虚幻的共同体""阶级矛盾不可调和的产物"等，其中既有"理想""歌颂"，也有"批判"，反映出不同时代的国家实践催生出了不同的国家理念的认知，这种认知的进程反映着国家的生成史、变革史。

就国家自身来讲，其内在批判发生的原因始于国家诞生的使命基因，即国家生成之时就具有的张力——国家公共性、社会化、有组织的力量形式与阶级性、分离性、压迫性的共生和分离。因此，"国家"即便存有惰性、自主性，也难以一直维持固定形态。外在批判基于内在批判而发生。阶级斗争是外在批判的表现和直接动力。阶级斗争的目标是希望建立新的分配秩序。在阶级斗争的冲击和批判下出现了权力形式的更迭、国家理念的变迁：君权对王权的批判、法权对君权的批判；人民的国家对个人国家的批判；自由的联合体对"人民国家"的批判；战争对国家结构和管理体系的批判等。即在批判中王权结构、精英结构等统治结构体系不断地发生蜕变。总之，"不管国家之间差异有多大，所有国家都是'人工的制造'"①，国家经历着从维护政权安全、保障国民基本生产生活秩序到国家直接参与经济活动的进程，国家在外界批判与自我批判的作用下向前发展，批判成为国家发展内生的逻辑。

"世界"的出现强化了国家的自觉反思和自我构建。各个国家以地理大发现为重要契机进行联结，体现了以整合的形式对分散的国家予以批判。在这一进程中，国家形态、功能、角色都在被动的适应或主动的改变中被重新塑造形成，而国家面临的外在批判也出现了新的特点。如之前国家面临的挑战和冲击具有单向性和局部性特点，而世界市场的到

---

① ［西］费尔南多·萨瓦特尔：《政治学的邀请》，魏然译，北京：北京大学出版社，2009年版，第81页。

来、全球化进程的深入，给国家带来的挑战则是具有全域性和综合性的：一个国家面对的不再是单一的市场、盟友、贸易伙伴，而是全域性的经济网。随之，国家的政策规则、政治理念、治理功能也都要发生对接或对冲。换言之，进入世界历史以后，外在批判更为广泛地发生。如随着生产力的社会化发展，世界市场需要更大的协调空间、更大的协调体系和更加有效的地方整合体系，即需要一种能在较大范围内调动资源的组织体系，国家作为唯一的国际组织单位必然在形态上被不断塑造，在协调组织能力上被迫加以提升。因此，国家之外世界的不可控实际上强化了国家的自觉反思和国家意识。国家的资源整合分配能力、利益调节能力以及组织和制度功能的完善都在外在力量介入下得以生成和提升。总体上看国家既受统治活动的影响，也以不断变化了的社会现实为前提，二者既相互补充也互相作用。

第二，国家历经批判的形式。直至发展到现代国家的最新形态——民族国家，国家的形态、功能和特质经历了几次重大的变迁。这些变迁与公民对臣民的批判、社会化管理对专制统治的批判、现代国家对王权国家的批判不无关系。世界市场形成以来，国家经历的批判形式也发生了一定程度的转变，更加具有世界性的特点。如世界性的经济交往、交通联结和文化的交流在无形中展开着对散落的国家、传统国家的批判，现如今则发展到秩序性的全球共同体对政治国家共同体的批判。

首先，斗争对国家组织形式的批判。国家的形成，历经无数次斗争和革命的批判。其中包括阶级斗争和国家之间的斗争。斗争不仅给人类带来了灾难，也在这种斗争中塑造着国家的结构和形式，促使王权形式被君权形式所整合，而宪权、法权形式又取代了君权。因此，权力形式的变迁无不是在内外斗争中实现的。斗争不断打碎已有的格局，也打碎了地方的权力，促使权力、资源、权威和精英流向国家，形成中央政权管辖地方，排除一切强大可以挑战其权威统治权的过程，即不断地促使集中化、统一化、组织化、体系化，最后国家模式"一统天下"。在这个过程中国家的资源整合、分配能力、利益调节能力、作为社会组织的制度能力逐渐得到了提高和强化。直至民族国家生成，国家向下的权力渗透能力如税收能力、征集能力以及影响国民的资产、收入的能力都前所未有地提高了。秩序的调节也形成新的特点，如"国家通过警察、法律和社会福利创造出一个新的风险防护系统"[①]。总之，即便"国家"颠簸前行、尽管"国家"曾摇摇欲坠，但历史发展的结果确实客观上起了完善国家社会组织、协调的作用，事实上国家更普遍化了。

其次，人民的国家对"人"的国家的批判。国家趋于成熟表现为个人（王权）的国家转变成"国民"的国家进而是"人民"的国家，由君权变为民权、统治变为契约。与这种权力统治形式一同转变的还有国家的边界、国家的官僚体系，国家与国民的关系。即国家政治关系、政治力量依赖的社会基础发生了改变，国家的合法性由伦理支持转向法理支持，而且也有了国家的权力与统治者的权力的区分。这些都说明国家职能的转变以及对"国家"的理念的认知的转变。进入现代国家，国民似乎成了国家的主人，国民要纳税、国民要参与征兵、国民要有"国家意识"、国民要爱国，也有了国家能力的概念，对提高国家能力有更强烈的诉求，如国家要避免人受制于自然灾害，国家需要建造国民需要的公共设施，国家要制定公共制度，国家要协调分配等。而一旦国家能力增强并成熟，便不可或缺、难以抽离。这也体现了权力合法性确实发生了实在转变，而国家社会化趋势也似乎难以逆转。

最后，共产主义思想、运动对资本主义国家的批判。马克思主义理

---

① ［美］理查德·拉克曼：《国家与权力》，郦菁、张昕译，上海：上海人民出版社，2021年版，第107页。

论和共产主义运动对资本主义的批判一方面揭露了其发展的局限，一方面促使了其不断完善。如促使资本主义雇佣制度更加人性化、生产机制更加高效、资本主义的形象大大改善。① 社会主义运动以及社会主义国家起了倒逼资本主义国家调整和完善的作用。在社会主义国家，劳动逐渐得到解放，而阶级斗争以不太激烈的形式进行。直至现在，资本主义国家难道不是仍然对社会主义国家担忧恐慌吗？否则就不会有冷战对峙和对社会主义的扼杀和抑制。最近几十年，中国特色社会主义国家又在现代化的进程中开辟出了新的路径。而"对发达社会而言，马克思以工人阶级为基础的社会主义号召依然有效；过去一百年的世界历史丝毫没有减损社会主义号召的潜在的或实际的必要性"②。总之，正是因为马克思主义和社会主义运动批判的"超越性"改写了历史。"共产党宣言中提出的许多权利要求……其中许多目标在今天都已实现。"③ 总之，国家的形式和功能在不断地发生变革，既适应人类社会也在塑造人类社会，只要国家的使命没有完成，国家仍然需要也必然要面对质疑和批判。

二、政治国家发展的空间与局限

国家全面影响力的提高以及自主性的加强给予了国家自觉发展的空间，国家仍将在很长一段历史时期内有着自己的发展空间。然而国家的社会性始终基于人的社会性，而人的社会必然产生世界社会，这就意味

---

① ［西］费尔南多·萨瓦特尔：《政治学的邀请》，魏然译，北京：北京大学出版社，2009年版，第104页。

② ［美］西达·斯考切波：《国家与社会革命——对法国、俄国和中国的比较分析》，何俊志、王学东译，上海：上海人民出版社，2015年版，第350页。

③ ［西］费尔南多·萨瓦特尔：《政治学的邀请》，魏然译，北京：北京大学出版社，2009年版，第104页。

着"并不是拥有领土，它本身就是领土"① 的国家必然会阻滞人类社会性的发展，此外，生产力的发展也必然要求更大的空间与更大的自由，所以虽然目前国家仍是人类社会稳定、保存、延续已有生产力和社会交往的基本载体，然而生产力的社会化趋势和人的社会交往的要求必然终将打碎政治国家的藩篱。

（一）政治国家发展的空间

国家对于从启蒙进而觉醒的人自身来讲，起到了保障功能、协调作用，国家的力量从来就不应该被低估，这从几千年国家几经冲击但依然屹立可见一斑。而且有差异的国家也能激荡出彼此的活力。目前国家依然随时面临着变化，依然有着失败国家、问题国家，但是国家也依然强大。

第一，国家依然是社会管理的最大的综合体。首先，当代国家已经发展出比较完备的形式，是对物的占有、对人的统治以及对生产过程干预的综合体，还没有其他的组织形式能够同国家匹敌。其次，国家的公共权力作为一种特殊的镇压力量，是国家区别于以往的社会组织的集中表现。国家消亡的标志之一就应该是公共权力的消失，然而现在各国公权力都在加强，这也就意味着国家还在生长。即便经济的全球化对一些国家职能有冲击，但仍然没能削弱国家，"今后可能还依然处在不可预料的变化之中"②。再次，社会还处于深刻的、激烈的阶级矛盾和剧烈的冲突之中，个体的生存斗争仍然存在，意味着国家依然大有作为或者不可或缺。因为失去外力的组织协调，社会难以自觉运转，仍会陷入无

---

① ［美］贾恩弗朗哥·波齐：《国家：本质、发展与前景》，陈尧译，上海：上海人民出版社，2019 年版，第 23 页。

② 《天下体系与未来世界秩序（第三单元）自由讨论》，载《探索与争鸣》，2016 年第5 期，第 65-67 页。

政府的状态的背景下（这种混乱的状态已然在失败国家或问题国家中凸显），即"到目前为止还在阶级对立中运动着的社会，都需要有国家"①。最后，国家是情感传统、历史文化边界的集合体，国家与人的发展具有千丝万缕的关系。其历史久远也根深蒂固，并在其民主平等、秩序保证、公共服务等普惠作用的外表下，逐渐成为人们心中基本的信仰和善的依托。即人类并不是抽象的存在，现实中的人都有自己生存的实体场域和心理边界，没有哪个人是真正的纯粹的世界人。每个人都有自己的心理的依托和感情的归属，国家、民族的情感、爱国主义仍然是几代人的重要情感之一。总之，不论从实体生存的疆界国度还是心理的归属看，国家机器仍在承担着"管理集体事务"② 的功能，国家是人类社会的主导力量，是目前为止能够胜任整合、协调人类社会庞大群体的极少数形式之一。所以，国家的力量并没有衰弱和萎缩，从长远来看，国家仍然是人类社会基本的、主要的而且是强有力的行为体。

第二，国家自身的变革和转型给予其更大的活动空间和适应社会的可能。国家自身有着调整的巨大空间，这种空间从国家历经批判而依然存在已然有所证明。如自从国家作为一种调节阶级矛盾的形式出现以来，自身也在不断地建构当中，即便建构的统治阶级主体发生了变化，如从王权、君权到法权等权力形式发生了更替，但是国家本身的组织体系被不断地构建和强化。随着国家政治权力的扩张和政治能力的提升，国家越来越重视对自身组织资源的运用，发掘管理集体事务的较完备的功能。向治理转型正彰显着对自身这种职能的探索和转型。即国家不仅是一种政治制度，还逐渐发展出社会制度的功能，也正在日益承担更多的社会职能。国家自主性的提升也在支持着社会职能的发展。换言之，

---

① 《马克思恩格斯文集》（第3卷），北京：人民出版社，2009年版，第561页。
② ［英］克里斯多夫·皮尔逊：《论现代国家》，刘国兵译，北京：中国社会科学出版社，2017年版，第241页。

统治集团的权力与国家权力之间并不能完全交叠，以及国家的合法性越来越需要国民认可来支撑，都在促使国家转型，而国家的转型也进一步提升了国家的权威和韧性。总之，国家的秩序功能，促使其适应社会变化，延续了其生命。"可以预感到国家的性质功能乃至组织都在经历潜移默化的变化"①。

第三，国家仍是保存生产力的容器和发展生产力的基本载体。随着国家向经济国家的角色转型，推动和管理经济现代化的进程，国家对于发展生产力的意义更加卓著了。如前文所述，因为生产力的社会化趋势以及资本主义自身对日益扩大的生产力的管理无能，生产力和生产关系正在日益向国家集中。因此，现代国家所担负的经济角色的意义也越来越重大，反之，经济能力已经成为国家成功与否的基本指征。几乎所有的国家都在努力发展经济、试图参与生产秩序、安排国民的生产生活。此外，国家的政治权威对社会生产的无政府状态仍然有着必不可少的调控作用。所以，国家被取代需要一种新的生产方式和组织方式的成熟，在一切生产方式和生活方式没有发生革命性变革即还停留在以往的世界中时，并不具备国家消亡的条件。

第四，国家的强大生命力奠定了其重要地位。现代国家获得了全面的影响力不仅昭示着国家的生命力也在总体上显示了国家历史发展的趋势和轨迹。现代国家"十分多样化，它们是在持续发展的，而非濒临消亡"②。世界体量巨大，各区域的经济、政治、文化生活还有很大差异。在社会没有实现自治、社会秩序还不成熟，即在一切生产方式和生

---

① ［美］贾恩弗朗哥·波齐：《国家：本质、发展与前景》，陈尧译，上海：上海人民出版社，2019年版，译者序。

② Mann, *Nation-states in Europe and other continents*: *diversifying*, developing, not dying, 1993, p.115–116. 参见［英］克里斯多夫·皮尔逊：《论现代国家》，刘国兵译，北京：中国社会科学出版社，2017年版，第243页。

活方式并没有发生革命性变革之前，并不具备国家消亡的条件。政治国家仍然是基本的、合法的、权威的组织单位和栖息之地。换言之，面对现实世界的极不平衡、世界各地民族生存样态千差万别，国家作为人类社会一定阶段内的组织形式有着不可替代的功能。因此，即便"国家的巨大形象使它特别容易表现出许多缺陷和失败"①，但是国家仍是世界上现有的政治运动和社会力量努力建立和建构的模仿对象，即社会力量总是将自己区域内的形式建构成类似于国家的形式和制度化安排。总之，社会的整合也在于国家，即社会发展的任务还是主要落在国家，在社会没有形成自我调节能力和协调组织能力之前，地域性问题解决的最佳途径还是国家。

总之，"作为地域性构造的共同体，国家无疑是到目前为止人类社会的一种'强'共同体"②。国家是一种可选方案还是必选方案？就国家的现存事实和其历史发展来讲，在很长一段历史时期内，都是必选项。同时，国家发展的空间意味着各个国家发展进程的差异和复杂。即便国家的前途是消亡，也是国家充分发展之后的消亡，"对人的统治将由对物的管理和对生产过程的领导所代替"③。国家的消亡是一个世界范畴的问题，两个"决不会"的理论逻辑适合于国家消亡的逻辑。国家消亡是在历史的总的趋势下的论断，但是现实生活远不是概念或理念本身，恰在于进程。不能用这种历史的总的论断替代现实世界的发展。现实世界的发展恰恰是不断地对国家进行批判和完善，而经由批判改造之后才有国家的消亡，这不是一个可逾越的过程。这种对国家发展的空

① ［美］贾恩弗朗哥·波齐:《国家：本质、发展与前景》，陈尧译，上海：上海人民出版社，2019 年版，第 192 页。
② 颜晓峰、常培育:《人类命运共同体建设的逻辑建构与实践要求》，载《南京社会科学》，2018 年第 8 期，第 2 页。
③ 恩格斯:《反杜林论》，北京：人民出版社，2018 年版，第 304 页。

间和走势的认知是国家构建、转型乃至世界秩序建设的重要依据。也就是说，在当前的形势下，国家面临的是改造、转型而不是被消灭。

（二）政治国家发展的局限

就国家自身来讲，国家是"对敌人实行暴力镇压的一种暂时的设施"①，总是代表着利益集团的利益，以牺牲普通公民的利益为代价等，这意味着政治国家有着自己的"卡夫丁峡谷"。其局限性、异化性必然带来各种冲突和动荡的结果。从外部世界来讲，凡是面对经济形态的巨大变化，"政治权力的行使也必然受到了诸多限制"②。除了人类社会内部的变迁，外部自然的变化也从未停止，这都对政治国家提出了巨大挑战。

第一，政治形式的局限。不论以往的国家形式如何改变，即使国家政权形式更迭、王权的合法性被人民主权的合法性所取代，国家仍是阶级国家。总还是存在专制与压抑、剥削与奴役，也依然是牺牲一些人的利益来满足另一些人的需求。"离开公开的或隐蔽的奴役，统治是不可想象的，这就是我们要与'国家'为敌的原因"③，即阶级国家意味着暴力国家，表现为国家内部控制的暴力以及国家之间的暴力。

首先，政治国家虽然具有形式上的普遍性，但仍然无法解决现实社会的种种矛盾。即很多时候国家的观念虽然自洽，但是无法说明经验社会的种种对立，况且政治组织本身也正在表现出各种各样的危机。政治国家本身的不成熟也在催生着贫困、分化甚至动荡，即国家本身成为社会危机的源头。如军事政权、家族政权、宗教政权、财团政权等。所以，政治国家貌似具有较稳固的现代的普遍形式，但是遇到具体实践可

① 《马克思恩格斯选集》（第3卷），北京：人民出版社，2012年版，第348页。
② ［美］贾恩弗朗哥·波齐：《国家：本质、发展与前景》，陈尧译，上海：上海人民出版社，2019年版，第78-79页。
③ 《马克思恩格斯选集》（第3卷），北京：人民出版社，2012年版，第339页。

能总是会陷入种种矛盾，不仅其秩序的功能遭到逆转，其自主性也被埋没了。即政治国家的职责本在于防止"在矛盾演变成毁灭社会肌体的癌症之前将其制止"①，结果其本身却成为混乱的根源。资本主义国家经济发展的困境代表了现代国家遭遇了发展的局限。自资本主义兴起以来，或者是政府无力控制资产阶级或者是政府代表资产阶级，其结果都是资源、产品占有的极度分化。而资本和利益团体主导的政权的深度结合，既导致政权的社会功能严重弱化也导致资本的懒惰、创造力退化，即生产力持续增长遇到了阻滞。此外，虽然战争的发生有所弱化，但是战争准备仍然是整个国家活动中心之一，而阶级国家与监控国家的合并也将成为政治国家发展隐含的矛盾。

其次，政治国家在面对全球公共事务时愈发显现出能力失灵和功能缺陷。即便在资本逻辑下国家与国家之间也越发建立了广泛的联结和作用，但这种相互联结作用很难产生统一的意志，很难实质上推动解决共性的困境与问题。即政府在全球事务上总是存在功能缺陷或者是缺位、失灵。政府失灵的原因不仅在于全球公共事务的复杂性，也在于政府权力的界限和国家功能的狭隘。长久以来，国家的职能主要定位在对内稳定秩序和对外维护安全之上。这种国家意志和国家行为的惯性，使得国家在国际事务上将更多的精力用在维护自身主权安全和发展之上。对于处理公共性事务和非直接关乎经济的事务，如气候环境、卫生事业、全球减贫等积极性不高、主张不多，主要被动地依赖国际组织来应对和处理。也就是说，即便国家理念本身于国家内部来讲尚算可运作，但是边界感过强，对于他国却是狭隘的。以国家为界限的一国权利却可能成为他国的枷锁，如公民身份、边境控制、以国家利益为借口侵略他国等。

---

① ［西］费尔南多·萨瓦特尔：《政治学的邀请》，魏然译，北京：北京大学出版社，2009年版，第28页。

因此，政治国家具有以国家为界限的片面性以及被利益集团工具化的分离特征。

第二，发展生产力的局限。马克思主义之所以批判国家，认为国家终会消亡，不仅在于国家的分离性本质，还在于政治国家容纳不了其内部发展起来的巨大生产力。首先，政治国家与社会始终存在着分离，政治权力和政治形式具有惰性和自利性，这就导致了社会生产力成了少数人的私产和私利。其次，政治权力经常对经济的发展起阻碍作用。政治权力或者遵照经济发展的规律和方向起作用，从而加速经济发展，或者违反其规律和方向而起作用，其结果是阻碍经济发展，而自身也将陷入崩溃。就国家与经济发展的历史来看，国家权力经常滞后于经济发展的需要——后知后觉，结果不仅导致了国家的崩溃重建也导致了经济的倒退或生产力的浪费。换言之，国家既可以成为保障社会生产力发展的重大推动因素，也在很多时候成为阻碍因素。在世界历史形成之后，生产力冲出了国家，获得了全球发展的场域，如果国家遵循其规律，那么就会加速其发展，发展的结果是社会化的生产力最终要消灭国家的政治隔阂和政治私利对其继续社会化的束缚。更多的时候，是国家违反经济发展而发生作用，那么国家就会面临经济发展的强大压力而陷于崩溃，如极致的贸易保护和霸权垄断，即政治国家对经济"如此干预"、以权力的手段发展它们的生产力（实则是在摧毁社会化需要的生产力），无论哪种情况国家都会解体或崩溃。

现代民族国家主要是在资本主义体系下运转，或许其在局域协调上已经发展和锻造了较强的能力，但是只要其政治权力笼罩了其他的权力，那么其发展经济的手段总会伴随着暴力。"现代经济的兴起与生产力的爆炸紧密相关"①，就当前的经济发展特征来讲，信息和科技成为经济以及国际政治权力的基本要素，信息和科技是一种强大的具有社会化特点的生产力，而非传统的区域形式的生产力，即现代经济的本质特征就是急速发展的生产力。而以内部、区域协调为主，以自保发展为特征的国家显然还无法对接。此外，当下的民族国家体系，在应对资本逻辑负面效应即资本动力不足、危机有余上难有作为，面对全球体量仍然狭隘和盲目，秩序协调能力短缺。在很长的一段时期内，传统国家模式必然会阻碍生产力的发展，而好的国家应该大力发展生产力、有计划地利用生产力。

第三，政治国家的局限意味着"政治解放"的局限。政治解放与国家的关系命题在极端原教旨主义和宗教政权回归的背景下有必要进行新的思考。从民族国家有效性的视角来看，宗教力量回归，首先反映了国家官僚体系出现管控失灵、协调失效的问题，也说明了合法垄断暴力权由国家机关向宗教力量的转移。换言之，国家组织模式失败，由此宗教形式重整社会形态，社会从公共性制度、法律规范的引导回归到宗教规范以及信仰的救赎。从"政治解放"的结果来看，曾经的"政治解放"潮流对于国家来讲意义重大，政治解放的过程是国家不再受制于宗教而获得自主性的过程，即国家从宗教中解放出来，获得了社会权力，而宗教去除现实的政治权力的过程。宗教变成私人领域的事情。然而，宗教变成私人领域的事情表面上化解了国家与宗教在政治领域内的矛盾，但是也给宗教留下了私人领域的巨大的空间。即政治国家在宗教的领域有着自身的限度，作为公权力的国家在宗教上必然"无能"。从根源上来说，"基督是中介者，人把自己的全部神性、自己的全部宗教

---

① ［美］西达·斯考切波：《国家与社会革命——对法国、俄国和中国的比较分析》，何俊志、王学东译，上海：上海人民出版社，2015年版，第90页。

约束性都加在他身上一样，国家也是中介者，人把自己的全部非神性、自己的全部人的无约束性寄托在它身上"①。只要世俗问题不解决，人还会处于撕裂的分离的状态，一边需要国家，一边需要宗教，在宗教与国家之中游走，确证自我、寻找慰藉。信仰者在现实生活中找不到达成的途径，就会龟缩到精神的世界。因此，"政治解放"并不是"人类解放"，神性问题——实际上是人的问题，仍然没有解决。

自国家从宗教的桎梏中解放出来而不是致力于消灭宗教桎梏之时起，就意味着宗教可能卷土重来。目前宗教政权回归既体现了"政治解放"并不是不可逆转的，也再一次印证了"政治解放"并不能解决"人的解放"问题。因此，政治解放解决的是政教分离问题，对于宗教依然无力祛除，只要人的世俗的枷锁没有解除，宗教就依然会存在，即政治国家的局限意味着"政治解放"的成果可能随时面临着倒退。

三、人类命运共同体对政治国家的规约

人类命运共同体视域下的国家也必然是人类命运共同体批判下的国家。一种新的社会理念的提出本身就是对现有世界关系的一种批判。"人类命运共同体"既包含了人类社会发展必然走向的决定论，也包含了主体建构性和改革性的理念。共同体的价值不限于对未来的指引和理想的规划，关键是要将其转化为实践，改造世界。如果说目前是"人类命运共同体"理念对国家秩序和世界秩序的批判和规约，那么随着人类命运共同体实践的推进，随着国家向"好"发展的进程推进，政治国家将逐步失去自己原初的政治统治性和阶级压迫性。

第一，人类命运共同体致力于多样性国家的充分发展。即秩序的同构并不是国家模式的同构，和平的秩序、发展的秩序会从根本上改变国

---

① 《马克思恩格斯全集》（第3卷），北京：人民出版社，2002年版，第171页。

家模式的刻板，真正彰显每个国家的多样性，即国家"自身的特性只有在所有多样性充分展现的条件下才能得到彰显和发展"①。首先，对公共性秩序的拓展和提升。如果说在政治国家的世界里，政治秩序总是具有强制维稳、汲取资源、阶级压迫的特征，那么随着共同体构建的持续推进，公共性秩序将成为主导的协调性的秩序，最大限度地保证生产生活的协调发展，为生产力的持续创造提供组织条件和资源保证。即随着公共性秩序的强化和完善政治秩序的原初统治性的功能也将被削减进而消解。即国家的制度化和社会化趋势逐步消解了国家的政治压迫性和异化性，国家组织功能、管理职能将日益发展为压倒性的国家职能。其次，政治国家面对的不仅是国家职能的变化、合法性依据的变化，还有自然环境和人类社会已然形成的无法抗拒的联结状态，因此传统的根深蒂固的国家特征——政治性——也要向公共性方向转变。即政治国家在内外批判下日益向社会组织者、管理者的角色转化。最后，从人的发展的角度看，随着共同体秩序的构建，人的工具性和中介角色会逐渐地得到抑制。以往在政治国家组成的世界中，不仅国家对于国家经常具有工具性、中介性，国家内外的社会人也总是视彼此为工具或抱有经常性的敌视。因此，工具性、中介性是等级社会的特征，是政治形态得以存续的秘密。反之，随着资源和劳动的合理结合、国家的向好发展，国家内外的等级事实和等级观念都将逐渐地弱化，国家和社会人就逐渐地失去了工具角色，人在政治领域获得了解放。

第二，人类命运共同体视角的民族主义、民族情感。民族情感是民族国家的特质之一，自从有了民族国家，民族情感就与此相随。民族责任感和民族感情是一定阶段共同体情感的体现，民族情感利于形成责任

---

① 俞沂暄：《多样性世界秩序的形成及其未来》，载《人类命运共同体：理论与实践》，上海：上海人民出版社，2019年版，第127页。

意识、集体意识、风险意识。"我们应该尊重文化多元性，尊重不同类型的生活样态，但不能将这种合理的尊重引向极端。"[①] 极端民族主义、种族主义必然导致霸权、压迫、复仇的恶性循环。极端化民族主义的另一个危害是，转移了对真正矛盾的注意力，掩盖阶级的剥削和对立，造成生产者之间的分裂，将阶级的问题降到了种族问题或是民族问题。结果是危机暂时被掩盖，问题更多堆积。当前，民族主义已经泛滥到经济、文化领域，以经济民族主义和文化民族主义的形态呈现出来。只有在人类命运共同体的视角下爱国，才能防止极端民族主义、种族主义复苏。人类命运共同体视角下的民族主义以人类发展为己任，肩负人类的责任，而不是狭隘的某个民族的绝对优越感。即人类若想获得超越性的进步和发展，这种情感就要置于新的背景下，即以全人类的福祉为出发点。所以，民族情感要被人类命运共同体规约。

第二节　走向"自由人的联合体"

恩格斯曾指出，一旦社会的生产和组织形式发生根本变化，那么这时的国家就不再是原来意义上的国家了，可以把"'国家'一词全部改成'共同体'（Gemeinwesen）"[②]。此时的共同体就转变为"自由人的联合体"。即国家作为一种有限的共同体，产生于社会并终究要回归、消融于人类社会。"国家不是'被废除'的，它是自行消亡的。"[③] 在

---

① ［西］费尔南多·萨瓦特尔：《政治学的邀请》，魏然译，北京：北京大学出版社，2009 年版，第 125-126 页。

② 《马克思恩格斯选集》（第 3 卷），北京：人民出版社，2012 年版，第 349 页。

③ 恩格斯：《反杜林论》，北京：人民出版社，2018 年版，第 304 页。

完成了"对物的管理和对生产过程的领导"① 代替了对人的统治的过程后走向真正的共同体。

一、国家完成历史性功能

国家在自觉走向共同体中完成自我批判。在国家存续的时代，国家必然是人类社会发展的主体力量和自身活动作用的主要对象。如果说国家的出现将局域的生产力发展起来了，并培养了人的组织性和秩序性，促进了人类社会的繁衍和延续，那么一旦国家的使命完成，社会组织成了一个真正的共同体，国家就会消亡。

一方面，"从最基础的层面来看，国家活动的本质不仅发生着量变，而且发生着质变"②，即新的事实是，处于变化中的主权国家正在向外部关系蔓延，国家活动面临着重新定位，旧世界秩序面临着革新。另一方面，随着人类命运共同体的构建，民族和地域界限将日益消除。总之，共同体秩序客观上制约、协调国家内部和国家外部之间的关系问题，进而消除国家的界限。界限的消除是人类社会生产力发展的必然条件，是创造力、生产力再一次极大飞跃的开始。即自觉推进世界历史的进程就是国家变革、消亡同劳动解放一致的历史进程。

国家的消亡不是作为它代表的整个实体的消亡，指的只是专制和压迫性力量的消亡。如"公共职能将失去其政治性质，而变为维护真正社会利益的简单的管理职能。"③ 失去压迫力量和统治社会权威的管理机构将对国家生产管理成果、生产力成果予以继承。因此只是去除了国家的一些反动的形式，而不是无区别地消灭全部的国家。概言之，国家

① 恩格斯：《反杜林论》，北京：人民出版社，2018 年版，第 304 页。
② ［英］克里斯多夫·皮尔逊：《论现代国家》，刘国兵译，北京：中国社会科学出版社，2017 年版，第 243 页。
③ 《马克思恩格斯选集》（第 3 卷），北京：人民出版社，2012 年版，第 277 页。

的消亡是指国家调节阶级矛盾功能的消亡。因为那时就不再有需要加以镇压的社会阶级了，"目前政治意义上的国家也就不存在了"①，即国家消亡之后的社会一定保留了国家积极的形式和内容。因此，国家的消亡是经历社会批判后继承和发展的结果。明确这一点就意味着要完善国家的功能、机制，而不是一味鼓噪消除国家。即国家的消亡不是指国家全部成果的消亡，也不是指全部职能的消亡。国家消亡之时，整个社会的秩序已经被组建起来，并且成为人类社会运转的内核。这与人类命运共同体秩序下，国家发展的进程是构建全面的国家、构建社会秩序和组织功能日趋完善的国家体系有着基本的一致性。反之，急于消除国家权威、弱化国家的组织能力是有害的。即国家界限消除同全球秩序的成熟是同步的过程；国家界限的消除同资源与劳动的合理结合，即劳动的自由是同一个过程；国家界限的消除同阶级的消除、去政治化的进程是同一个过程。换言之，国家是自我消亡的，而不是被消灭的，不是一旦消灭了国家，社会就获得了超越式的发展，国家消亡恰恰是社会革新发展的结果和表现。

二、实现劳动的自由与生产者的自治

国家消亡是社会发展的结果，是人类社会继续发展的需要。国家完成历史性功能、自我消亡，意味着社会的极大的进步，意味着社会进入了高级的新形态。这一切都为劳动压迫的解放、人的自由而全面的发展提供了基本的前提。换言之，国家消亡之后，社会组成了自由平等的生产者的联合体，"每一个民族都将有同一个统治者——劳动！"②

劳动获得了解放。劳动是人的自然属性和生存前提，人的全面发展

---

① 《马克思恩格斯选集》（第3卷），北京：人民出版社，2012年版，第340页。
② 《马克思恩格斯文集》（第3卷），北京：人民出版社，2009年版，第117页。

其实就是劳动能力的全面发展。不劳动既是一种特权，也在消解自我全面发展的条件，同样过度劳动、过度单一的劳动也无法实现劳动能力的全面发展，使人的生理和心理面临着极限的挑战。阶级社会就是这样充满特权、人的全面发展被阻滞的社会，就是生产劳动具有阶级属性的社会。所以追求劳动解放不仅包括经济上的解放也包括政治上的解放。马克思在《国际工人协会成立宣言》中指出"以自由的联合的劳动条件去代替劳动受奴役的经济条件"[①]，改变分配、建立摆脱阶级性质的新的生产组织，并在国内外进行协调的合作。然而目前国家仍是最大的阶级性组织，劳动不仅在国内受到压迫也在国际上受到压迫。如世界市场的形成似乎为劳动的多样化提供了机遇，但是国家作为阶级统治的一种形式，而且是牢固的形式，总是加深分工的壁垒，人的劳动反而趋于单向和被迫。即劳动越扩大为世界历史性的、全球范围内的劳动，却"越来越受到对他们来说是异己的力量的支配"[②]。因此，构建人类命运共同体，"群众动力是基础"[③]，劳动的解放首先是群众的解放、国民的解放，将国民从政治的束缚、国家异己的意图中解放出来。劳动自由必然与国家的消亡紧密相连，劳动自由应该在国家消亡的意义上才有可能得到理解。随着阶级国家的消亡，统治者与被统治者也消失了，"每个人都变成工人，于是生产劳动就不再是一种阶级属性了"[④]。

生产能力是人类社会得以存在和发展的根本能力。随着劳动变得更全面、劳动能力的提高，社会的生产力也将得到更快的提升。而阻碍全球化生产的政治国家的消亡恰意味着"旧的集权政府就也得让位给生

---

① 《马克思恩格斯文集》（第3卷），北京：人民出版社，2009年版，第198页。
② 《马克思恩格斯选集》（第1卷），北京：人民出版社，2012年版，第169页。
③ 习近平：《习近平谈治国理政（第三卷）》，北京：外文出版社，2020年版，第152页。
④ 《马克思恩格斯选集》（第3卷），北京：人民出版社，2012年版，第102页。

产者的自治政府"①，意味着单个国家的生产摆脱民族局限和地域局限，同整个世界的生产密切联系起来，"获得了利用全球的这种全面的生产（人们的创造）的能力"②。在全球化生产真正建立的条件下，劳动者的活动才能获得最大的效能、创造出人类社会最大的生产力。至此，一切人都成了劳动者、生产者，"靠他人的劳动而生活将成为往事"③。个体的生存斗争以及由此带来的冲突和极端行动也会消除，最后形成生产者与占有者合二为一的世界。

本 章 小 结

"构建人类命运共同体所具有的广泛感召力，是应对人类共同挑战、建设更加繁荣美好世界的人间正道。"④ 人类命运共同体的构建虽然并不旨在消灭国家，然而一旦人类命运与共意识形成、一旦生产关系和交往关系打破国家的壁垒和束缚，形成自觉的全球市场和自觉交往的世界社会，那么国家的原初政治意义将会不断被消解，阶级压迫性也将日渐消亡，即随着国家向好转变和发展，原初意义上的"国家"就走上了消亡之路，"虚假的共同体"也就转变为"真实的共同体"。这个过程既是国家被动发展的进程，也必然是其主动适应社会转变的结果。就国家自身来说，其存续的合法性始终在于社会的需求，一旦社会发生了广泛的变革，那么国家也必然要随之发生转变，否则国家自身也就丧

---

① 《马克思恩格斯选集》（第3卷），北京：人民出版社，2012年版，第99页。
② 《马克思恩格斯选集》（第1卷），北京：人民出版社，2012年版，第169页。
③ 《马克思恩格斯选集》（第3卷），北京：人民出版社，2012年版，第178页。
④ 习近平：《习近平谈治国理政（第四卷）》，北京：外文出版社，2022年版，第104页。

失了存续的根基和合法性。国家批判发展的进程是社会秩序和组织功能日趋完善的进程，也必然是生产力社会化发展和不断发展社会生产力的进程。如果说国家的出现发展了局域的生产力，并培养了人的组织性和秩序性，促进了人类社会的繁衍和延续，那么国家的消亡也将是人类社会生产力继承和发展的历史需要和必然结果。换言之，一旦整个社会的秩序已经被组建起来，并且成为人类社会运转的内核，一旦生产力的发展要求冲破原初国家的瓶颈，那么社会就逐渐向真正的共同体演进，国家也就完成了其最高的历史任务和使命，走向了消亡。这也就意味着，在社会自我组织能力尚未成熟之前，在国家对生产力的增长仍然有积极意义之前，急于消除国家权威、弱化国家的组织功能将与社会的发展进程南辕北辙，也不符合构建人类命运共同体的基本逻辑。总之，国家界限的消除同全球秩序的成熟、社会发展的进步、阶级的消失以及劳动的自由是同一个总的历史进程。

结　语

国家是经过世代流转的坚实的实体，是内生于人类社会的产物，国家的功能、形象、前景与人类社会的命运息息相关。在国家分立的时代国家的传统角色和中心地位决定了其对人类命运共同体构建影响深远，共同体构建的动力来源也必定内生于国家内部和国家之间。"人类命运共同体汇聚着世界各国人民对和平、发展、繁荣向往的最大公约数"①，以人的幸福、人对美好生活的向往为立场和指向的人类命运共同体也将从根本上重塑国家角色、促使其发生转变。

百多年前，马克思主义奠基者指出了国家实质，其对国家的批判和深刻洞见至今仍未被超越，但时常被忽视。马克思主义国家理论作为经典的分析国家问题以及人类社会走向问题的基本框架，为考察国家与人类命运共同体的基本逻辑关系进而做出基本判断提供了有力的研究基石和分析方法。国家建设、发展本身也命运多舛，这在逆全球化成为学界热门术语之时，不难成为共识性凸显。人类命运共同体的建构从根本上说是人类发展的问题，但是在现实中首要地表现在国家之中，国家困境和问题国家必然成为人类命运共同体构建的挑战。如何实质性破解这种

---

① 习近平：《习近平关于中国特色大国外交论述摘编》，北京：中央文献出版社，2020年版，第50页。

种困境，并给人类社会的前行带来新的推动力，必然是人类命运共同体构建需要考量的中心问题。不论国家困境还是国家利益都是动态的，这就意味着在国家困境解决和国家利益谋求的过程中，可能会产生利于社会总体转变、发展的积极效应。在共同体视野下，现阶段的主要任务是关注何为"好"的国家及其动力构建，促进国家的秩序内核和有组织社会力量的发展，并逐步提升、实现国家内部规范的国际化，消解国家的阶级性、民族国家的对抗性，推进国家向人类命运共同体的秩序方向发展和转化。人类命运共同体最终会取代国家还是与国家共生？虽然人类命运共同体未必能够直接影响现实，但是要有一个准确估量。当今时代人类社会的结构与功能确实正发生着历史性变迁，整个世界发生了诸多变化。这一变迁并未从根本上改变国家是国际社会的基本单元、管理、保障社会生活的组织体系、国际关系的基本行为体等基本的角色特征，而且在很长的历史时期内这一局面仍然不会改变。总的来说，只要国家存在，以国家为中心的研究框架必然是研究社会发展和秩序建构的有效框架，人类命运共同体作为新型理念和秩序要回归和植根于"国家"的本质属性，要围绕阶级观念、国家政权、经济结构、制度支持等方面持续构建。人类命运共同体建设不仅要回到人归属的某个国家和民族的现实的历史当中，也要回归到具有历史性的国家和世界历史的国家当中，即给予国家以世界历史性的视野，从而使国家的发展最终向人的发展的实现转化。概言之，人类命运共同体构建是一个渐进的、历史的、长期的过程，这个过程也必然是从矛盾斗争到形成共识的过程，是情感联结和秩序建构的过程，也是深入考察"国家"在人类命运共同体构建中角色和作用的过程。

后　记

全球气候变化、粮食危机、能源危机、移民问题、地区冲突等各种挑战层出不穷，民粹主义、单边主义、保护主义、霸权主义对世界和平与发展构成威胁。全球治理赤字、信任赤字、发展赤字、和平赤字仍在扩大（《习近平外交演讲集》第2卷，中央文献出版社，2022年版，第287页）。在全球化出现波澜、生态问题应对不力、地缘政治紧张等背景下，构建人类命运共同体不仅不应该被搁置，反而应该成为重要的时代议题。习近平指出："人类面临的所有全球性问题，任何一国想单打独斗都无法解决，必须开展全球行动、全球应对、全球合作。"（《习近平谈治国理政》第4卷，外文出版社，2022年版，第461页）在复杂多变的国际环境中，提出构建人类命运共同体，不仅强调全球各国人民之间的相互依存与合作，也在提倡构建一个更加公正合理、共同繁荣的世界。实际上，人类命运共同体虽然基于人类视角，并且最终以人的发展为目的，但是在当前历史发展阶段，个人能成为与国家一样地位的国际主体还是一种理想，在很长的一段历史时期构建人类命运共同体的基本主体依然是国家。

近年来，世界的和平发展出现了不少挑战，明显地出现了反对或减缓全球化进程的思潮和行动，它通常表现为对全球一体化的批判。就经济行为来看，有些人认为，无节制的自由贸易和跨国公司活动导致了工作岗位流失、劳动力市场瓦解以及国内产业衰退等问题。他们主张通过关税壁垒、贸易限制和本土产业支持政策来保护国内经济免受外来冲击。从文化交流的层面来看，文化多样性的一些捍卫者认为全球文化同质化威胁到本地文化特色和身份认同。支持者提倡加强本土文化传承更紧迫于促进多元文明交融。从政治层面来看，在资源竞争加剧、意识形态差异以及战略利益冲突等因素影响下，世界各地不断出现地缘政治紧张局势，给世界带来了诸多不确定因素，战争风险、地区冲突以及恐怖主义等传统和非传统的安全威胁挥之不去。这些紧张关系可能导致军备竞赛加剧、区域冲突频发甚至影响到全球稳定与安全。对国家主权与政治自治的重视也再一次被强调，一些人担心跨国机构和组织会削弱民族国家决策自由。他们呼吁强化国家主权，并重新审视给予多边协议的权力。气候变化是当前最为紧迫的全球性问题之一。极端天气事件频发、环境污染、海平面上升以及生物多样性丧失等现象不仅影响自然生态系统，还对经济活动、社会结构和人类生存环境构成威胁。然而，全球在解决生态问题上的共同努力并不充分。此外，在贫富不均、社会不平等加剧、饥饿、健康与教育公平等社会问题的处理上，国际社会显然没有得出令人满意的应对方案。

在应对上述挑战时，更加凸显了各国需要更多的合作与协调来维护地区和世界的和平与稳定。事实上，简单地延缓或拒绝所有形式的全球合作或交流，寻求一种重新平衡本土利益与全球一体化之间关系的思潮与行动，并没有触及问题的关键。其核心仍然在于共同倡导和奉行强调公平正义、可持续发展以及尊重多元文明之间差异性的思维模式和理念。即所有国家需要共同承担起维护全球和平与促进共同发展的责任。面临但不限于这些挑战，推进构建人类命运共同体、实现所有人民更美好、更安全、更繁荣生活所需条件成为一项重要的时代任务。

国家自形成以来就是共同体最重要的形式，逐渐演进为共同体坚实的基本单位。国家的成长亦与全球秩序的形成和塑造相伴生。历史上，国家的战争、贸易、联盟等互动行为建立和加深了彼此的联系，为今天世界格局的形成奠定了基础。即使在全球化和跨国合作日益增强的今天，无论是经济发展促进、气候变化应对还是地区安全维护，国家都扮演着关键角色，依然是实现全球治理和解决跨国问题的核心力量，其行为和决策对全球发展影响深远，马克思曾指出："人就是人的世界，就是国家，社会。"（《马克思恩格斯全集》第3卷，人民出版社，2002年版，第199页）因此，人类命运共同体虽然基于人类视角，并且最终以人的发展为目的，但是在当前历史发展阶段，国家仍然是主要的行动者。推动构建以人类为中心的命运共同体之前，必须要考虑到国家这一基本单元，甚至要首先构建国家命运共同体。

然而，推动一个相互联系且相互依赖更强大社会的变革时面临更多的复杂性，在这个构想中，国家作为基本单位存在内在张力和外在冲突。从内在张力来看，国家从诞生之日起就内含着张力：国家既承担着维持秩序的功能，又成为压迫的工具。国家既充当了共同体意志的代表，又在谋求着自己的私利。国家既有自主性，又在各种力量的左右下不断转型。所以马克思说"它到处假定理性已经实现……但它同样又处处陷入它的理想使命同它的现实前提的矛盾中。"（《马克思恩格斯文集》第10卷，人民出版社，2009年版，第8页）总之，国家既维系社会秩序又与社会分离，既代表公益又实施专制，既具有自主性又兼具工具性，始终表现出自主性与被动性、秩序性与压迫性的多重张力特点。这种张力特质随着国家的发展不断延续并且在不同的时期各有侧重。作用在共同体上表现为，一方面，国家的阶级性及民族国家的自利本性对共同体产生了极大的消解；另一方面，国家的秩序内核及组织社会的功能对共同体的形成起到了积极作用。

就外在冲突来看，一是国家利益与全球利益可能存在冲突。每个国家都有追求自身利益和安全的天然倾向，不同国家可能因资源、市场、战略位置等方面存在利益竞争，导致合作受阻甚至产生对抗。人类命运共同体框架下，需要在某种程度上限制或调整国家利益以促进更广泛层面的合作，这样国家利益与全球公共利益或其他国家的利益可能会发生冲突。二是短期与长期目标冲突。国家可能更关注短期目标，如可能更注重短期经济利益而牺牲环境保护，而人类命运共同体则强调长期和可持续发展的目标。三是意识形态与文化差异。不同国家有着不同的政治制度、文化传统和价值观念，不同政治制度和意识形态可能导致对全球问题认知和处理方式上的分歧，这些差异可能成为推动或阻碍人类命运共同体构建的因素。四是在全球问题上的贡献和受益也存在差异。如，世界各国发展水平不一致，发达国家与发展中国家对于提供解决方案（全球公共品）所承担的责任并不相同，这可能导致合作困难。此外，当两个或多个国家之间存在紧张关系时，会影响整个地区甚至全球层面上合作与稳定，妨碍形成统一且协调的全球行动。总之，由于历史和现实原因形成了各个主权国家必须成为共同体构建过程中不可或缺的参与者之事实，也包含了它们由于内部及外部政策导致阻碍甚至消解集体共建努力之风险。即具有独立性的国家可能在利益谋求和博弈中消解人类的团结，国家在人类命运共同体构建中存在着明显或潜在的角色冲突。

为了缓解这些冲突，有效地应对挑战，需要强化积极角色。目标在于通过构建自主、自觉的国家，来促进国际秩序的转变，即以良好的国家秩序促进形成良好的全球秩序。强化积极角色涉及到对传统国家角色的重新审视和调整，也涉及到对现有国际秩序进行改革以适应新兴挑战，即需要从国家治理结构到国际关系等多个层面进行改革。这涉及到国家层面上对于治理结构、政策制定和国际行为准则的更新，创建一个更加开放、公正、透明和负责任的政府体系，国际层面建立基于相互尊重和信任的共赢合作新型国际关系。一个更好的国家应该能够提供给其公民更多自由、公正和安全，内部实现社会平等、经济繁荣与环境可持续发展，同时在全球舞台上扮演负责任的角色。一个更好的国家需要推动国际合作与和平，合作处理国际问题和全球性挑战，为全球治理提供坚实基础。构建新型国际关系，需要每个国家认识到自身与世界其他部分之间紧密联系，并对现有国家机制进行深刻反思和改造，重新定义力量平衡、利益共享以及共同安全概念。通过改革现有政策和机制，使得各个国家能够更有效地促进和参与到人类命运共同体构建的进程中。

在人类命运共同体理念的引领下，各个国家必须适应这种变化，培养人类意识，协调国家之间以及国家内部不同力量之间的冲突和张力。从传统的以力量为中心的强权政治转变到基于法治原则的规则导向，从封闭排他、利益驱动的被动合作转向到兼顾收益和责任的互通，以适应全球化和相互依存日益加深的国际环境。

推动国际环境从封闭排他到开放包容、从利益驱动到责任共担、从对抗安全到共同安全，不是自发形成的，需要在社会主动的变革中自觉实现。主动推进国家治理结构和国际关系积极变革的主体始终是具有历史自觉性的人民群众。在国家变革过程中，人民群众不仅为变革提供必要条件，而且直接或间接推进并实现这些变革，成为推动国家自我革新和国际秩序向好转向的根本力量。这包括但不限于法律改革、教育普及、经济结构调整、文化包容性增强、积极的社会活动等。在这一过程中，每个人都被视为变革的参与者和受益者，每一个人都通过具体的、主动的实践参与到变革的进程中。总之，在共同体的建设过程中，需要高度自觉的具有人类意识的人民大众，贡献集体智慧和团结力量，共同致力于建设一个超越国家狭隘性的包容性的国际环境，推动人类的发展走向一个更好未来。

　　构建人类命运共同体不仅是一种理想，也是对历史发展规律的一种认识和回应。在书的最后，我们设置了《人类命运共同体构建中的国家角色展望》《走向"非政治国家"》《走向"自由人的联合体"》的章节。马克思、恩格斯怀揣世界情怀、进行严谨研究，憧憬了"自由人的联合体"这一人类社会的美好状态。在"自由人的联合体"中，自由不仅仅是摆脱了外部压迫的状态，更重要的是指人们在社会关系中获得了自我实现和全面发展的可能性。在马克思、恩格斯设想的走向"自由人的联合体"的进程中，国家终将消亡。虽然在"国家"依然活跃，其功能仍然不能由其它社会组织形式代替的时代，"国家消亡"的命题已然大大淡化，甚至不合时宜，然而或许这仅是一种假象和误解。事实上国家逐渐走向人的过程也就是不断去除其阶级统治工具性、异己性，进而不断完备"人的国家"、向社会回归的过程。在资本主义生产方式的主导下，不仅人们被剥夺了对自己劳动成果的控制权，被迫沦为商品生产关系中的一部分，国家也被资本、政治不断把控、形塑，在人类本应彼此走近的过程中平添藩篱和高墙。如果人类自身不在打破藩篱的过程中付出主动的努力，那么高墙和藩篱只会越树越高，难以拆解，人类终将在资本泥淖、政治把戏中难以自拔。

　　敬爱的读者，在国家内部和国家之间仍然充满紧张矛盾的时代，所有拥有人类情怀、真诚善良的人们都不应该回避批判国家以及国际关系。而我一旦发现了其中的重大意义，就立即着手查阅资料，广泛阅读，带着问题密切地观察与之有关的社会现实，逐渐形成了思考的理路和逻辑：批判构建新的国家—更好的国家，并以此推动构建新型国际秩序。因此，批判、国家构建、秩序转变等成了本书构思的要素。本书构思于三年前，成书于一年前，经过沉淀，再去回看，深觉虽然对某些问题有一些关注、思考和些许独特的看法，但是思考的深度、逻辑还远远不够，在论述表达、论证逻辑上仍然有诸多的不足和缺陷。如，虽然提出了自觉共同体和自发共同体的概念，但还是多集中在现象表述上，对于概念本身的哲学思考和论证还相当不足，可能难以说服人；在介绍国家是政治共同体的章节，关于政治共同体本身的内涵进行的阐释也显得寥寥，使得文章的紧凑性大受影响；对第五章人类命运共同体构建中的国家角色重塑的论证，亦是理念论证较多，现实论证不足，使得其作为最重要环节的地位大受影响；当然还有其他方面的不足。令人感到窘迫和遗憾的是，虽然发现了诸多的不足和缺陷，但是囿于目前的学术能力和知识积累，即便想重新撰写也力有不逮，未必能做到通盘把握。

不论如何，写作是一段充满挑战和成长的旅程，也是思想发展历程中极其重要的阶段。通过这本书的撰写，我的思维水平得到了提高，眼界也得以提升，我也真心希望能够传达出关于构建人类命运共同体乃至人类在奔赴"自由人的联合体"这个历史进程中的探索性思考，并激发读者形成对相关议题的关注与反思。同时，也希望能够激励更多人积极参与到相关领域的探索与实践中。可以展望的是，近来人工智能的飞跃发展，局部地缘政治冲突阶段性升级以及全球滞涨等新的变化进一步引发的诸多变局和不确定，进一步呼唤了构建人类命运共同体的紧迫性，即面对所有的不确定，唯一能确定的是：唯有各个国家胸怀天下、常思命运与共，努力携起手来，才能转危为安、共渡难关。总之，这些新的议题都应该与时俱进地纳入本议题中，既时刻以最新的实践来验证和丰富过去的判断，也为更好地把握社会发展规律提供历史经验。真诚期盼更多的人能够加入本议题的讨论。

　　在本书的最后，我想向所有支持和帮助过我的人表示诚挚的感谢。感谢我的博士导师华中科技大学马克思主义学院教授、华中科技大学国家治理研究院副院长杜志章恩师对题目的支持和文章修改的宝贵意见；感谢我的硕士导师贵州师范大学马克思主义研究院院长汪勇恩师对文章修订的建议和鼓励；感谢武汉大学教授、华中科技大学国家治理研究院特聘研究员虞崇胜老师对文章框架修改的关键建议；感谢华中科技大学刘传春教授对全文的详细阅读和极其细致的宝贵意见；还有其他一些老师也对文章的修订工作给予了宝贵建议，如华中科技大学马克思主义学院的杨金华教授、黄长义教授等，本人都铭诸肺腑，感恩在心。感谢我的爱人黄连舟老师参与文稿的校对工作，感谢我的父母、姐姐帮助照顾我的家庭，以便我有时间阅读和写作。感谢贵州医科大学马克思主义学院对该书出版的支持，感谢九州出版社编辑的审稿工作。没有他们的鼓励与帮助，便不能有拙著的面世！未来，我将继续关注有关议题，并计划就国家监督的相关问题作进一步研究。希望通过不断努力，尽早使新书面世，亦希望我在未来能够为该领域做出一点微薄贡献。最后，再次感谢所有支持我的人。如果您对这本书有任何反馈或建议，欢迎随时与我联系。衷心感谢！

二〇二三年十一月